Research on the Legal Protection of Private Sector in PPP

# PPP模式中社会资本方权益之法律保护研究

刘梦祺 著

清华大学出版社
北京

图书在版编目(CIP)数据

PPP模式中社会资本方权益之法律保护研究/刘梦祺著.—北京：清华大学出版社，2021.8
ISBN 978-7-302-58744-6

Ⅰ.①P… Ⅱ.①刘… Ⅲ.①政府投资－合作－社会资本－法律保护－研究－中国
Ⅳ.①D922.297.4

中国版本图书馆CIP数据核字(2021)第140357号

责任编辑：李文彬
封面设计：傅瑞学
责任校对：刘玉霞
责任印制：丛怀宇

出版发行：清华大学出版社
网　　址：http://www.tup.com.cn，http://www.wqbook.com
地　　址：北京清华大学学研大厦A座　　邮　　编：100084
社 总 机：010-62770175　　邮　　购：010-62786544
投稿与读者服务：010-62776969，c-service@tup.tsinghua.edu.cn
质量反馈：010-62772015，zhiliang@tup.tsinghua.edu.cn
印 装 者：三河市吉祥印务有限公司
经　　销：全国新华书店
开　　本：170mm×240mm　　印　张：11.25　　字　　数：212千字
版　　次：2021年8月第1版　　印　　次：2021年8月第1次印刷
定　　价：59.00元

产品编号：091306-01

# 序 言

2014 年以来，PPP(Public-Private Partnership)模式在中国逐渐进入大众视野。国家发布的各种政策、报道的各类新闻、城市建设中的宣传标语中都不乏 PPP 模式的身影。PPP 模式作为一种政府和社会资本合作的新型建设模式，是我国公共服务供给机制改革的重大成果之一。PPP 模式凭借其平等合作、风险共担、利益共享、伙伴关系四大特质与传统的公私合作模式形成明显差距，吸引了社会各界的广泛关注。政府一方面需要通过 PPP 模式激发市场活力、盘活民间资本，为我国的基础设施和公共服务领域注入新鲜的血液，提供更加优质而高效的国家建设和公共服务；另一方面，政府也需要全方位考量 PPP 模式本土化之后所带来的风险，并尽快制定出防范、化解风险的各项措施。

2015 年，正逢笔者博士论文开题，当时我国在 PPP 模式领域的科研成果并不丰硕，主要集中在金融学、管理学、工程学等领域，对于法学方面的权威探讨相对较少，并且 PPP 模式的专题看似与笔者的本专业(民商法学)关联并不紧密。得益于导师赵万一教授和李燕教授的悉心教导和鼓励，最后笔者坚定了信心，从而选定以 PPP 模式为研究对象。笔者在研究过程中发现，自 2014 年起至今，国家陆续出台多项关于 PPP 模式的重磅文件，并且持续保持着较高的发文频率，足以彰显我国对推行 PPP 模式的信心和决心。然而伴随着我国市场经济的快速发展、PPP 模式的推广运用，其所带来的问题也日益凸显：一是对各级政府的管理能力提出了更高的要求，但对于 PPP 模式这样的新鲜事物，行政机关的履职行为仍然包含很多不确定因素，政府职能转变、政府治理水平的提高欠缺制度层面的规范和支持；二是政府和社会资本在合作过程中，源于政府多重角色冲突和公私双方的利益冲突，导致原本就处于弱势地位的社会资本方在 PPP 项目中“有苦说不出”，大大挫伤了社会资本方参与 PPP 项目的积极性。究其根本在于我国缺乏一套完备的 PPP 模式法律保障体系，且在大力发展 PPP 模式的同时对社会投资者的利益保护并不重视。尽管我国的 PPP 实践在近几年已经取得了重大进展，但理论研究明显落后于实践。

过去几年，囿于 PPP 模式在我国起步较晚，项目实践经验不足，围绕 PPP 模式的研究也非常有限,我国一直没有出台针对 PPP 模式的专项立法,部分规则散落于现有法律、行政法规、部分规章及规范性文件之间。首先,各项法律法规对于 PPP 模式的规定有明显分歧,导致 PPP 项目的法律适用存在一定的困难。其次,鉴于各个主管部门的独立性,大量关于 PPP 模式的部门规范性文件内容也存在差异,且规范性文件并不具有法律的强制力,仅起到指导作用,在实践中对 PPP 项目运行的规范效力比较有限。值得欣喜的是,PPP 项目主体之间的法律关系、PPP 项目合同的法律属性等问题已经受到了学界和业界的热烈关注,对 PPP 模式当中一些基础理论的问题经历了几年激烈的探讨,政府也通过出台《中华人民共和国政府和社会资本合作法(征求意见稿)》《基础设施和公共服务领域政府和社会资本合作条例(征求意见稿)》和《最高人民法院关于审理行政协议案件若干问题的规定》等重要文件试图对以上问题进行回应。但以上征求意见稿在意见反馈期过后的三年迟迟不见下文,各项司法解释也引发了社会各界强烈的争议。因此,不可否认的是,我国对于 PPP 模式的法学基础理论研究仍然处于积极研究但不成熟的阶段,但市场各方对 PPP 立法早已颇有期待,项目实践中暴露出的问题也亟须通过立法进行规范。如何加快完成顶层设计,为 PPP 模式的有效实施提供制度保障,已成为 PPP 领域在 2021 年的首要任务。

2021 年 1 月,《中华人民共和国民法典》(以下简称《民法典》)正式实施,这是我国在全面依法治国道路上又一个里程碑事件,对进一步提升国家治理体系和治理能力现代化水平发挥着重要作用。同时,民事主体的权利保护在新的起点上得到强化,平等、诚信、自愿等重要价值将通过《民法典》的实施成为我们生活世界的价值准则。但《民法典》的出台并不是一劳永逸的,政府也意识到后续的立法工作任重而道远。我们要加强同民法典相关联、相配套的法律法规制度建设,不断总结实践经验,修改完善相关法律法规和司法解释。如此一来,PPP 领域更应当借势破局,全面推进相关立法制度的设立和完善。我们可以看到《政府投资条例》《优化营商环境条例》等制度规范的实施在较短时间内已经取得明显成效,对促进公平竞争、增强市场活力和经济内生动力产生了积极影响,为 PPP 模式的理论研究和实务操作提供了巨大的支持。

最后需要强调的是,PPP 模式在我国的繁荣发展有赖于法律制度的完善,但唯有以保护社会资本方利益为出发点,真正关注社会资本方的需求所在,PPP 市场的活力才能持久而不衰。

# 目　录

# 引　　言

## 一、我国 PPP 发展政策概要

PPP(Public-Private Partnership)模式如今已逐渐成为我国市场经济发展的重要利器之一。PPP 模式,是指政府部门与私营部门为提供某种公共产品或服务而通过正式协议建立起来的一种长期合作伙伴关系,合作双方相互取长补短,共担风险,共享收益。

起源于 18 世纪的欧洲收费公路建设计划的 PPP 模式,在应对 20 世纪 70 年代的英美国家经济萧条、80 年代中等发达国家爆发的债务危机中,[①]发挥了巨大作用。通过利用该模式,这些国家成功地在公用事业领域引入民间资本,缓解由财政资金短缺带来的经济压力,积极推动了各国经济的持续发展。

20 世纪 80 年代开始,我国在基础设施和公用事业领域的建设中初步尝试 PPP 模式。然而,由于历史及经济等多方面的条件限制,我国 PPP 模式一直处于低头摸索的阶段,并未真正走上正轨。近年来,我国经济下行压力增大,人均资源占有量下降,人民对基础设施和公共服务的质量和数量需求却逐渐提高。现阶段,我国仍然属于发展中国家,财政实力还不够雄厚。为保障社会稳定,提高人民的生活水平,促进经济持续健康发展,我国政府亟须寻求一项高效而可靠的投资模式来运用到我国的基础设施及公共服务的建设中。十六届三中全会通过了《关于完善社会主义市场经济体制若干问题的决定》,其中明确指出:“放宽市场准入,允许非公有资本进入法律法规未禁入的基础设施、公用事业及其他行业和领域”“允许社会资本通过特许经营等方式参与城市基础设施投资和运营”,标志着我国决定重拾 PPP 模式以推进国家经济和社会的全面发展。

---

① 参见刘薇:《PPP 模式理论阐释及其现实例证》,载《改革》,2015 年第 1 期,第 79 页。

此后，中央各部委出台了一系列文件来鼓励推广 PPP 模式，并将其正式定名为“政府与社会资本合作模式”。2014 年 11 月底至 12 月初，国家发展和改革委员会（以下简称发改委）、财政部分别发布了关于 PPP 模式的重磅文件。发改委发布了《国家发展改革委员会关于开展政府和社会资本合作的指导意见》（以下简称“发改委 2724 号文”），[①]并立即作出了指示，要求各级地方发改委建立 PPP 项目库，并从次年 1 月开始按月报送 PPP 项目。财政部发布了《政府和社会资本合作模式操作指南（试行）》（以下简称“财政部 113 号文”），从项目识别、项目采购、项目移交等五个方面、十九个步骤给出了具体的指导意见。[②] 2015 年 4 月，国家六部委联合发布《基础设施和公用事业特许经营管理办法》（以下简称《特许经营管理办法》），形成了到目前为止我国已经出台的最高层级的 PPP 立法文件。2015 年 5 月，国务院办公厅转发财政部、发改委、中国人民银行《关于在公共服务领域推广政府和社会资本合作模式的指导意见》（以下简称“国办发 42 号文”），对已有的 PPP 政策存在的冲突和空白之处给出了及时的回应。该文以转发部委文件的形式发布，首次将 PPP 模式的成文规定提升到国务院层面，充分肯定了 PPP 模式在我国基础设施及公共服务领域的重要意义。2017 年 7 月，《PPP 条例征求意见稿》正式发布，将我国的 PPP 立法工作推向了高潮。在此后的三年期间，财政部和发改委分别就推进 PPP 项目的发展发布了专属的规范性文件，[③]继续在政策方面为 PPP 模式在我国的顺利开展添砖加瓦。另外，财政部、发改委等相关部门还先后发布多项部门规范性文件，从 PPP 项目绩效管理、PPP 项目投资和建设管理、PPP 会计准则等方面，全面释放政策红利，在不同环节不同流程中为 PPP 项目提供有力的政策支持。[④]

## 二、PPP 社会资本方利益保护问题

目前，PPP 模式无论在我国理论领域还是实践领域均得到了国家和社会的充分重视，足以彰显我国政府推行 PPP 模式的信心和决心。PPP 模式能够填补因财政资金短缺而导致的在基础设施及公共服务领域的投入不足。随着我国国民人数的增长，城镇化进程的不断推进，公共产品和服务的供给应当与公众需求

---

① 其中包括附件《政府和社会资本合作项目通用合同指南》（2014 年版）。

② 《财政部关于规范政府和社会资本合作合同管理工作的通知》（以下简称“财政部 156 号文”）是对“财政部 113 号文”的补充和细化，其附件《PPP 项目合同指南（试行）》（以下简称《财政部 PPP 合同指南》）为我国 PPP 工作的开展起到重要指导作用。

③ 《国家发展改革委关于鼓励民间资本参与政府和社会资本合作（PPP）项目的指导意见》（发改投资〔2017〕2059 号）、《财政部关于推进政府和社会资本合作规范发展的实施意见》（财金〔2019〕10 号）。

④ 《财政部关于印发〈政府和社会资本合作（PPP）项目绩效管理操作指引〉的通知》（财金〔2020〕13 号）、《国家发展改革委关于依法依规加强 PPP 项目投资和建设管理的通知》（发改投资规〔2019〕1098 号）等。

相适应,PPP模式还能够提高公共产品和服务的质量及项目管理水平。从另一角度来看,PPP模式也为社会资本提供了新型的投资方式及获得合理回报的机会。[①]

然而,PPP模式的发展与理想状态之间仍然存在较大差距,尤其是PPP模式中社会资本主体是否是真正意义上的社会投资者的问题?目前,国有企业属于社会资本主体的范畴获得了我国各项PPP模式法律文件的认可。在实践中,最终担任社会资本方的项目主体绝大多数也是国有企业。我们姑且不论国有企业担任社会资本的合理性,我们应当正视我国总体经济发展结构和PPP模式的发展程度促成了国有企业成为社会资本的主力军。相反,典型的PPP模式社会资本主体——民营企业,当下在我国PPP模式的发展中多处于多怀顾望的状态,很少有机会或是有实力参与到真正落地的PPP项目中。其原因既包含真正意义上的社会投资者没有参与项目的机会,又存在他们不敢参与的可能性。真正的民营资本不敢参与,各种缘由归结于PPP模式中他们的弱势地位。在PPP模式中,作为国有企业的社会资本方可能并不担心这些问题。国有企业本身实力强大,自我保护和承担风险的能力较强。再加上"国"字头身份与政府方的关系更为密切,在PPP项目的实施中能够得到较为便捷的援助。

政府作为PPP模式的主要推动方,兼具监管者和交易者的身份,在合作地位上的优势不言而喻。此种关系构建本身就促成了社会资本一方的弱势地位。如果我们强调对于社会资本方的规制,则更加弱化了对社会资本方的保护。我国目前并没有建立起一套完备的PPP法律体系,在实践环节存在大量的法律漏洞,导致社会资本方在项目中的参与缺乏法律保障。

当前,我国没有针对PPP模式的专项立法,也并没有特意制定投资者权益保护法。对PPP模式中社会资本方的规制与保护主要分散在现有法律(《中华人民共和国民法典》《中华人民共和国招标投标法》《中华人民共和国政府采购法》《中华人民共和国预算法》《中华人民共和国公司法》等)、规范性文件(各部委发布的通知、意见、办法)以及合作方签订的PPP协议中。首先,各项法律的相关规定之间存在一定的分歧,导致PPP项目的法律适用困难。例如在《中华人民共和国政府采购法》(以下简称《政府采购法》)与《中华人民共和国招标投标法》(以下简称《招标投标法》)的适用选择中,两部法律并未对PPP项目的具体情况做出明确规定,造成具体操作中的实践困难。《招标投标法》的法律客体是工程建设项目,《政府采购法》强调的是使用财政性资金,两者内容相互交叉,还需要通过法律的修改为

① 何春丽:《基础设施公私合作(含跨国PPP)的法律保障》,法律出版社2015年版,第16页。

PPP 项目的适用给出肯定答案。[①] 其次，各项规范性文件均有各自相应的规定，由于各部委制定文件的出发点各异，一方面其内容存在不一致；另一方面此类文件效力层级较低，对社会资本方的保护仅起到指导作用，保护力度较弱。以国家发改委公布的《政府和社会资本合作项目通用合同指南》(以下简称《发改委 PPP 合同指南》)为例，全文 15 章，对社会资本方的保护仅仅集中在第 2 章合同主体的第 7 条社会资本主体和第 3 章合作关系第 10 条排他性约定、第 12 章合同解除、第 13 章违约处理、第 14 章争议解决上，多数章节旨在规定项目建设的各项标准和对社会资本方提出要求。再次，重视 PPP 协议的拟定理应是最直接、最全面的保障社会资本方的方式。国外非常注重 PPP 合同范本的拟定，很多领域的 PPP 标准合同页数均超过 1000 页，而我国各领域的 PPP 协议基本控制在 50 页以内。笔者在写作过程中收集了部分已成立的 PPP 协议，发现多数协议中基本都具有有关社会资本方保护的条款，但是对政府方的约束和问责机制较少，而少数 PPP 协议中依然存在没有相应保护条款的情况。究其原因主要是以下两条：一是社会投资方在 PPP 模式的谈判和合作中均处于弱势地位，在合同磋商阶段，社会资本主体在面对政府时缺乏勇气表达自己的真实诉求或是本身对于 PPP 协议的重视程度不够，从而造成整个合同拟定过程被政府方主导的局面。二是社会投资方过于信任政府牵头的合作项目，认为只要投资垄断行业必有收获，在合同商议的过程中显得过于盲从。[②]

可以认为，虽然 PPP 模式为社会投资者敞开了大门，为其提供了千载难逢的投资机遇。但由于缺乏社会资本方利益保护(尤其是法律方面)，致使多数社会资本方对于 PPP 项目处于观望的态度，因此，必须高度重视 PPP 模式中社会资本方利益的保护问题。社会资本在 PPP 项目的利益范围是什么？社会资本在 PPP 项目中会面对哪些困难？社会资本方保护与 PPP 目标达成具有什么关系？具体的保护路径如何选择？这一系列问题正是本文的研究内容。

## 三、研究综述

国外对于 PPP 模式的法学研究成果比较丰富，据不完全统计，外文专著有 33 本，外文期刊论文有 57 篇。我国因实践起步较晚，对于 PPP 模式的研究有限。截至 2021 年 1 月 1 日，以“PPP 模式”“政府与社会资本合作模式”或“公私合作”为检

① 刘婧湜、王守清：《PPP 项目特许经营者选择研究——基于〈招标投标法〉与〈政府采购法〉的适用性比较》，载《建筑经济》，2015 年第 7 期，第 10 页。

② 刘梦祺：《我国公立医院 PPP 模式的运用及其法律对策分析》，载《中华医学杂志》，2016 年第 38 期，第 3045 页。

索条件进行搜索，经初步统计，法学类相关研究成果包括中文专著33本，国内博士论文12篇（中国知网中国博士学位论文全文数据库），中文期刊322篇（中国知网期刊数据库）。从归纳PPP模式中与社会资本方保护有关的法律问题出发，现有研究大致归属以下几个方面：

### （一）PPP公私主体的法律关系

作为PPP模式法学研究的理论基础，政府公共部门与社会资本方的法律关系以及PPP协议的合同性质在我国学界和业界一直以来没有达成共识，这亦是目前困扰我国PPP模式顺利开展也即项目纠纷争议解决的主要问题之一。在PPP模式中，代表政府的公共部门至少承担着决策主体、监督主体、执行主体三种角色。私营部门即社会资本方的角色相对单一，与公共部门的法律关系一直存在争议，因而造成主体各方利益失衡以及在实践操作中的混乱。因为无法对其法律关系定性，导致在项目实施中社会资本方无法通过合同条款保障自身的利益，违约处理和争议解决方式的条款得不到真正落实。学界对PPP模式的法律关系讨论主要集中在行政法律关系、民事法律关系、行政兼民事法律关系，也即PPP合同性质属于公法性质、私法性质还是公法兼私法的属性。对于该议题学者观点的展示及相关讨论，本文将放至第一章予以重点阐释。

### （二）PPP模式法律位阶低及法规政策矛盾的问题

截至2021年1月1日，PPP模式在我国仍然缺乏高层次的立法，法律规定仅停留在红头文件、部门规章、地方规章的层面，法律位阶较低，甚至根本不是执法依据，在实践中容易涌现大量问题：一方面容易导致司法部门和执法部门的操作混乱；另一方面由于PPP模式存在大量的法律空白、法律漏洞，容易滋生投资人因过分谋求经济利益而使用违法手段。（刘力，何宗鹏2016）另外，各部委及地方政府制定的政策目标各异，缺乏协调，相互冲突的政策目标在一定程度上影响了PPP政策的实施效果。（喻文光2016）比如在审批PPP项目时，社会资本主体实际上要分别向发改委和财政部两个部门上报材料。两个部门都各自有一套项目识别、准备、报批、确立的流程，有交叉也有不同的内容，极大地降低了项目审批的效率。（冯禹丁2015）法规政策之间的不一致贯穿于整个PPP项目的执行过程中，具体体现在土地政策、招标采购政策、金融政策、财政支出政策、税收政策等方面。（陈少强，刘薇2016）

### （三）PPP项目资产权属法律问题

源于PPP项目所涉产权关系复杂，主体众多，我国又缺乏相应的法律法规，在实践操作中对项目资产权属问题提出了新的挑战：PPP项目所在的基础设施和公共服务领域多为国有资产，社会资本方的合作是否会造成国有资产的流失？是否要求所有项目资产必须为国家所有？如何平衡公私双方的资产关系？资产是固定资产还是无形资产，税务上如何处理？（张燎 2016）所有权和经营权两权是一体还是分离的？（陈少强，刘薇 2016）在我国的 PPP 项目中，项目公司是否拥有项目的所有权是依据合同谈判而定的，并且部分现存法律对社会资本方能否享有公用事业建设的产权问题持否定态度。项目公司若不能享有项目设施的所有权，就会缺乏合理性，严重挫伤社会资本方参与 PPP 项目的热情。（徐向东 2014）若在项目准备和项目执行过程中没有将合作方各自控制的资产、新增资产、合作期满后的资产权属约定清楚，不但会造成 PPP 产权关系的混乱，而且会加重我国公共财政的负担。以公立医院开展 PPP 模式为例，我国公立医院所有资产实行国家统一所有，医院仅拥有占有权和使用权的产权体制。由于社会资本的加入，PPP 项目中极易形成多个产权并存的局面。在特许经营模式中，政府将公立医院的无形资产特许给某些社会资本使用，届时，公立医院与社会资本均有该项许可的占有权和使用权。在 IOT 托管模式中，由社会投资方投资形成的资产在项目结束后应当归谁所有，如果将其转移给政府，政府是否需要支付一定的对价。（刘梦祺 2016）还有学者提出，资产权属包括所有权和使用权，使用权的归属实际上是收益权的归属，因此要对资产权属进行风险评估，要制定良好的 PPP 协议，明确权属关系和风险关系。（管晓峰 2016）项目资产权属的一般原则是谁投资，谁建设，谁享有，但在我国的 PPP 项目当中存在一定的特殊性。因此，有学者建议 PPP 资产所有权属可以通过当事人协商约定，并且在一定程度上开放投资权和经营权的后续流转。（周兰萍 2016）

### （四）PPP 模式中政府契约精神缺失的问题

PPP 模式中强调的契约精神，是指政府与社会资本合作的经济行为中所强调的自由、平等、互利的原则。强调的是公共部门以“平等民事主体”的身份与非政府主体签订协议，建立合作伙伴关系，这是对传统政府权力独大的一种冲破。（刘薇 2015）由于政府地位的特殊性，地方政府在以往的 PPP 项目执行过程中暴露出执行力弱、缺乏契约精神的问题，集中表现在几大风险上：“合同是张纸，签完随时改”，或是“签完不执行”等问题，行政决策随意性非常大。部分地方政府错误解读 PPP 模式的目标精神，认为社会投资者进入基础设施领域仅仅是为了解决政府资金困难，一旦社会投资方的资金到位之后，政府就不按 PPP 协议履行义务，严重损害了社会投资人的合法权益。（余丰慧 2015）以上都是政府契约精神缺失的具体表现，除了通过立法对公共部门的权力进行约束和问责，防止其权力滥用给 PPP 项目带来危害，更重要的是培养政府自身的契约精神。有学者认为，PPP 立法中最重要的因素是 PPP 协议，以 PPP 协议为基准，强化政府履约守诺的行为，才能杜绝近年来一些地方政府挥霍自身信誉，导致社会资本对其合作项目心存疑虑的现象发生。（刘颖 2016）

### （五）PPP 模式中的利益平衡难题

众所周知，PPP 模式的一大亮点在于政府以平等主体的姿态参与项目合作。政府的“低姿态”参与既是 PPP 项目广泛开展的重要原动力，又是保证项目顺利落地和运行的关键所在。但是，政府在 PPP 模式中并不仅仅承担合作者的角色，还要扮演项目规划者、产品购买者、项目监管者、制度设计者等多重角色。（张奇 2016）归纳起来，主要可以分为公法角色（监管者）与私法角色（合作者）。政府合作者角色应与普通民法主体一样享有权利和履行义务，在项目中与社会资本充分友好协商，共同定制庞大的 PPP 协议体系。政府良好履行合作者角色，有助于激发市场活力，调动社会资本方的创造力，还有助于提高 PPP 项目的运行效率，化解地方财政压力。相反，政府在扮演监管角色之时，本质是公权力的形式，表现在项目审批、许可、评估等方面。（石贤平 2015）监管者的任务还表现在对公共服务的生产过程是否符合合同要求、结果是否符合合同标准、经营是否符合合同规定进行监督，因为提供基础设施和公共服务的终极责任还在于政府。（邢会强 2015）对政府角色的正确识别是 PPP 模式运作的重要前提，不难发现，政府两种角色在我国现阶段的项目运营中处于冲突的状态。在角色行使中政府容易混淆权力和权利义务的边界，强调监管角色或者忽略合作角色，加剧了 PPP 项目失败的风险。例如，在政府监管私人部门的工作状态之时，首先应当以国家法律法规以及 PPP 协议为基本依据，但是政府在履行监管职责之时，可以拥有足够的动机来证明以自己的利益出发而行使的各种监督行为的正确性，以正当的理由造就合作地位的不平等，使 PPP 项目拥有一定的封闭性。并且，当政府因为项目风险发生而需要承担责任时，其可能利用监管者的优势地位推卸责任给社会资本方，严重侵害了社会资本方的合法权益。（段绪柱 2012）因此，政府多重角色冲突是影响 PPP 模式中社会资本方利益保护的主要障碍。

在政府角色冲突的基础上，从政府与社会资本各自的投资目的来看，同样也展现出公益性与趋利性的矛盾。PPP 项目往往涉及供电供水、污水及垃圾处理等市政设施，公路、铁路、机场等交通设施，医院、养老、学校等公共服务项目，具有很强的公益性，政府一方面不允许社会资本改变项目的公益性质；另一方面又决定了项目不能以利润最大化为目标。相反，社会资本参与 PPP 项目最直接的目的就是盈利，同样也符合市场经济的运行规律，利用基础设施和公共服务领域的自然垄断地位，以及 25 年以上的合作年限，充分获取高额利润。（胡改蓉 2015）所以，政府目标的公益性与社会资本目标的趋利性在合作的原点就已经产生了分歧。若社会资本方希望有利可图，必须引进先进的技术和管理方式来提高项目的综合水平，减少项目的运营成本，从而达到增收、创收的目的。在具体项目的实施中，容易引发社会资本为节约成本而偷工减料导致项目质量不合格的状况，也可能增加国有资产流失的风险。PPP 模式的推行在一定程度上“为牟利者打开了方便之门”，（黄忠敬 2014）如何化解 PPP 模式中公益性与趋利性的矛盾，亦是社会资本方利益保护的重大议题之一。

在 PPP 项目的推进过程中，由于我国 PPP 模式法制基础薄弱，缺乏高层次的 PPP 立法，相关法律政策之间也缺乏协调，[①]在项目操作实践中暴露出诸多法律问题，更加值得引起社会各界的关注。在现有的法学研究成果当中，PPP 模式立法、PPP 合同的法律属性、PPP 模式的法律适用、公私利益冲突以及政府监管等问题均有所涉及。现阶段，我国学界对 PPP 模式的研究成果，多数停留在金融学、财政学、管理学、工程学等领域，对于法学方面的权威讨论相对较少，特别是对于社会资本方利益保护问题，缺乏从法律视角的系统深入研究。

## 四、研究意义与思路

### （一）研究意义

本文的研究意义如下：其一，良好的投资者保护机制能够充分激发市场的活力，平衡参与各方利益，降低项目风险，吸引更多社会资本的加入。社会资本方作为 PPP 项目合作中的核心主体，通常在资金、信息、经验等方面处于弱势地位，如果没有建立完备的 PPP 社会资本方保护机制，当社会资本方的利益遭受侵害时，在制度层面无法为其提供保护和救济支持，最终将会挫伤其参与 PPP 项目的积极性。

其二，随着我国市场经济的日趋发展，国内经济环境的持续向好，我国民间资本亦在不断壮大。但同时我国民间资本的利用率居于低位，大多处于闲置状态。据不完全统计，我国社会储蓄率已高达 50%，总投资率小于总储蓄率，加剧了经济结构的失衡。鉴于国内投资渠道有限，多数中小投资者又会盲目投资，极不利于保护我国公民的基本经济利益。PPP 模式的出现丰富了我国的投资渠道，为公众打开了一片新兴的投资领域。PPP 模式可以通过公私合作为公众提供一种合法、理性的新型投资方式，转变公众的投资观念，促进公民与社会的整体经济发展。

其三，保护投资者利益是一个永恒的话题。我国资本市场对投资者利益保护的研究相对深入。然而，PPP 模式作为一项新事物，从我国目前的立法和实践现状来看，对 PPP 项目社会投资者的保护并没有受到重视。学界专门关于 PPP 模式社会资本方保护议题的科研成果屈指可数，多散见于以 PPP 模式为大方向的论文和

① 陈少强、刘薇：《“PPP 立法——地方政府视角”专题研讨会纪要》，载《财政科学》，2016 年第 6 期，第 156 页。

报告中，往往仅是几句话带过对社会投资者保护问题的讨论。源于PPP模式的体系庞杂，内容繁多，社会资本方的利益保护更加应当被放在优先考虑的位置，这既是PPP市场健康发展的外在要求，也是PPP模式自身的内在要求。尤其是在中国，PPP市场刚刚起步，从项目设立到运行的各个环节均处于摸索阶段，极易忽略对社会资本方的保护问题。因此，进一步探讨保护PPP项目社会投资者利益的路径与规律，并不断完善保护投资者的法律措施已是刻不容缓的议题，也是本文主要的研究意义所在。

### （二）研究思路

针对PPP模式中社会资本方利益保护这一命题，本文尝试运用法理学、民商法学、行政法学、法经济学、管理学等学科的有关知识，采取价值分析、实证分析、比较和批判等研究方法，首先，对PPP模式中利益主体的法律关系和社会资本方法律地位所存在的问题进行分析和回应。其次，围绕公法路径和私法路径两大主线进行专题研究，分别讨论两条路径的理论基础、所涉及的不同法律问题，以及提出该路径下社会资本方利益保护的相应对策。公法路径是以行政权力在PPP项目中的限制为主题，私法路径分为PPP模式下政府权力与责任的契约化安排以及社会资本方权利义务的契约化保障两大部分进行具体剖析。最后，结合公法路径和私法路径，为我国PPP模式社会资本方利益保护的制度建构提出具有可行性和操作性的建议。

## 五、其他需要说明的问题

### （一）PPP的内涵界定

PPP是Public-Private Partnership的缩写，中文可译为“公共和私人部门合作伙伴关系”“公私合营”等。PPP的定义还存在广义和狭义之分，广义是指政府与私人部门为提供公共产品或服务而建立的合作关系；狭义是公共部门与私人部门签订PPP协议，强调私人部门需根据协议内容负责项目的融资、建设和运营的一种新型管理模式。世界各国机构对PPP模式的定义也有所差别。[①] 财政部《关于推

① 世界银行认为PPP是政府实体和私人实体之间为提供公共产品或服务而达成的长期合同，在该合同下，私人资本一方承担重大风险和管理责任，且其报酬和绩效挂钩。美国PPP国家委员会对PPP模式的定义为，介于外包和私有化之间并结合两者特点的一种公共产品提供方式；表现为充分利用私人资源进行设计、建设、投资、经营和维护公共基础设施，并提供相关服务以满足公共需求。加拿大PPP国家委员会对PPP模式的定义为，公共部门和私人部门之间的一种合作经营关系，基于双方各自的技术和经验，通过适当的资源分配、风险分担和利益共享机制，最优满足已经清晰界定的公共需求。联合国培训研究院对PPP模式的定义为两层含义：1. 为满足公共产品需求而建立的公共和私人之间的各种合作关系；2. 为满足公共产品需求，公共部门和私人部门建立的伙伴关系。欧盟委员会对PPP模式的定义为，为提供公用项目或服务而形成的公共部门和私人部门之间的合作关系。

广运用政府和社会资本合作模式有关问题的通知》(以下简称“财政部 76 号文”)[①]和“发改委 2724 号文”[②]对 PPP 模式有较为详细的定义。财政部侧重于“财务测算”的角度,并明确了公私双方的基本分工;发改委则偏向“增强公共产品和服务供给能力”“特许经营”,着眼于服务国家宏观经济政策。[③] 尽管在侧重点上有所差别,但从本质上看,两部委给出 PPP 模式的定义并不存在矛盾。然而在具体的项目适用中,项目的选择应当满足财政部还是发改委给出的定义,还是两部委的定义应当同时满足的问题目前没有得到确切的官方解答。

另外,财政部给出的 PPP 定义过于仓促且考虑不周,引起学界的热烈讨论。第一,“财政部 76 号文”将 PPP 模式解读为“政府和社会资本合作模式”值得进一步讨论。政府合作的对象在这里被翻译成社会资本而不是社会投资者,“政府和社会资本合作模式”替代“PPP 模式”则忽视了 PPP 最本质的内涵,PPP 不仅有“资合”的内容,更有“人合”的本质。社会资本的概念容易引起歧义,很难判断其表示的是究竟是资本类型还是投资人主体。第二,从解释性定义出发,该定义仅仅描述了社会资本参与基础设施建设的通常模式,未提到社会资本如何提供服务这一关键要素。[④] 第三,定义中相关用语模糊,如“通常模式”的例外是什么,“大部分工作”所指的范围是什么。第四,根据 PPP 模式的运用现状,通过“使用者付费和必要的政府付费”并不能保证社会投资方收回成本的基本权益。

全世界对于 PPP 的定义没有给出一个统一的答案,各个国家对 PPP 模式的理解也不尽相同,甚至各个地方对其理解也有所偏差。因此,笔者建议,我国应当在国家法律层面,对 PPP 模式给出一个统一的定义。一是有利于避免部分地方政府为了响应国家号召,为了提高 PPP 项目业绩,将一些本来不属于 PPP 模式或者不适合 PPP 的项目“包装”成为 PPP 项目的行为。二是将 PPP 模式与类似模式区分开来,将交叉部分以及转化方式解释清楚,保证项目适用范围的准确性。三是为 PPP 提供强有力的法律保障。PPP 本来是一项舶来品,在我国并没有被写进立

---

① 财政部文件 PPP 定义:“政府和社会资本合作模式是在基础设施及公共服务领域建立的一种长期合作关系。通常模式是由社会资本承担设计、建设、运营、维护基础设施的大部分工作,并通过‘使用者付费’及必要的‘政府付费’获得合理投资回报;政府部门负责基础设施及公共服务价格和质量监管,以保证公共利益最大化。”

② 发改委文件 PPP 定义:“政府和社会资本合作(PPP)模式是指政府为增强公共产品和服务供给能力、提高供给效率,通过特许经营、购买服务、股权合作等方式,与社会资本建立的利益共享、风险分担及长期合作关系。”

③ 王树海:《为什么说 BT 不属于 PPP?》,http://www.pppcenter.org.cn/xydt/mtbd/201511/084748HsG.html,最后访问时间:2016 年 12 月 5 日。

④ 李菡君:《财政部同世界银行 PPP 定义比较 PPP 那些事之十》,http://www.law-lib.com/lw/lw_view.asp?no=26060,最后访问日期 2016 年 12 月 5 日。

法，为保证PPP在我国的长远发展，必须由高层级的法律尽快确立该模式的概念和相关框架内容。

### （二）PPP的主要分类与运作方式

各国由于意识形态差异且国情的不同，对于PPP模式的理解也不同，加之PPP在各国有不同发展阶段，因此对于PPP的分类也有着不同的标准。有学者根据国外的PPP模式分类方式，提出我国的PPP分类建议，具体分为以下三类：外包类、特许经营类、私有化类。[①] 由于我国暂无PPP模式的官方分类标准，对以上分类标准也不宜作出评价。笔者认为，对PPP的类型划分最主要的问题是界定PPP项目的性质，是否可以将外包类和私有化类归为PPP模式中，是否国外所有的PPP模式的类型都在我国适用？这都是需要通过高层级的立法予以确定的议题。目前，仅有"财政部113号文"对PPP项目的主要分类有所展现，并且是以PPP项目的运作方式而列出的，项目运作方式主要包括委托运营、管理合同、建设-运营-移交（BOT：Build-Operate-Transfer）、建设-拥有-运营（BOO：Build-Own-Operate）、转让-运营-移交（TOT：Transfer-Operate-Transfer）和改建-运营-移交（ROT：Reconsitution-Operation-Transfer）等。

该条款简单列举了六种运作模式，表明具体的运作模式要根据实践中收费定价机制、收益水平、风险分配框架、融资需求等因素而最后决定。在我国PPP项目的实践中，就存在复合性PPP模式。《发改委2724号文》也指出，各地根据实际情况和项目特点，可以灵活探索多种PPP模式。例如，北京地铁十六号线工程，在传统PPP模式的基础上加入了保险资金股权融资，采用"股权融资＋特许经营"的复合模式开展PPP项目。因此，PPP模式的运作方式可以有多种，但具体模式是否符合我国法律规定的合法范围，是否与PPP模式的相关政策相违背，这是我国立法应当明确的后续问题。

### （三）PPP与相关概念的辨析

在我国，与PPP模式相似的模式即是BOT模式、BT模式、特许经营，以上三种模式在我国实践时间长，范围广，经验丰富。因此，在PPP再一次被重点推行后，以上三种模式与其有何种差别？是否有包含关系？在实践操作中需要充分明确相关概念的具体关系，这不仅有助于法律法规的准确适用，还有助于PPP模式运用的适切性。

1. PPP模式与BT模式

BT模式（Build-Transfer）即建设-移交，是政府利用非财政资金来进行经营性

① 王灏：《PPP的定义和分类研究》，载《都市快轨交通》，2004年第5期，第26页。

基础设施建设项目的一种融资模式。该模式源于《关于培育发展工程总承包和工程项目管理企业的指导意见》第 4 点第(七)条规定，曾经在我国基础设施领域盛行多年，但由于项目成本高，效率低，造成地方政府债务危机，之后该模式被政府喊停。PPP 模式与 BT 模式的区别如下：第一，从政府与社会资本的关系上，BT 模式展现的是一种雇佣关系，PPP 则是通过政府与社会资本方的平等合作关系开展 PPP 项目的各项工作，充分体现 PPP 伙伴关系、利益共享、风险共担的特点。第二，从资金给付上，BT 模式由项目公司先垫资进行建设，容易导致中途项目失败后社会资本方血本无归的严重后果。建设验收完毕后再移交给政府，最终的资金压力还是落在政府身上，并没有改变减轻政府债务的现状。PPP 则是从社会资本参与投资开始，与政府共同出资、共同运营、共担风险，通过政府付费、使用者付费、可行性缺口补助能够及时减轻政府的财政压力。第三，从合作形式上，BT 模式是政府授权给企业并由政府主导进行的项目建设。而 PPP 项目则是由社会资本方或项目公司承担融资、建设、运营，政府通过不同渠道进行监管的模式进行合作，更加注重项目实施的科学性和可操作性。第四，从风险分担上，社会资本在 BT 模式中要承担较大风险，政府对项目过程的控制力较弱；[①]PPP 模式则是由双方共同分担。第五，从项目期限上，BT 模式下企业将项目建成后移交给政府即完成了整个项目，一般周期为 3～5 年。PPP 模式合作年限较长，包括运营、维护等一系列后续工作，最长不超过 30 年。综上，PPP 模式与 BT 模式是两个不同的概念，如表 1 所示。

**表 1　BT 模式与 PPP 模式的比较**

| 模式 | 主体关系 | 资金给付 | 合作形式 | 风险分担 | 项目期限 |
|---|---|---|---|---|---|
| BT 模式 | 雇佣关系 | 项目公司先垫资，政府回购 | 政府授权给企业并由政府主导 | 社会资本承担较大风险 | 一般周期为 3～5 年 |
| PPP 模式 | 平等合作关系 | 政府付费、使用者付费、可行性缺口补助 | 社会资本或项目公司承担融资、建设、运营，政府进行监管 | 政府与社会资本共同分担 | 年限较长，最长不超过 30 年 |

2. PPP 模式与特许经营模式

目前，PPP 模式与特许经营模式在我国的运用经常被混为一谈，相关政府文件也没有对其进行明确的区分。特许经营模式起源于法国，分为公用事业特许经营与商业特许经营，我们在此讨论的是公用事业特许经营。欧盟委员会曾在欧洲议会上表示，欧盟超过六成 PPP 模式属于特许经营，由此可以推断欧盟将特

① 郑泽川、宗和：《PPP 带给建筑企业的机遇与风险》，载《建筑》，2015 年第 15 期，第 10 页。

许经营列入PPP模式的范围之内。在我国,《特许经营管理办法》对公用事业特许经营有明确的定义,[①]“发改委2724号文”中提到PPP是通过特许经营、购买服务、股权合作等方式建立合作关系,意味着特许经营在我国应当是PPP模式的一种形式。

究竟PPP模式与特许经营模式能否等同,能否适用相同的法律法规等问题,还值得进一步商榷。从实施主体来看,《特许经营管理办法》中对政府方的定义强调的是政府行政级别;其他法律文件对PPP模式的政府主体定义是表明政府或政府的授权机构都可以作为政府方签订PPP合同,并且对政府的授权机构范围列举一二。从社会资本方的选择方式和PPP模式适用范围来看,特许经营模式和PPP模式并无实质区别,只是现有法律文件对PPP模式的伙伴甄选方式和适用范围表述得更为完整。[②] 从法律关系来看,《中华人民共和国行政诉讼法》(以下简称《行政诉讼法》)将特许经营协议的履行、变更、解决纠纷划入了行政诉讼的受案范围。《最高人民法院关于适用〈中华人民共和国行政诉讼法〉若干问题的解释》(以下简称《行政诉讼法司法解释》)明确指出,人民法院应当受理民事主体就政府特许经营协议提起的行政诉讼,从而表明了对特许经营主体间为行政法律关系的倾向。PPP模式则强调合作方平等主体地位,并且规定项目纠纷可以通过仲裁解决。众所周知,仲裁的双方当事人必须是民事主体,基于双方自愿并协商一致才能选择仲裁方式解决纠纷,因此PPP模式展现的主要是民事法律关系。

由上可得,PPP模式与特许经营模式有所差别,但其本质基本一致,都是提供基础设施建设和公共服务的一种创新模式。“PPP往往被看作一种模式或策略,而政府特许经营则被视为一种方法或措施。”PPP强调的是公私主体间的平等合作,而特许经营侧重的是政府的特许经营权如何得到有效实施。[③] 从主体上来看,都是政府或政府的授权机构与企业的合作;从项目领域来看,都是提供基础设施和公共服务;从实施目的来看,都是为了提高公共产品和基础设施的供给效率和水平。我国部分学者认为,没有必要将两者的概念隔断,只要立法明确其内涵和原则

① 《特许经营管理办法》第3条:“基础设施和公用事业特许经营,是指政府采用竞争方式依法授权中华人民共和国境内外的法人或者其他组织,通过协议明确权利义务和风险分担,约定其在一定期限和范围内投资建设运营基础设施和公用事业并获得收益,提供公共产品或者公共服务。”

② 社会资本方选择方面,特许经营模式是通过招标、竞争性谈判等竞争方式,PPP模式则是通过公开招标、邀请招标、竞争性谈判、竞争性磋商和单一来源采购方式来选择社会资本方。项目适用范围方面,《特许经营管理办法》提出我国特许经营活动的范围为境内的能源、交通运输、水利、环境保护、市政工程等基础设施和公用事业领域。各部委发布的有关PPP模式的项目范围在前述特许经营项目范围的基础上,还包括农业和林业、科技、保障性安居工程、医疗、卫生、养老、教育文化等公共服务领域。

③ 张继峰:《PPP与特许经营的关系之考》,http://mp.weixin.qq.com/s/zrN69flrnWtop_azPrlxxQ,最后访问日期:2017年7月15日。

即可，并支持将PPP法与特许经营法二法合一。[①] 笔者认为，由于PPP是一个不断发展的概念，立法不宜于保障PPP模式的开放性与灵活性，将二法合一稍显勉强。因此，我们认为"发改委2724号文"将特许经营模式作为PPP模式的一种较为合理，并进一步通过合同明晰PPP模式与特许经营模式的外延，并统一合同内的用词，便于合作者的使用。

3. PPP模式与BOT模式

"BOT模式是指社会资本或项目公司承担新建项目设计、融资、建造、运营、维护和用户服务职责，合同期满后项目资产及相关权利等移交给政府的项目运作方式。合同期限一般为20～30年。"[②]社会资本或项目公司没有项目的所有权，只有经营权。在我国，BOT模式的使用年限较长，使用率较高，当PPP模式出现后，业界常把BOT模式与PPP模式相等同。诚然，根据"财政部113号文"第11条第三款指出，BOT模式（建设-运营-移交）仅仅是政府与社会资本合作（PPP）模式的一种运作方式。

---

① 王守清：《特许经营的内涵及其与PPP的联系与区别》，http://blog.sina.com.cn/s/blog_6231df790102wqwj.html，2016年7月9日，最后访问日期：2016年10月1日。

② 参见财政部《政府和社会资本合作模式操作指南（试行）》（财金〔2014〕113号）附2"名词解释"第10条。

# 第一章　PPP 社会资本方权益保护之理论基础

## 第一节　PPP 利益主体法律关系之解读

合作主体之间的法律关系应当是 PPP 模式的研究基础与研究核心，其对于社会资本方利益保护的探讨更是起到厘清前提条件的关键作用。鉴于 PPP 模式的概念是舶来品，我国对该模式法律关系的定位既要借鉴外国成熟的经验，又要符合我国现有的法律框架和实际的法律环境。目前，我国立法对 PPP 模式中主体之间的法律关系没有明确的规定，仅部分部委在各自的规范性文件中对其作出了相应解释。学界对法律关系的讨论一直存在较大的争议。此种争议造成了主体各方的利益失衡以及在实践中的操作混乱等问题。2019 年 11 月，司法解释《最高人民法院关于审理行政协议案件若干问题的规定》（以下简称《行政协议司法解释》）的发布，将关于 PPP 主体之间法律关系以及 PPP 合同性质的讨论推向了新的高潮。在此之前，对于该议题的讨论只是停留在“小打小闹”的层面。至此，司法解释发布之后，该议题显得愈发尖锐，被议论的频次直接从“潜伏期”加速推进至“爆发期”，引发了学界和业界的更为激烈的讨论。本节旨在理顺 PPP 模式中利益主体关系的基础上，结合现有讨论中最具争议的观点，对其中几组重要的法律关系加以进一步探讨和论证。

### 一、PPP 利益主体之合理界定

关于 PPP 模式的利益主体，《财政部 PPP 合同指南》中有明确涉及，主要包括政府、社会资本方、融资方、承包商和分包商、专业运营商、原料供应商、保险公司等。

在 PPP 项目的实践中，最主要的参与方为政府方[1]、社会资本方[2]（包含项目公司）。社会资本一般不会作为 PPP 项目的合同签订方，真正的签约方是为该项目成立的专门项目公司（SPV）。项目公司可以由一家企业或多家企业的联合体共同出资设立，政府通常也会成为项目公司的股东。再由该项目公司成为 PPP 项目及其他相关合同的签约主体，自主运营，自负盈亏，负责项目的具体实施。[3] 各级政府在项目中一般会指派其他其授权机构或者政府以其自己的名义作为 PPP 协议的政府方签约主体。本文以下对 PPP 利益主体的探讨，以政府方和社会资本方为对象，暂不细化双方主体下具体的代表部门。

## 二、PPP 法律关系属性之意义诠释

在 PPP 项目的主体关系中，项目公司签订的股东协议、融资合同、工程承包合同等都能在我国现有法律框架中找到准据。[4] 如果在上述合同的执行中合作方产生了争议，在通过协商调节后，即可通过相应准据法解决纠纷。当前，理论界和实务界争论最大的问题是政府方与社会资本方在 PPP 模式中的法律关系即 PPP 项目合同的性质。该议题的争议直接影响到了对社会资本方权益的保护，关系到 PPP 项目合同的规则适用以及司法救济渠道的选取。[5]

“在不同的法律关系里，当事人的权利义务、权利保护和法律救济机制差异很大。如果是民事法律关系，社会资本就可以按照‘意思自治’实现合同权利，按照民事诉讼程序保护权利；如果是行政法律关系，政府很容易推翻授予社会资本的权利，就是一个行政诉讼。按照国家赔偿和按照民事合同约定赔偿，有天壤之别。”[6] 例如，政府公共部门没有按照合同约定办事或是在行为履行的过程中出现了差错导致项目不能顺利进行，社会资本方应当选择何种手段来保护自己的合法权益是一项困扰 PPP 项目参与人已久的问题。目前，由于我国对争议解决方式的规定仅停留在法律层级较低的政策性文件上，违约事件一旦出现，除协商调解以外，能否运用仲裁或诉讼的方式解决？如果采用诉讼方式应该将案件交由民事法庭还是行政法庭审判？这些问题的前提是确定 PPP 模式主体间法律关系的性质。

---

① 在本文中，政府方是指 PPP 项目合同的签约主体政府或政府的授权机构。

② 社会资本方在 PPP 模式中是指与政府方签署 PPP 项目合同的社会资本或项目公司。

③ 金诺律师事务所：《政府和社会资本合作（PPP）全流程指引》，法律出版社 2015 年版，第 11 页。

④ 这些法律主要包括《中华人民共和国民法典》《中华人民共和国公司法》等。

⑤ 李霞：《公司合作合同：法律性质与权责配置——以基础设施与公用事业领域为中心》，载《华东政法大学学报》，2015 年第 3 期，第 141 页。

⑥ 刘敬霞：《PPP 模式中应从规则层面切实保护民营企业产权和公共利益》，http://www.legaldaily.com.cn/Lawyer/content/2016-11/14/content_6886278.htm，最后访问时间：2016 年 12 月 2 日。

## 三、PPP法律关系属性之争议

### （一）国家级法律文件立场差异的揭示

2014年至2018年期间，在已有的政策性文件中，《财政部PPP合同指南》《发改委PPP合同指南》《特许经营管理办法》《行政诉讼法司法解释》均对合同主体（政府方与社会资本方或项目公司）的法律关系及PPP项目合同性质有所涉及。

PPP项目的两大主管机关财政部和发改委，在对于PPP法律关系属性的定性上达成了少有的共识。首先，《财政部PPP合同指南》将PPP的法律关系定义为民事法律关系。在《财政部PPP合同指南》的“编制说明”中明确指出：“PPP从行为性质上属于政府向社会资本采购公共服务的民事法律行为，构成民事主体之间的民事法律关系。”且在之后章节将“仲裁”列为争议解决的方式之一。在我国，仲裁只适用于非行政争议和非人身关系纠纷的民商事合同，充分表明了财政部对PPP民事法律关系立场的支持。其次，《发改委PPP合同指南》也坚持该立场，在该指南的“使用说明”中指出：“强调合同各方的平等主体地位。合同各方均是平等主体，以市场机制为基础建立互惠合作关系，通过合同条款约定并保障权利义务。”“平等主体”“合同条款”“权利义务”等名词的出现，足以证明发改委对该议题持有民事法律关系定性的立场。

但是，《特许经营管理办法》作为较高法律位阶的部门规章，将PPP的法律关系界定为行政法律关系。该办法第51条提到：“特许经营者认为行政机关作出的具体行政行为侵犯其合法权益的，有陈述、申辩的权利，并可以依法提起行政复议或行政诉讼。”明确指出了特许经营者争议解决方式的选择在行政诉讼的射程范围内。众所周知，特许经营为PPP模式中的一种主要形式。另外，《行政诉讼法》及其2015年的司法解释（现已失效）[①]的规定与上述办法的立场一致，但规制对象仅是特许经营协议。2018年，《最高人民法院关于适用〈中华人民共和国行政诉讼法〉的解释》中，没有延续2015年司法解释的相关规定，也没有出现其他关于PPP模式或特许经营模式的相关条款。在上述四年期间，从国家层面的立法性文件来看，PPP主体间法律关系的属性存在不同的定性。并且，虽然立法文件的位阶有高

---

① 《行政诉讼法》第12条：“人民法院应当受理公民、法人或其他组织提起的下列诉讼：……（十一）认为行政机关不依法履行、未按照约定履行或者违法变更、解除政府特许经营协议、土地房屋征收补偿协议等协议的”。《最高人民法院关于适用〈中华人民共和国行政诉讼法〉若干问题的解释》第11条指出：“行政机关为实现公共利益或者行政管理目标，在法定职责范围内，与公民、法人或者其他组织协商订立的具有行政法上权利义务内容的协议，属于行政诉讼法第十二条第一款第十一项规定的行政协议。公民、法人或者其他组织就下列行政协议提起行政诉讼的，人民法院应当依法受理：（一）政府特许经营协议；（二）土地、房屋等征收征用补偿协议；（三）其他行政协议。”

低之分，但各自规定的主体范围也有差别，并没有对 PPP 模式的主体实现完全覆盖。因此，对于该议题的定性一直缺乏顶层设计的统筹。

2019 年，《行政协议司法解释》的重磅出击，更加明确地表达了对 PPP 项目合同定性的态度，试图在立法层面为这场久而未决的“争议”作出裁判。该解释通过第 1 条和第 2 条的联合规定，不仅延续了《行政诉讼法》对特许经营协议的规定，更为突出的是首次在国家层面的立法文件中提出“政府与社会资本合作协议”的专有名词，并将其明确纳入法院受理行政诉讼案件的范围。① 较为巧妙的是，该解释尽管试图对政府与社会资本合作协议的性质下定论，但仍然在该名词前冠有“符合本规定第 1 条规定”的定语限制，可以看出立法者对该问题定性时的“小心谨慎”。该限制主要包含四个方面：第一，主体限制——行政机关；第二，目的限制——实现行政管理或公共服务目标；第三，对象限制——公民、法人或其他组织协商订立的；第四，内容限制——具有行政法上权利义务内容的协议。由此可见，该解释的规定也并没有囊括所有 PPP 合同的类型，并且该解释的出台引发了社会各界激烈的争议。各项法律文件关于 PPP 主体间法律关系的规定仍然存在矛盾，并且各自条款的表述不够准确和完整的问题也没有得到统一的解决。

### （二）理论争议及其评析

#### 1. 理论争议

如引言部分所述，我国理论界目前存在民事法律关系说、行政法律关系说、民事兼行政法律关系说三种学说，即 PPP 项目合同为民事合同、行政合同、民事兼行政合同。

(1) 民事法律关系说

从主体方面来看，王泽鉴教授提出政府非基于公权力地位所作出的行为（如向私人承租房屋、购买办公用品等），虽然行为方为政府，但应当属于私法行为的范畴。PPP 项目中尽管存在部分公权力的行使，但其实质是政府方与社会资本方就公共产品和服务的市场化开展的交易行为，与普通的商品买卖别无二致。②

---

① 《最高人民法院关于审理行政协议案件若干问题的规定》第 1 条：“行政机关为了实现行政管理或者公共服务目标，与公民、法人或者其他组织协商订立的具有行政法上权利义务内容的协议，属于行政诉讼法第十二条第一款第十一项规定的行政协议。”第 2 条：“公民、法人或者其他组织就下列行政协议提起行政诉讼的，人民法院应当依法受理：（一）政府特许经营协议；（二）土地、房屋等征收征用补偿协议；（三）矿业权等国有自然资源使用权出让协议；（四）政府投资的保障性住房的租赁、买卖等协议；（五）符合本规定第一条规定的政府与社会资本合作协议；（六）其他行政协议。”

② 梁慧星教授认为：“本质上属于市场交易的行为，即使一方当事人为行政机关，即使法律规定强制签约，也仍然属于民事合同，而与所谓行政合同有本质区别……国家通过行政机关对某些市场交易行为进行适度干预，并不改变这些交易的性质，当然不可能使这些市场交易关系变成所谓行政合同。”该观点的提出，充分佐证了 PPP 合同的民商事属性。

从内容方面来看，PPP 合同之所以能够建立，是源于当事人协商一致的结果，展现出意思自治的民商事特征。另外，PPP 法律关系中契约自由并没有受到限制，并且 PPP 法律关系中政府部门与私营部门法律关系平等，因此应当被认定为民事法律关系。[①] 有律师提出较为新颖的观点，政府在 PPP 项目中承担多重角色，其中政府行政权的行使是政府作为 PPP 项目合同当事人一方履行自身合同义务的表现。[②]

从 PPP 模式的创新性出发，贾康教授指出，PPP 模式的最大创新就在于政府与社会资本方之间体现出“伙伴关系”，双方以平等民事主体身份来签订 PPP 合同以及展开后续合作。如果不把 PPP 项目合同认定为民事合同，这一创新点将难以持续，将会冲击 PPP 模式的核心生命力，与市场经济改革前我国的管制经济差别不大。[③]

我国台湾地区于 2000 年颁布的“促进民间参与公共建设法”，就明确将 PPP 合同定性为民事契约，适用民事法律相关的规定。并且强调契约的订立既要维护公共利益，又要以公平合理、诚实信用为原则。[④]

(2) 行政法律关系说

PPP 合同有三个重要的行政性因素：其一，合同当事人中居于核心地位的一方为行政机构，行政主体缔结的契约应当符合行政合同的标准。其二，合同的主要目的在于实现公共利益，而不是其他私益。我国开展 PPP 模式主要是基于基础设施和公共服务领域的建设，毫无疑问，这些领域具有典型的公益性。其三，合同权利义务配置上，行政机关保留了某些特别权力，如许可权、监管权和介入权等行政优益权。[⑤]依据该理论，PPP 协议应当属于行政合同，公私主体之间应是行政法律关系。

此外，在法国，公共工程合同被定性为“公法契约”，由“行政法院”来审判和处理与 PPP 项目有关的纠纷。

(3) 行政兼民事法律关系

该理论认为，PPP 协议兼具行政与民事法律关系。因为在 PPP 合同的目的、主体及部分条款内容之间仍然存在少数因素不属于我国现有规范民事合同如《中华人民共和国民法典》(以下简称《民法典》)等法律法规的规制范围。

---

① 李陆昕：《论 PPP 模式中政府部门和私营部门的权利义务配置》，华东政法大学硕士论文，2013 年 4 月，第 15，16 页。

② 谭敬慧：《政府 PPP 项目七大法律难题》(下)，载《中国政府采购报》，2016 年 1 月 19 日，第 3 版。

③ 贾康：《PPP 合同定性为“行政协议”将颠覆 PPP 创新根基》，《中国招标》，2020 年第 1 期，第 55 页。

④ 我国台湾地区“促进民间参与公共建设法”第 12 条：“主办机关与民间机构之权利义务，除本法另有规定外，依投资契约之约定；契约无约定者，适用民事法相关之规定。投资契约之订定，应以维护公共利益及公平合理为原则；其履行，应依诚实及信用之方法。”

⑤ 应松年：《行政合同不容忽视》，《法制日报》，1997 年 6 月 9 日，第 1 版。

PPP协议中首先反映了政府主体与社会资本主体之间以公共服务为客体的交易关系。其次,政府方负有公共服务市场的监管职能,社会资本方作为公共服务的提供者和经营者,与政府方之间还存在管理与被管理的关系。主体之间多重关系的特征表明PPP协议可以是兼具公法和私法性质的混合合同,公私双方应同时受到公法和私法原则的制约。[①]

基础设施和公共服务领域通常是以特殊行业的垄断经营为基础的,与普通的市场自由交易不同,明显存在较多公法因素。有学者指出因为以PPP中占多数的民商事合同为标准而忽视以上公法因素,就认为PPP整体上属于民商事性质的论点缺乏充足的说服力。[②] 而行政合同是公法私法化的典型代表,行政合同既体现了契约精神又表明了主体间存在协商的可能性,兼具合同的自治性和合意性,又有限地体现着行政行为的优先性。部分学者称PPP协议有经济法性质,分析PPP协议的性质,需要从协议的目的、手段及其准据等要素出发,PPP协议具有经济法性质。[③] 经济法保护的是社会整体的利益,通过政府管理的具体规制来协调社会各方利益,符合PPP合同的初衷。[④] 因此,有学者提出应当遵循PPP的经济法属性,以立法的形式创设一种盘踞于民事合同和行政合同之间的新型合同机制。[⑤]

2. 简要评论

(1) 关于行政法律关系说

公法调整的是国家与公民之间、政府与社会之间的各种关系,主要体现为政治关系、行政关系及诉讼关系等。

行政法律关系说即行政合同说的主要标准可以归纳为以下三点:其一,PPP项目合同的主体具有特定性。一方当事人必须是行政主体或授权组织,而不同于普通公民与社会组织之间的合同缔结。其二,PPP项目合同的目的体现浓厚的公益性。推广PPP模式的目的在于提高基础设施建设的质量,完善公共服务的体系,维护公共利益。其三,PPP项目合同中的内容保留了政府一系列的行政特权。为了保护公共利益与安全,政府在PPP项目中享有监督权、管理权、终止权、变更权等单方强制性权力。[⑥]

---

① 湛中乐、刘书燃:《PPP协议中的法律问题辨析》,《法学》,2007年第3期,第65页。

② 邓小鹏、申立银、李启明等:《基于行政法学角度的PPP合同属性研究》,《建筑经济》,2007年第1期,第39页。

③ 张守文:《PPP的公共性及其经济法解析》,《法学》,2015年第11期,第14-15页。

④ 邓敏贞:《公用事业公司合作合同的法律属性与规制路径——基于经济法事业的考察》,《现代法学》,2012年第3期,第74页。

⑤ 陈晓:《论我国PPP(公私合营)模式的法律框架》,中国政法大学硕士论文,第18-19页。

⑥ 姜明安主编:《行政法与行政诉讼法》(第2版),法律出版社2006年版,第242页。

综合我国部分偏向行政法律关系的政策性文件内容，行政合同说整体来讲符合法理，从各项要素逐一分析也与行政法律规范相契合，具有一定的科学性。然而，笔者认为，该学说也存在严重问题。

第一，行政法律关系说对PPP项目的行政属性定性考察得不够全面，PPP项目政府主体的身份与行政特权的保留是由PPP模式固有特点决定的。政府从公共产品的直接“提供者”转变为PPP项目的“监管者”，政府的行政权（例如监管权）的行使仅是政府作为PPP项目当事人履行合同义务（监管义务）的必要手段，均是服务于PPP项目合同内容的实现。[①] 例如，《发改委PPP合同指南》第6条第二点“权利界定”中规定，“项目合同应当明确政府拥有以下权利：按照有关法律法规和政府管理的相关职能规定，行使政府监管的权力。”可见，政府的行政权在PPP项目合同中应当既是权力又是权利。在合同中以权利的约定明确政府的相关职能，明显削弱了政府行政权的单方强制性。

第二，用行政法律关系无法解读PPP的伙伴关系特征。行政法律关系强调的是行政主体与行政相对人的二元对立。“行政主体是指在行政法律关系中具有行政管理权限、对相对人进行行政管理的一方当事人，在行政法律关系中具有特殊的权力性与优越性，而相对人是指与行政主体一方相对立的、处于被管理地位的公民、法人或其他组织。相对人完全处于消极被动的被管理地位，由此构建了行政主体与相对人之间的二元论”。“行政法律关系式不对等者之间的关系，行政主体对于相对人来说是具有在法律上优越地位的主体”[②]如果将以上行政法律关系的要求放入PPP模式中，将彻底与其初衷相违背。PPP模式首要的特点即是“伙伴关系”，虽然公私双方追求的利益目的不同，但因为有“伙伴关系”的绑定，才形成PPP模式与其他传统公私合作模式的不同。PPP模式强调合同各方的平等主体地位，双方法律地位平等、权利义务对等[③]。据此，PPP模式的法律性质与行政法律关系的主体二元论从本质上就存在巨大差别。

第三，行政法律关系无法解读PPP的交易磋商属性。从行政合同的签订内容来看，“行政合同的内容并非都是双方当事人商定的，而是由行政主体首先根据行政目的的需要，依法确定行政合同的主要内容，相对人同意这些内容后签订协议，即并非所有的行政合同都可以双方当事人协商。”[④]相反，PPP模式注重的是合作主体在平等协商的基础上，充分尊重双方在合同订立与履行过程中的契约自由，这

---

① 周兰萍：《PPP的法律性质何在》，《施工企业管理》，2014年第9期，第86页。

② 胡建森、江利红：《行政法学》，中国人民大学出版社2010年版，第88-89页。

③ 发改委：政府和社会资本合作项目通用合同指南（2014年版）使用说明第一条第一款、财金〔2014〕156号文第二条第二款。

④ 胡建森、江利红：《行政法学》，中国人民大学出版社2010年版，第291页。

既是各部委文件中的 PPP 合同管理的核心准则，又是合同法的重要原则。除了契约自由原则之外，法律地位平等原则、公平原则、诚实信用原则共四项合同法的基本原则，[1]均体现在 PPP 模式的基本原则和主要内容中。

第四，不能以 2015 年的《行政诉讼法司法解释》（现已失效）来定性 PPP 的法律属性。囿于《行政诉讼法司法解释》第 11 条规定，笔者认为该条款的立法目的是为了提醒社会资本方因为政府不履约或者变更合同等行为发生时，可以通过诉讼方式保护自己的合法权益，遇到该情况时法院必须立案，并没有对特许经营合同的属性做出科学性的答复。

第五，对经济法属性的学说值得反思。有意思的是，在学界近期的讨论中，将 PPP 项目合同定性为经济法属性的呼声渐高，该理论称“经济法保护的是社会整体利益，所有规则反映的是政府管理即平衡和协调各方利益的要求，”[2]一方面满足 PPP 项目的公共性要求，另一方面并没有破坏公私双方平等合作地位的局面。“在政府与市场的关系方面，凡涉及公共利益保护的，就会涉及经济法的调整”[3]PPP 模式致力于政府职能的转型，将公共服务从政府的直接供应转为交给由社会资本与公共部门合作所形成的市场提供，促进公共服务的市场化改革。因此，政府与市场的关系也是 PPP 模式的研究重点，为了更好地保护社会公共利益，经济法也可以成为 PPP 模式的准据法。由此，将 PPP 项目合同置于经济法性质在某种层面上讲也是合理的。姑且不论行政法、经济法、民法等学科的分类问题，将 PPP 项目合同定性为经济法属性的立场也表明，行政法律关系说存在内在缺陷。

（2）民事法律关系说

民事法律关系即民事合同的法律定性在理论界及实务界皆具有一定基础。无论是国家部委关于 PPP 模式的政策文件[4]还是法院裁判[5]，都强调公私双方的平等法律地位以及 PPP 项目合同应当为民事合同。

---

① 韩世远：《合同法总论》（第三版），法律出版社 2011 年版，第 33-42 页。

② 邓敏贞：《公用事业公司合作合同的法律属性与规制路径——基于经济法事业的考察》，《现代法学》，2012 年第 3 期，第 74 页。

③ 张守文：《PPP 的公共性及其经济法解析》，《法学》，2015 年第 11 期，第 16 页。

④ 财政部，发展改革委，人民银行：《关于在公共服务领域推广政府和社会资本合作模式的指导意见》第（五）条：重诺履约。政府和社会资本法律地位平等、权利义务对等，必须树立契约理念，坚持平等协商、互利互惠、诚实守信、严格履约。财政部在关于《PPP 项目合同指南（试行）》的（编制说明）中明确指出：“PPP 从行为性质上属于政府向社会资本采购公共服务的民事法律行为，构成民事主体之间的民事法律关系。”且在其第 20 节【适用法律及争议解决】中将“仲裁”列为争议解决的方式之一，而众所周知的是，只有特定的民商事合同可以采用仲裁的争议解决方式。《发改委 PPP 合同指南》也在其【使用说明】中明确指出：“强调合同各方的平等主体地位。合同各方均是平等主体，以市场机制为基础建立互惠合作关系，通过合同条款约定并保障权利义务。”

⑤ 参见最高人民法院（2014）民二终字第 40 号民事裁决书；最高人民法院（2015）民一终字第 244 号民事裁决书。

有律师认为,PPP 项目合同展现的是公私双方意思表示一致的结果,与民事合同的意思自治完全契合。[①] 清华大学 PPP 专家王守清认为:“应当把 PPP 合同定性为民事合同,或者不能如此定性时,则将 PPP 合同当作特殊的民事合同处理,明确适用行政合同特有的规则和救济防止,以对政府行为进行规制,保护特许经营者的权益。”[②]

另外,将 PPP 协议定性为民事合同有利于政府方与社会方以及其他参与主体拥有更高效便捷的司法救济渠道。例如,当公私双方因合同签约内容产生纠纷之时,如果确定为行政合同,社会资本方可以单方面提起行政复议或行政诉讼;然而,政府却面临无法采取适当司法救济措施的现实难题。如果将法律关系定性为民事法律关系,政府方即可成为民事主体,主动寻求以仲裁或诉讼方式来解决纠纷。

## 四、PPP 法律关系定性原则之锁定

通过以上几种学说的分析,我们认为,目前我国对其法律关系及 PPP 项目合同性质的探讨大多停留在法学逻辑的推演上,并没有考虑实践中法律适用的困难和落实 PPP 模式的真正意义。尽管法学逻辑的推演是法律关系定性的重要前提,但通过分析各项学说发现其都有存在的意义和无法避免的缺陷。有学者提出:“公法契约与私法契约的界限还是纷扰不清”,并且认为要将其彻底分清是不太可能的。[③] 与其花长时间探讨某项法律关系的唯一性,更重要的是建立起既能满足 PPP 模式法律关系的特殊性,又能突破公私法二元划分的桎梏的一套独立的法律规范。结合民事合同说与行政合同说当中与 PPP 项目合同相符合的观点,将其融合为一套统一而规范的操作模式来提供给 PPP 模式的各方参与人,“探寻其共通原理,以此来保证法律适用的明确性”。[④] 仔细来看,对于 PPP 模式公私双方法律关系的认识或界定,可以遵循和参考以下两项原则:

### (一) 从 PPP 模式的目标角度出发

回顾我国力推 PPP 模式进行基础设施和公共服务领域的改革的意义,其中非常重要的一项即是从保证公共利益的角度出发,提高公共产品或服务的质量、水平以及其运营效率,能够凭借社会资本的加入更好地服务大众。

---

① 谭敬慧:《政府 PPP 项目七大法律难题》(下),载《中国政府采购报》,2016 年 1 月 19 日,第 3 版。

② 吴渊:《PPP 立法:理清性质和确保回报是关键》,《中国经济导报》,2015 年 12 月 16 日。

③ 许宗力:《双方行政行为——以非正式协商、协定与行政契约为中心》;载杨解君编:《行政契约与政府信息公开——2001 年海峡两岸行政法学术研讨会实录》,东南大学出版社 2002 年版,第 63 页。

④ 李霞:《公司合作合同:法律性质与权责配置——以基础设施与公用事业领域为中心》,载《华东政法大学学报》,2015 年第 3 期,第 143 页。

从《特许经营管理办法》的立法目的明显看出,[①]PPP 模式重视的是"创造增量利益,并在此基础上使公私双方的利益得到兼顾",[②]以及充分发挥效率在 PPP 项目建设中的重要性。因而,在研究 PPP 模式主体法律性质和 PPP 项目合同的法律定性时应当围绕 PPP 模式发展的初衷来确定,应当首先站在维护公共利益的制高点,以提高公共服务的效率和质量出发,寻找其究竟应当以何种模式落地。

由此看出,以上几种学说在法理、法律适用和满足 PPP 模式的目标方面各有利弊。行政合同说尽管以充分实现公共利益的维度出发,但是在主体地位的分配上与 PPP 模式的原则相违背,而其争议解决方式的不确定性大大拉低了 PPP 模式的运作效率。德国学者曾提出:"公法合同不能完全胜任以回应型国家和新的责任分配模式为基本精神的公私合作发展需要",[③]行政合同说已经不能满足 PPP 模式的快速发展需求。另外,PPP 项目的纠纷多为商业活动,按照最新行政诉讼法的规定,社会资本方起诉政府也要归为行政庭审判,行政法庭通常缺乏合同裁判的知识,反而不利于审判结果的准确和公正。[④]

民事合同说虽然在纠纷解决、鼓励社会资本参与和主体法律地位方面与国家政策保持高度一致,然而并没有强调公共利益的保护,以及政府在 PPP 协议中行政权的特殊性应当作何处理,也不利于 PPP 模式的长远发展。毕竟,在基础设施和公共服务领域的国家假设中,在社会资本参与到关乎民生的重要行业中时,政府的相关行政权力在宏观调控、监督、管理等方面具有不可或缺性。

最后,经济法合同说本身出自学者讨论中出现的新视角,该学说的理论基础和实践经验薄弱,亦不利于 PPP 模式目标的实现。

### (二)从便于 PPP 模式实践操作的角度出发

英国政治家伯克曾提到:"法律的基础有两个,而且只有两个……公平和实用。"美国著名法学家本杰明·卡多佐曾说:"当需要填补法律的空白之际,我们应当向它寻求解决办法的对象并不是逻辑演绎,而是更多的社会需求。"[⑤]从上述讨论中我们明显可以看出,多数学者是将 PPP 项目合同放置于传统的公私合同的框架中,重在论证各个学说对于 PPP 项目合同的重要性和合理性。然而,PPP 模式

---

① 《特许经营管理办法》第 1 条指出:"为鼓励和引导社会资本参与基础设施和公用事业建设运营,提高公共服务质量和效率,保护特许经营者合法权益,保障社会公共利益和公共安全,促进经济社会持续健康发展,制定本办法。"

② 陈阵香、陈乃新:《PPP 特许经营协议的法律性质》,《法学》,2015 年第 11 期,第 26 页。

③ 德国联邦政府:《现代国家——现代行政》,1999:15。转引自:[德]汉斯·J. 沃尔夫,奥托·巴霍夫,罗尔夫·施托贝尔:《行政法》,高家伟译,商务印书馆 2007 年版,第 461 页。

④ 邓峰:《PPP 的制度困境和出路》,《财经》,2016 年年刊,第 54 页。

⑤ [美]本杰明·卡多佐:《司法过程的性质》,苏力译,商务印书馆 1998 年版,第 76 页。

主体的法律关系固然重要,但法律关系定性的意义在于形成法律秩序,明确主体之间的权利义务关系,服务合同主体在实践操作中的各项需求。“法律关系以实践社会生活关系为基础”,[①]任何法律关系的研究脱离实践,必将产生弊端。因此,我们应当以现实案例为基础,对法律关系和项目合同的定性重新商榷。

源于庞大的法律框架体系,PPP合同主体的多元化,主体间的法律关系较之于一般合同主体间的法律关系更为复杂。目前,在探索各种合同类型的基础上没有寻求到一种学说完全契合PPP模式。因此,我们认为当下之要务应当在顶层设计层面将PPP项目合同的属性单独界定,不一定非要将其归为传统的哪一类合同之中,只要将PPP模式的法律关系和项目合同的属性在立法中向各位参与者明确,就有利于在实践中以成文方式为投资者提供法律指导,便达到其定性目的。例如,无论将其定性为民事或行政法律关系,在立法层面明晰争议解决方式及具体的步骤过程是现阶段最主要的任务之一。目前,最大的问题在于PPP项目中产生了纠纷,由于PPP协议属性的不确定性,社会资本方困惑于应当向哪类审判庭递交诉状,最终导致自身利益受到侵害。

### 五、德国双阶段理论的启示与借鉴

对于PPP协议的法律关系的定性及后续的救济方式选择,德国双阶段理论为我国提供了良好的借鉴。我国部分学者曾运用双阶段来讨论我国政府采购行为的法律性质,尽管对其定性也存在争议,但仍然为我国PPP模式的学术研究累积了良好的理论素材。德国双阶段理论是由德国学者汉斯·彼得·伊普森(Hans Peter Ipsen)于20世纪50年代提出的,原始目的是为了解决德国本国法中“发放补贴”所引发的法律救济问题。伊普森认为,将补贴分为两个阶段:“第一阶段是决定、批准阶段,即国家是否向私人提供补贴的阶段,适用公法;第二阶段是履行阶段,即国家如何向私人提供补贴的阶段,适用私法。”[②]

尽管双阶段理论在德国本土也经历了学术界的多方挑战,但最终还是获得了新行政法的高度认可。“既然很多生活关系难以被归入纯粹的私法关系或是纯粹的公法关系,并且将公私法规范横向重叠适用的行政私法理论本身问题重重,那么倒不如将这些复杂的生活关系进行纵向拆解,再将拆解后的各阶段明确归入不同性质的法律关系,明晰各阶段所适用的法规范的具体内容。”[③]双阶段理论的提出走出了在实践中划分公法与私法阶段的第一步,不仅为理论界开辟了一条新的思

---

① 韩忠谟:《法学绪论》,北京大学出版社2009年版,第134页。

② 严益州:《德国行政法上的双阶理论》,《环球法律评论》,2015年第1期,第91页。

③ 同上书,第96页。

路，而且解开了实务界多类主体关系之间因法律关系性质不明而导致无法寻找救济渠道的难题。根据该理论，我们不必再继续拘泥于传统的公法与私法的区分当中，而是寻找到一条有利于采购目标的实现和便利当事人操作的划分标准。

我国台湾地区根据本土的法律环境，在“政府采购法”的修订中对“双阶段理论”的移植较为成功。过去，政府采购行为在我国台湾地区被法律认定是一个完全的民事行为，应当由私法进行规制。但是当投标人在对招标、投标、评标的任一过程存在异议时，无法找到法定的救济渠道而深陷困扰。我国台湾地区2002年修正后的“政府采购法”第83条专门对“审议判断之性质”进行描述——“视同诉愿决定”。[①] 而后，在第85条之一又指出机关与厂商履约争议未能达成协议者，可以选择向采购申诉审议委员会申请条件或是向仲裁机构提付仲裁。我国台湾地区的规定有以下两个明显的特点：其一，“立法”表明厂商与机关关于招标、审标、决标之争议应当通过“诉愿”即行政救济手段来解决，而双方履约争议未能达成协议，可以通过仲裁、调节的私法救济方式来完成。其二，“立法”有意将政府采购行为的争议处理划分为两个阶段，以采购合同成立为分界点。将合同订立前的选择决定阶段中发生的相关争议定性为公法性质，由行政救济措施处理；合同履约阶段的争议应当适用民事救济手段，交由私法制度来解决。[②] 我国台湾地区“促进民间参与公共建设法”第12条规定：“主办机关与民间机构之权利义务，除本法另有规定外，依投资契约之约定；契约无约定者，适用民事法相关之规定。投资契约之订定，应以维护公共利益及公平合理为原则；其履行，应依诚实及信用之方法。”在其修正理由明确表示：“本条明定投资契约属民事契约之性质。”

关于我国政府采购行为及政府采购合同的法律性质，理论界和实务界经历了多次激烈的探讨，其观点主要集中在两派：一派是以梁慧星教授和王泽鉴教授为代表的私法论派，认为政府采购合同的内容就是市场交易行为，以及政府采购行为不是政府根据公权力而作出的，应当纳入民事合同法调整。在《政府采购法》当中的表现，即第43条、第79条，明确政府采购合同适用合同法，并且采购人和供应商之间都是以私法合同的设立原则对采购合同进行协商约定。另外一派学者是支持公法论派，以于安教授和湛中乐教授为代表，他们认为政府采购是一种行政合同行为，不同于普通民事债权合同的特殊规则和法律效果，应当将其整体纳入行政合同关系。

在两派学说僵持不下的情况下，我国有学者试图通过引进德国双阶段理论，

---

① 我国台湾地区的“诉愿”，是指基于对其行政机关行政行为的内部层级监督之需要以及作为民众因行政机关行政行为而致权利利益受损的行政救济措施。我国台湾地区有单独的“诉愿法”，确定了诉愿制度。

② 王锴：《政府采购中双阶理论的运用》，《云南行政学院学报》，2010年第5期，第146-147页。

以及参考我国台湾地区运用的有效成果，来分析我国政府采购能否适用该理论。通过上述关于政府采购行为法律性质的分析，可以发现我国《政府采购法》其实已经在暗含层面将政府采购活动分割为两个阶段：《政府采购法》第8章规定，当采购方或供应商出现某些规定情形给他人造成损失时[①]，应当依照民事法律规定承担民事责任，可以认定为民事法律关系。《政府采购法》第6章规定，供应商对采购过程有异议时，可以首先对采购人提出质疑到向政府采购监督管理部门投诉，再到最后对管理部门处理结果不服后申请行政复议或提起行政诉讼。两个阶段分别是首先签订采购合同及其之后履行适用《民法典》合同编的规定，通过私法来调整参与主体在此阶段的行为；其次，在采购合同订立前，供应商对采购部门在招标、评标的过程或是中标结果有异议时，可以寻求行政救济方式，这一阶段应当由公法来进行规制。这一阶段的采购行为由于关涉政府公共部门部分公权力的行使，并且选择投标人过程中需要考虑多方面的公法因素。尤其是在利用财政资金建设公益性质较强的项目采购过程中，最终目的是要满足于公共利益的实现，带有较强的公法性质。另外，法律在这一阶段主要是集中约束和规范政府部门选择投标人的行为，而不是针对供应商的规范，因此，公法的规制更加具有适当性和有效性。[②]

在我国，政府采购只是PPP项目的前置环节，但政府付费的PPP项目都要通过政府采购的方式启动。于普通政府采购不同，普通采购主要是对服务的一次性购买，而PPP则更关心的是服务提供的经营过程，但政府付费的PPP项目本质上还是政府采购。[③] PPP项目中政府采购的最后一步即是合同签署，如果仅是中标人作为最后的社会资本方，即采购合同就应当是PPP项目合同，PPP模式的法律关系可以遵循双阶段理论的适用。我国多数情况是需要专门成立项目公司，因此待项目公司成立之后，由项目公司与实施机构重新签署PPP项目合同或补充合同来完成全部的采购流程。尽管项目公司的成立会引起当事人的一定变动，但从本质上而言，合同签订之前适用公法规范，调整的是采购人与供应商或招标人与投标人之间的关系；当项目公司成立以后组成新的社会资本方主体与政府方签订合同之后，在履约阶段发生的一系列活动均由私法调整。

总之，我国PPP模式也可以借鉴双阶段理论来解决法律关系学说相争的问题。按照不同环节来处理PPP合同中政府方与社会资本方两种主体间的法律关系性质，即合同签订之前的系列规范归属公法问题，归属行政法管辖；合同履行属

---

① 参见《政府采购法》第71、72、79条。

② 陈又新：《政府采购行为的法律性质——基于对"两阶段理论"的借鉴》，《行政法学研究》，2015年第3期，第116-117页。

③ 于安：《我国PPP合同的几个主要问题》，《中国法律评论》，2017年第1期，第45页。

于私法问题,由民商法规范。我国台湾地区将PPP合同定义为民事性质,在实践操作中的区分做法也值得我们参考:涉及行政规划、许可、处罚、管理、监督等行政职能的争议,属于行政法律关系,典型的是特许经营协议内容本身的争议。在PPP合同的履行过程中,政府方虽然以私法主体的面貌出现,但在特殊情况下也可以公共管理者的身份对PPP经济活动行使一般管理职责。此时,合同履行中政府又是一种特殊的公法主体。内容上涉及民事权利义务的,关于PPP合同的履行、变更和解除等行为,体现当事人平等、协商一致的合意,包括了具体权利义务和违约责任,属于民事法律关系的范围。[①] 此外,另有学者以德国双阶理论为基础,对于PPP合同纠纷法律救济途径提出了新的观点。以PPP合同签订为节点,第一阶段属于遴选社会资本方的阶段,政府部分必须按照法定程序采取招投标等形式选择合适的社会资本方。社会资本方因该阶段发生的纠纷对行政机关的行政行为不服,应当适用行政救济途径,比如行政复议、行政诉讼等。第一阶段与德国双阶理论的救济选择别无二致,主要在于第二阶段的转变,该学者按照违约主体的不同提出了民事与行政救济的选择适用。首先,在社会资本方违约的情况下,原告为政府方,被告为社会资本方,原告提起的违约之诉应为民事诉讼。但如果在实践中,政府方习惯性地使用行政职权如行政处罚、行政强制措施等来"对付"社会资本方的违约行为时,社会资本方可以通过行政诉讼或行政复议的方式来保护自身的合法权益。其次,在政府方违约的情况下,社会资本方通过对方的违约形态来选择民事或行政的争议解决方式。如果社会资本方认为该纠纷仅仅是对方违反合同约定而产生,即提起仲裁或民事诉讼;如果该纠纷是对方滥用行政职权所致,可以选择行政诉讼等救济方式。总的来说,究竟提起哪种性质的救济途径,在不违反法律法规的情况下,选择权交由社会资本方来决定。[②] 暂且不论该方式在实践中的可行性有多高,但的确为当今争论已久却仍无定论的PPP模式主体间的法律关系和PPP项目合同的性质提出了一条新的破解思路,并且该思路的确有利于社会资本方的保护。若在实践的争议解决中,社会资本方能够在特定的情况下握有选择争议解决的主动权,保证救济途径的畅通,该方案几乎打消了社会资本方的后顾之忧,能够极大地提高社会资本参与PPP项目的积极性。

当然,能够通过立法尽快确立PPP项目合同的性质仍然是最佳选择。在保护公权和私权之间寻找平衡点,并且考虑选择更适合我国国情以及对现有PPP市场发展更为有利的合同性质及相应的争议解决方式,仍然是我国学界和业界研究的

① 江苏省高级人民法院民一庭课题组:《政府与社会资本合作(PPP)的法律疑难问题研究》,《法律适用》,2017年第17期,第76页。

② 尹少成:《PPP协议的法律性质及其救济——以德国双阶理论为视角》,《政法论坛》,2019年第1期,第95页。

重要议题。①

### 六、非定性之外的第三种选择

时隔6年，对PPP主体间法律关系及项目合同性质的定性仍然没有统一的结论，《行政协议司法解释》的出台不仅没有使该议题得到解决，反而再一次造成混乱的局面。在久久不能解开"死结"的局面下，部分学者尝试另辟蹊径，不正面定性该问题属于民事或行政还是民事兼行政的属性，而是直接找出解决方案或方法论，避开或跳过对该议题的论断。于安教授指出，通过区分法定规定和约定规定的不同，将政府地位的分离和违法与违约的分离抛出，不必将PPP合同完全归属于行政协议的范畴。"任何一方当事人违约行为的，双方当事人都可以提起民事诉讼或者仲裁；行政机关违法侵权的，侵犯第三人权利和国家公共利益的可以由检察机关提起公益行政诉讼；侵犯当事人合法权益的，可以提起民事诉讼或者行政诉讼要求进行经济平衡或者恢复当事人权益的其他诉求。"②

另外，付大学教授提出，利用行政裁决来解决PPP合同争议，无需考虑合同属性的问题。"行政裁决除适用一些自然资源管理法领域之外，还适用于知识产权法、政府采购法等特定领域，通过各种专门委员会(如专利复审委员会、商标评审委员会等)居中裁决相关争议。在国外，类似行政裁决的相关制度被广泛应用。行政裁决的争议可以是与行政管理相关的民事主体间争议，也可以是与行政管理相关的政府与市场主体之间的协议纠纷。"③从司法程序的角度入手，设置行政裁决来解决PPP项目中的争议纠纷问题，不拘泥于合同属性的本身，也为该议题的解决提供了一条新的思路。由此不难看出，时至今日，越来越多的学者尝试从PPP项目合同的定性问题中跳脱出来，在不同方向和层面寻找新的应对出路。

## 第二节 PPP社会资本方主体定位之考察

社会资本方利益保护的前提是明确其法律地位。在我国，由于PPP模式处于起步阶段，各项法律制度正在建设完善中，对社会资本方的法律规定相对薄弱。我国现有科研成果当中专门针对PPP模式中社会资本方的研究也比较稀缺，因此，有必要对PPP模式中社会资本方法律地位进行单独考察。

---

① 参见北京仲裁委丁建勇处长在"PPP法治建设国际研讨会专题研讨系列一：PPP项目合同法律属性及救济途径"会上的发言，《中国政府采购》，2016年3期，第26页。

② 于安：《我国实行PPP制度的基本法律问题》，《国家检察官学院学报》，2017年第2期，第94页。

③ 付大学、段杰：《PPP合同争议解决之行政裁决路径》，《天津法学》，2020年第4期，第27页。

## 一、社会资本方范围的法律界定

### （一）国外社会资本主体的范围识别

根据维基百科的资料显示，社会资本主体是私营部门，它是经济结构的一部分，有时被称为公民部门，由个人或团体经营，通常作为企业盈利的手段，不受国家控制。[①]

欧洲重建发展银行认为，私营当事人是指私营组织一方或以特殊目的公司为行使的其他实体，一般能够向其授予项目协议。特别说明，私人组织方将被用于本研究，即使PPP法规允许PPP业务合作伙伴是混合公司甚至是公共实体的情况下。[②]

加拿大马尼托巴湖地区PPP透明化及责任法案指出，私人主体是指(a)任何个人或者组织除了以下几点：(i)公共部门，(ii)加拿大政府或马尼托巴以外的管辖区，或由该政府控制的实体(iii)第一民族带委员会或由第一民族带委员会控制的实体；以及(b)两个或多个这类个人或组织的组合。（“特权”）[③]

摩尔多瓦对社会资本方的定义是带有私人权利的法律实体或自然人以及他们的联合体可以成为社会资本参与到PPP当中。该国PPP立法还使用“投资者”一词，源于立法强调PPP项目是要依靠吸引投资者才能实现。[④]

巴西PPP法中对社会投资人最重要的要求即是要创建特殊目的公司(Special Purpose Company，SPC)。SPC的人格不同于投标人，其将对实施和管理的项目负有法律责任。因此，在签订合同之前，中标方必须创建一个特定的公司来管理项目，这家公司必须遵守所有巴西国内的会计规则和企业管理模式。因为巴西采购法允许自然人参与在与行政部门的合同中，SPC可以包括自然人。该特殊目的公司允许任何在巴西法律允许的模式参股，包括上市公司。大多数有表决权的资本不能由政府持有，除非公共金融机构作为投资人是合同中的一部分，并在违约时获得SPC的控制权。[⑤]

---

① Wikipedia：Private sector，https://en.wikipedia.org/wiki/Private_sector.

② European Bank for reconstruction and development，Concession/PPP Laws Assessment 2011 Cover Analysis Report，WS0101.14263639.1WS0101.14321938.1，May，2012，p.8.

③ See Manitoba：THE PUBLIC-PRIVATE PARTNERSHIPS TRANSPARENCY AND ACCOUNTABILITY ACT，C.C.S.M. c. Feb. 2016. p.245.

④ See Robert Krc *，“Overview of the PPP System in Moldova，” 10 Eur. Procurement & Pub. Private Partnership L. Rev. 2015，p.293.

⑤ See Welber Barral and Adam Haas，“Public-Private Partnership (PPP) in Brazil，” The international lawyer，Vol.41，No.3，2007，p.964.

### （二）我国相关政策精神之解读

作为PPP模式的牵头管理单位，国家发改委与财政部在各自出台的政策文件中均对社会资本的范围作出单独说明。[①] 作为PPP模式中的主要类型之一，特许经营模式的被特许人的范围以及政府采购的供应对象，也在《特许经营管理办法》和《政府采购法》中存在明确的规定。2017年发布的《PPP条例征求意见稿》中，对社会资本方的定义作出了重新阐释。以下对我国法律政策中社会资本方的定义进行了归纳(见表2)。

**表2 我国法律政策中社会资本方定义归纳**

| 发改委 | 财政部 | 基础设施和公用事业特许经营管理办法 | 政府采购法 | PPP条例征求意见稿 |
|---|---|---|---|---|
| 签订项目合同的社会资本主体，应是符合条件的国有企业、民营企业、外商投资企业、混合所有制企业，或其他投资、经营主体 | 社会资本方是指与政府签署PPP项目合同的社会资本和项目公司。社会资本是指依法设立且有效存续的具有法人资格的企业，包括民营企业、国有企业、外国企业和外商投资企业。但本级人民政府下属的政府融资平台公司及其控股的其他国有企业(上市公司除外)不得作为社会资本方参与本级政府辖区内的PPP项目 | 政府采用竞争方式依法授权中华人民共和国境内外的法人或者其他组织，通过协议明确权利义务和风险分担，约定其在一定期限和范围内投资建设运营基础设施和公用事业并获得收益，提供公共产品或者公共服务 | 供应商是指向采购人提供货物、工程或者服务的法人、其他组织或者自然人 | 指依法设立，具有投资、建设、运营能力的企业 |

两部委所给出的社会资本主体的范围基本一致，民营企业、国有企业、外商投资企业均被列入两部委规定的社会资本主体的范围。

发改委将混合所有制企业和其他投资、经营主体也囊括其中，并没有对“其他类”进行具体阐述，该范围属于开放式规定。从字面上看，似乎允许国有企业和混合所有制企业作为私人部门。

财政部单独将外国企业纳入社会主体的范围内，与发改委规定的其他投资、经营主体并不冲突。相比之下，财政部给出的社会资本的范围较为全面，在发改委的规定基础上，还特别规定“本级人民政府下属的政府融资平台公司及其控股的其他国有企业(上市公司除外)不得作为社会资本方参与本级政府辖区内的PPP项

① 参见发改委2724号文之附件《政府和社会资本合作项目通用合同指南(2014年版)》第7条，“财政部113号文”第2条和“财政部156号文”附件《PPP项目合同指南(试行)》第1节第2条。

目”，旨在避免本级政府与其控制的企业开展内部交易，违背PPP模式的开展初衷。

《PPP条例征求意见稿》对社会资本方的界定相较于前述规范性文件来讲，作出了较为明显的改动，扩大了社会资本方的形态模式，取消了主体必须具有法人资格的要求，并且未对地方政府融资平台公司能否作为社会资本进行限制。通过对社会资本方准入的开放程度充分展示了我国政府力求持续发展PPP模式的积极态度，无论是国有企业、民营企业、外资企业甚至是融资平台公司，都可以成为有效的社会资本主体。但是，条款增加了政府资本方必须满足具有投资、建设、运营能力的条件，更加注重对投资主体实际能力的要求，一定程度上又缩小了社会资本方的主体范围。

### （三）政府融资平台和国有企业的适格问题

#### 1. 本级政府下属融资平台

政府融资平台可否归入社会资本主体的问题在我国政府间相关规定也有所矛盾，因此在PPP项目的法律适用中造成了实践困难。对此问题，虽然财政部持否定立场，但随后在“国办发42号文”第13条规定：“对已经建立现代企业制度、实现市场化运营的，在其承担的地方政府债务已经纳入财政预算、得到妥善处置并明确公告今后不再承担地方政府举债融资职能的前提下”，政府融资平台“可作为社会资本参与当地政府和社会资本合作项目。”由此可见，该文件明确指出本级政府下属的融资平台只要满足以上条件，就可以作为PPP项目中的社会资本方，意在对部分优质且完全商业化的融资平台给予适当的开口，开拓新领域的发展空间。

我们认为，如果答案是肯定的，尽管“国办发42号文”对政府融资平台成为社会资本方设置了多项前提条件，表面上看形成了和政府的有效隔离，但在实际的操作中，很难保证融资平台能否为政府缓解财政压力，如果运营不善很有可能会在一定程度上加剧政府债务危机。另一方面，由于下属融资平台相对于政府部门并无独立地位，在资金、人事、管理等方面皆受制于政府公共部门的管制，完全打破了PPP模式中合作主体之间的伙伴关系。

#### 2. 不属于本级政府的国有企业

此外，除开本级政府融资平台公司及其控股国有企业以外，不属于本级政府的国有企业能否成为社会资本的适格主体，应当进行深入探讨。

国际上对PPP的运作理念，第二个“P”意旨私人部门。多国对私人部门的含义特别指出“不受国家控制”或专门排除由各级政府或政府有关组织控制的个人和团体，但也存在包括公共部门成为社会资本方的规定。我国政府对社会资本选择的要求集中在信誉、专业资质或业绩、管理经验、人才、技术及融资能力上，[①]在公平竞争的条件下，国有企业总体就比民营企业和外商投资企业占据先天的优势。尽管推行 PPP 的本义是鼓励以民营资本为代表的社会资本进入传统的垄断行业，无论是在政策规定还是实践操作中，我国 PPP 社会资本主体多由国有资本担任主角，其原因在于 PPP 项目适用于基础设施建设和公共服务领域，关乎国计民生，其投资建设时间长、规模大、技术含量高，国有企业在专业知识、管理经验、人才队伍方面拥有牢固的实力基础。[②] 我国多数的民营企业囿于发展期限短，资源单一，规模较小，在资金、技术和人力等多方面并没有国有企业成熟完善，并不完全具备 PPP 模式社会资本方的担当条件。我国明确将国有企业和混合所有制企业纳入“Private”的范围内，目的在于保证基础设施建设和公共服务的质量与水平，提高项目的运行效率。例如，根据实践经验，在大型桥梁 PPP 项目建设中，施工企业一般会兼顾承包商和社会资本方的双重角色。具有雄厚实力的施工企业大多又是国有企业，因此将国有企业归入社会资本方的范围具有一定的实践合理性。

然而，国有企业作为社会资本方仍然存在一定的弊端，除开加重财政负担和没有独立地位以外，无论是地方政府还是中央政府，基于国有企业和政府的特殊关系，两者之间合作开展 PPP 项目，项目资金“无非是从左口袋到右口袋”，[③]并没有真正撬动社会资本，也没有达到放活市场的目的。此外，PPP 项目涉及金额巨大，项目质量也关系到人民的生活品质和安全，项目监管的环节至关重要。政府对于国有企业的监管即是“同体监督”，其公正性和客观性很难把握。[④] 一方面容易引发监管人员徇私舞弊、玩忽职守等行为的不良后果；另一方面国有企业自身也极易懈怠完成工程标准，通过与公权力机关发生利益勾连而偷工减料、拖延工期等，不仅造成了国有资产的流失，还严重损害了社会公共利益。

但是，我国目前 PPP 模式总体处于起步阶段，国有企业作为社会资本方的确为基础设施和公共服务建设作出了积极贡献，一定程度上也带动了我国 PPP 模式的发展。并且，国有企业的稳定性和雄厚实力也使其完全适合作为 PPP 项目的建设运营主体，这也是多数民营企业和其他主体不能胜任社会资本方的原因所在。因而，我们认为，在现阶段将国有企业完全排除于 PPP 模式的社会资本范围的确不切合实际，也不符合我国国情。但应当通过立法规范明确社会资本的范围和限

---

① 郭远洋：《PPP 项目操作手册（完整版）》，http://www.ccgp.gov.cn/ppp/llyj/201512/t20151215_6324231.htm，最后访问日期：2016 年 10 月 20 日。

② 李开孟：《正确界定 PPP 模式中的社会资本主体资格》，《中国投资》，2015 年 12 期，第 97-98 页。

③ 张霞：《十万亿 PPP，为何成了国企的盛宴？》，http://www.infzm.com/content/118041，最后访问时间 2016 年 8 月 31 日。

④ 井敏：《如何确保国有企业有效参与 PPP 模式——以广深港高速铁路香港段建设为例》，http://ex.cssn.cn/dzyx_xyzs/201603/t20160307_2900448.shtml，最后访问时间：2016 年 10 月 21 日。

制，首先是要确定只有不属于本级政府的国有企业才能参与到本辖区 PPP 项目社会资本方的参选范围中。另外，应当在国有企业和带有国有性质的企业在资格预审、项目评估、项目监管、项目移交等方面作出特别规定，以保证社会资本选任的公平性和公正性，保障 PPP 项目目标的实现。

### （四）商个人作为社会资本方的延伸讨论

在《政府采购法》当中，自然人也可以成为政府项目的供应商，因此，PPP 模式的社会资本方能否延伸到自然人，亦是可以继续探讨的议题。现阶段，我国的自然人与民营企业一样，并不完全具备当选社会资本方的实力。但是不能排除在今后的 PPP 项目中，开展项目的领域拓宽之后，不仅限于大型的基础设施和公共服务领域，存在具有完备实力的商自然人（个人独资企业、个体户），完全可以成为社会资本方或社会资本方的其中一方。该项议题需要通过我国 PPP 项目发展的轨迹和实践的检验，通过立法的形式逐渐完善 PPP 模式社会资本的主体范畴。

## 二、社会资本方权益保护在 PPP 模式中的特殊性

相较于 PPP 模式中社会资本方权益保护，我国在证券市场、公司治理中的投资者利益保护研究比较成熟，通过陆续出台和修订法律法规[①]、政策性文件[②]以及设立专属机构[③]等方式维护投资者的合法权益，确保投资者保护的力度。PPP 市场与证券市场和公司治理的投资者保护应有交集但不完全重合，在 PPP 项目的融资环节中，投资者利益保护可以借鉴证券市场的保护手段；在项目公司组建和治理的过程中，可以参考公司治理中常用的股东权益保护措施等。

### （一）PPP 模式与证券市场社会投资者保护的同一性

#### 1. 两者皆处于信息弱势者地位

信息不对称是证券市场最为显著的现象之一，不仅损害了广大中小投资者的利益，而且降低了整个市场的运作效率和安全，对证券市场的持续健康发展产生了

---

① 《中华人民共和国公司法》《中华人民共和国证券法》《中华人民共和国民事诉讼法》《中华人民共和国刑法》。

② 《国务院办公厅关于进一步加强资本市场中小投资者合法权益保护工作的意见》（国办发〔2013〕110号），在健全投资者适当性制度、优化投资回报机制、保障中小投资者知情权、健全中小投资者投票机制、建立多元化纠纷解决机制、健全中小投资者赔偿机制、加大监管和打击力度、强化中小投资者教育、完善投资者保护组织体系八个方面全面保护中小投资者的合法权益。证监会、财政部、人民银行发布的《证券投资者保护基金管理办法》，完善投保基金公司治理结构、融资方式、收缴程序等问题；《中华人民共和国证券投资基金法》，为规范证券投资基金活动，保护投资人及相关当事人的合法权益，促进证券投资基金和资本市场的健康发展而制定的法律。

③ 例如，中国证券投资者保护基金有限责任公司。

不利影响。该现象主要表现在监管当局、发行者与证券投资者之间"信息披露不及时、信息披露不真实、信息披露不对称、信息披露不充分"[①]等方面，与上市公司自身的利益需求、关联交易以及我国证券市场的监管薄弱、地方利益保护紧密相关。[②] 现阶段，证券投资者无法借由合法渠道达到与发行者平等的信息地位，只有通过证券法及相关配套制度的不断完善缓和由信息劣势带来的消极影响。源于PPP项目主要集中在基础设施和公共服务领域，项目的发起、筛选、前期评估、资格预审以及整体规划基本由PPP模式的合作一方政府部门完成。显而易见，在掌握项目信息的程度方面，政府公共部门已然拥有完全优势地位。相反，社会投资方只能通过政府官方发布的招标采购等信息了解意向投资的PPP项目，对信息的真实性、完整性、准确性完全无法把握，在项目投资中也存在一定的信息风险。

2. *两者的投资回报都具有风险性*

预期收益率的不确定性是证券投资的主要特点之一，宏观经济形势的好坏、政策的调整、利率的波动等系统性风险，企业经营状况、道德信用和投资者自身的投资水平等非系统性风险都是造成回报收益风险性的因素。[③] 证券投资者在投资前应当明晰其风险，评估自身的风险承担能力后再做出选择。一方面证券投资者的回报具有不确定性；另一方面在交易场所、会员单位的相关人员没有违法行为的前提下，"投资者作为完全民事行为能力人，对买卖操作的市场应当具有一定认知，交易所产生的损失应当自行承担一定责任。"[④]PPP模式的项目回报相对稳定，源于基础设施类和公共服务类项目的规模性和垄断性，同时政府部门与社会资本方需在合同中详细约定回报形式。目前，我国规定的付费机制主要包括使用者付费、政府付费、可行性缺口补助三种类型。然而，在三种付费机制的实施下，并不能完全保障社会资本方能百分之百收回成本并有所盈利，同样也存在一定的风险。[⑤] 尤其是社会资本方本身处于弱势地位，在遭遇项目风险后如果没有完备的风险设计或无法遵守合约实行风险分担的具体条款，在现实中往往是由社会资本方独自承担所有项目亏损，极大地损害了社会资本方的利益和参与的积极性。因此，风险共担作为PPP模式的重要特质，需要通过合约设计、立法和司法保障其效果得到最大发挥。

---

① 赵万一主编：《证券市场投资者利益保护法律制度研究》，法律出版社2013年版，第38-39页。

② 李建国：《中国证券市场信息不对称研究》，《财贸经济》，2001年第12期，第44-45页。

③ 上交所：《证券市场的各种风险类型》，中国证监会，2015年2月26日，http://www.csrc.gov.cn/pub/newsite/tzzbh1/tbtzzjy/tbfxff/201502/t20150226_269110.html，最后访问日期：2016年10月10日。

④ 中金社：《投资者亏损谁该承担责任：不妨看看法院怎么判》，https://www.cngdd.com.cn/2016/021d1894n92832383.html，最后访问时间：2016年11月11日。

⑤ "财政部76号文"第3条第(一)款：按照"风险由最适宜的一方来承担"的原则，合理分配项目风险，项目设计、建设、财务、运营维护等商业风险原则由社会资本承担，政策、法律和最低需求风险等由政府承担。

### (二) PPP模式社会资本方保护的独特性

1. 强调政府与社会资本主体间的平等合作

相较于证券市场,PPP模式中的社会资本方通常具有较强的专业性和组织性,自身的投资实力和风险承担能力较强。然而,社会资本方面对的合作对象是政府或代表政府的实施机构,要求与政府之间保持平等法律主体,充分尊重双方在合同订立和履行过程中的协商自由。这既是PPP模式的优势所在,亦是社会资本方保护的掣肘之处。一方面,平等主体关系能够保障双方依法主张合同权利、履行合同义务,促进主体之间的沟通及合作效率,充分发挥社会资本对市场的敏锐嗅觉技术优势,实现提高公共服务水平的目标;另一方面,正是因为平等合作关系的存在,容易导致政府方打着"平等主体"的旗号,凭借其行政主体的强势身份,利用自身的行政特权在合同的签约和履行过程中,随意变更契约内容或不履行自身的合同义务。相反,社会投资方尽管拥有一纸合约,然而政府公共部门并不是一般的市场主体,面临其监管缺位或违约行为的发生之时,在我国PPP模式法律体系并不健全的情况下,社会主体很难通过现有的争议解决方式维护自身的合法权益。因此,这是PPP模式的原则与现实情况所产生的矛盾,足够说明PPP模式社会资本方保护的关键性。

2. 社会资本方趋利性和公共性的融合

与证券市场投资者相似,PPP模式中的社会资本方参与PPP项目的最终目标是通过获得公共服务领域的竞争优势或垄断地位尽可能获取利润,且符合市场经济的运行规律。其不同点在于,证券投资者的目标较为单一,即纯粹以追求盈利为目的,而PPP模式的社会投资者除了获取利润以外,还需要肩负提高基础设施建设及公共服务质量的责任。

PPP模式所涉领域不仅关乎社会投资者自身的经济利益,而且与社会公共利益紧密相连,这即是PPP模式社会资本方的特殊性所在。例如,在教育类PPP项目当中,社会投资者更多地承载时代使命,担负培养科技创新人才的重任;在医疗领域PPP项目当中,社会投资者通过引进先进的医疗技术、管理经验和资金支持,提高我国公立医院的经营效率、运行绩效和服务质量等,[①]为增进大众福祉而努力。因而,在选择PPP项目的社会资本方之前,除了考察候选人在专业资质、资金实力、人才队伍的综合水平外,还需重点关注企业的社会责任板块。[②] 具体的方法

---

① 贾康、孙洁:《公立医院改革中采用PPP管理模式提高绩效水平的探讨》,《国家行政学院学报》,2010年第5期,第72页。

② 早在1932年,多德就提出了企业社会责任的概念:"公司不仅要对社会承担责任,而且控制公司活动的经营者也应对社会承担责任。"近年来,世界经济论坛提出:"企业公民的社会责任包括公司治理和道德标准、对人的责任、对环境的责任以及对社会发展的广义贡献。"

论可以表现在考核阶段建立企业信誉评估，把企业信用放置于选择社会资本方过程中的重要位置。

此外，企业内部可以树立企业责任理念、修改公司章程、自发推出企业社会责任的内部制度。许多国际知名企业，例如宜家、沃尔玛等都制定了自己的公司社会守则，并发布了社会责任报告或可持续发展报告。[①] 将自身的趋利性与社会公共利益做到真正结合的社会投资方才值得与政府开展PPP项目的合作。

## 第三节　社会资本方权益保护法律路径之选择

"公私契约的兴起亦会迫使法学家面对公法规范与私法契约原则不安的结合，而这一工程将具有巨大的智识吸引力。"[②]鉴于PPP合同的签订与履行可以分别归属公法活动与私法活动，分别利用公法规范与私法契约原则来保护社会资本方利益应当是必要选择。"公法关涉对政府活动的约束，而合同法关涉执行当事人作出的承诺。"[③]

### 一、公法路径：政府权力之边界限制

公法路径是指行政主体运用公权力对PPP模式参与主体的行为和项目的价格、质量进行监督、管理，对相关活动进行干预和调控，防止市场失灵等现象的发生，从而保护社会投资者的利益。由于PPP模式所涉领域关乎国计民生，公共利益的维护必须依靠公法的强制力和权威性来保证。先前的公共服务、基础设施类项目均由我国政府提供，处于长期垄断的公共领域。当前，源于PPP模式的引进，将适用于政府负有提供责任又适宜市场化运作的公共项目转由社会资本建设运作，一方面，为社会投资人提供了更多的投资机会；另一方面，公共项目交由市场行为运作，对于我国公共服务领域是一项新的挑战，需要加强制度建设，通过公权力的适当行使保证PPP市场的稳定和公共项目的质量与安全。公法路径主要表现在立法、司法、行政三个方面，通过公权力的合理行使，为社会资本方利益保护提供坚实的法治保障。另外，公法路径的核心在于对公权力加以限制，避免因为权力的不正当行使而侵犯社会资本方的权益。

---

① 刘俊海：《现代公司法》(第三版)，法律出版社2015年版，第803页。

② [美]朱迪·弗里曼：《合作治理与新行政法》，毕洪海、陈标冲译，商务印书馆2010年版，573页。

③ 哈洛(Harlow)与罗林斯(Rawlings)著名的"红灯理论"(1997：ch. 2)，转引自[英]A. C. L. 戴维斯：《社会责任合同治理的公法探析》，杨明译，中国人民大学出版社2015年版，第59页。

### （一）公法路径的学理基础

1. 公共利益理论

经济学界普遍认同的传统观点是，政府管制是为了抑制市场的不完全性缺陷，以维护公众的利益，即在存在公共物品、外部性、自然垄断、不完全竞争、不确定性、信息不对称等市场失灵的行业中，为了纠正市场失灵的缺陷，保护社会公众利益，由政府对这些行业中的微观经济主体行为进行直接干预，从而达到保护社会公众利益的目的。公共利益有三个特点：第一，公共利益必须具有公共性；第二，公共利益具有非营利性；第三，公共利益不应以剥夺个人利益为前提。[①] PPP模式是带有典型公共利益的投资模式，项目具有公共性和非营利性，关乎社会大众的衣食住行、生命安全和生活品质。同时，PPP模式也是市场行为，通过盘活社会资本加入传统的基础设施及公共服务建设，充分释放PPP市场的活力。公共利益理论不仅对规范社会资本方的市场行为有一定的积极作用，避免社会资本方因自身趋利性而损害社会公共利益；而且对保护社会资本方有一定的正面影响，例如“以纠正在市场失灵下发生的资源配置的非效率性和分配的不公正性，以维护市场自由竞争为目的”。

2. 官僚制理论

马克斯·韦伯在《经济与社会》一书中提出“理想的行政组织模式”理论。他认为行政组织是“对人群进行控制的最理想的、众所周知的手段”，所以应建立一个“理想的行政组织模式”。[②] 该理论即为官僚制理论。韦伯指出，某种形式的权力是组织实现其目标的基础，没有这种权力，组织就将一事无成。权力可以消除混乱，造成秩序，带来组织的有效性。“法定的权力构成官僚集权组织的基础。因为这种权力既合理又合法，既重视了人的能力，又重视了管人的制度。”[③]按照此理论，PPP模式的公法路径可以通过建立理想的行政组织，政府自身或授权具体的实施部门，对PPP市场当中的所有行为进行管制和监督，从而达到稳定秩序、保护参与主体利益的目的。官僚制理论强调的是行政组织和法定的权力，该内容也是PPP模式不可或缺的部分。

### （二）国内外公法保护路径概览

国际上PPP模式发展成熟的国家，如英国、加拿大、澳大利亚分别拥有国内或

---

① 陈召净、王坤：《公共利益的概念、特征及界定》，《产业与科技论坛》，2008年第10期，第118-119页。

② ［德］马克斯·韦伯：《经济与社会》（下卷），林荣远译，商务印书馆1997年版，第685页。

③ 李传军：《管理主义政府模式的终结——从管理行政到服务行政》，中国人民大学博士论文，2003年4月，第32页。

各州专门的PPP政府管理咨询机构，在政府的领导下，负责PPP项目的规划、政策指南的制定、PPP模式的宣传和推广等具体事宜。以上主管机构也存在不同的类型，有政府部门或其下属机构[①]以及政府设立的国有公司[②]，均是通过政府的行政手段规范PPP项目及保护参与人的合法利益。在法国、日本等大陆法系国家，设有专门的PPP立法，PPP项目的行使受到立法和行政手段的全面监控。“政府有权修改任何公用事业的制度，以使之适应共同利益的新要求，其中包括特许经营的公用事业”[③]日本政府于1999年就出台了《PFI促进法》，[④]同时还修改了本国与《PFI促进法》相冲突的法律。随后，分别在2011年和2013年提出《PFI促进法》的修正案，在立法层面为PPP模式全面确立了法律基础。[⑤]

相反，我国并没有PPP模式的主管机构，也缺乏统一的PPP立法，由国家发改委和财政部等国务院有关部委大力推动PPP的发展，各行业部门在各自管理范围内各尽其职，各自单独或牵头发布PPP模式相关政策文件，[⑥]“财政部113号文”中第四条指出，由财政部门全面统筹政府和社会资本合作管理工作。“发改委2724号文”中提到各级发改委认真做好PPP项目的统筹规划、综合协调等工作；并分别建立PPP项目库，[⑦]甄选全国范围内符合要求的示范项目。另外，财政部于2014年成立了PPP中心，发改委原计划将在2016年设立PPP中国中心。各自分工负责的一个负面效果是，财政部与发改委各执一词的对立局面，造成PPP项目在实践中的操作混乱，大大降低了项目的建设和运行效率。

## 二、私法路径：契约理念的全面贯彻

根据私法的主体平等、意思自治的本质特性，私法是调整主体平等、其权利义务的设定以遵循意思自治为原则的法律，与PPP模式的本质和主要原则互相契

① 例如，英国财政部设立的基础设施局（Infrastructure UK）、澳大利亚基础设施局（Infrastructure Australia）。

② 例如，加拿大PPP中心（P3 Canada），根据加拿大“商业公司法”注册成立的一所联邦政府公司，有独立的董事会。

③ ［法］让·里韦罗、让·瓦利纳：《法国行政法》，鲁仁译，商务印书馆2008年版，第481页。

④ 日本《PFI促进法》明确规定“公共设施的设计、建设、运行维护管理要利用民间资金，高效地提供公共服务”，同时还规定了PFI模式的适用对象、政府与私人部门的权责及相关促进措施等内容，以及项目实际过程中的运行程序和各个主体间的相互权责关系。

⑤ 阮征：《PPP模式下产业投资基金运作机制的中日对比研究》，重庆大学硕士学位论文，2016年5月，第51-52页。

⑥ 国家发改委单独或牵头其他部委发布的PPP政策文件7个，其中有关特定领域PPP文件2个，分别为水利和铁路领域的PPP合作。财政部单独或牵头其他部委发布的PPP政策文件17个，其中特定领域PPP文件4个，分别为市政公用、水污染防治、收费公路、公共租赁住房领域的PPP合作。

⑦ 两个项目库各有侧重，发挥各自不同的作用，国家发改委推介的项目侧重于对城镇化的贡献，强调“推介”，财政部发布的示范项目侧重于项目的模式结构和融资方法，强调“示范”。

合。有学者指出,PPP 合同被称之为“PPP 的阿基米德支点”,对 PPP 项目的成败起着至关重要的作用。[①]《民法典》合同编的规定是私法的精髓。PPP 市场瞬息万变,项目期间长,不可预见的因素非常多,因此 PPP 合同是典型的不完全契约,具有“不可描述性”,很难在事前制定详尽无遗的规则。[②] 一方面,在签订 PPP 合同之时无法周详安排内容完备的契约条款,必须在合同中设计一定的弹性条款,设立再谈判机制;另一方面,PPP 私法路径的灵活性和准确性相比政府路径和立法路径可能对社会资本方的利益保护更加有效。私法路径是对我国部委发布的 PPP 指导文件当中强调“各方平等主体在合同订立和履行过程中的契约自由”最适切的回应,注重以当事人合意的形式约定双方在 PPP 项目中的权利义务,并以此作为保护自己的凭证,充分发表各自的利益需求,通过切磋达到利益最大化的限度。另外,“以基于科斯定理的契约论的基本观点是,只要契约是完善的,执行契约的司法体系是有效的,那么投资者与公司签订契约就可达到保护自己利益的目的,法律并不重要。契约论的学者认为,投资者通过和公司签订契约就可保护自身合法利益,因此,政府只需保证契约执行即可。”[③]

① 喻文光:《PPP 规制中的立法问题研究——基于法政策学的视角》,《当代法学》,2016 年第 2 期,第 85 页。

② 梁怡:《现代契约理论:传承、融合与发展》,《上海证券报》,2007 年 9 月 17 日版。

③ 蒋国洲:《上市公司中小投资者保护研究》,四川大学博士论文,2005 年 3 月 30 日,第 91 页。

# 第二章　公法路径：行政权力限制之探微

PPP模式中通过公法对社会资本进行保护，无论从理论基础还是实践依据的角度出发都具有可行性和合理性。国家政府凭借最具有权威性、稳定性、强制性的公法方式，给予社会资本在PPP项目参与过程中全方位的保护。比如，在我国现有的特许经营中，经营者的特许经营权受到公法的特别保护。“几乎所有的立法均明确规定特许经营者依法取得的特许经营权受到法律保护，有关人民政府及主管部门不得违法收回或者限制特许经营者的特许经营权。”[①]公法部分在我国整个PPP项目的运行过程起着至关重要的规制作用，且为社会资本方提供强有力的法律保障。然而，在PPP模式社会资本保护中，公法路径是否只会发挥积极作用，会遭遇哪些条件上的限制，如何实现公法路径对社会资本方的最大保护效果等一系列问题仍需要理论界和实务界持续深入探讨。

## 第一节　公法路径保护之理论依据

### 一、公法规范的逻辑起点：PPP模式中政府的公权力

公法是以权力为本位而形成的制度体系，公权力运行的目的在于确权和控权，通过法律赋予公责和权限确定私权力运行的范围及具体界限。[②] 公法原理具体表现在为了有效达成维护公共利益的主要目的，公法必须首先承认行政主体具有不同于相对人的法律地位，并赋予其公权力为调整行政关系的法律手段。其次，对于处于优越地位的公权力活动直接以法律进行规制，保障作为相对人的权益，[③]即是

---

① 王克稳：《政府业务委托外包的行政法认识》，《中国法学》，2011年第4期，第87页。

② 杨志壮：《公司法规范体系中的私法责任与公法责任》，《齐鲁学刊》，2013年第3期，第93-94页。

③ 胡建淼、江利红：《行政法学》，中国人民大学出版社2010年版，第32-33页。

赋权与限权，确权与控权的融合。公法亦是其他各种利益的平衡器，在其他各项利益产生冲突时行政主体可以通过行使公权力实施调控和干预。公权力既是公法的逻辑起点，又是公法保护路径的核心工具。然而，公权力不是与生俱来的，权力来源于权利，国家权力由人民所赋予，被人民所委托，再通过“权力法定”的规则，[①]由法律赋予其内涵、特征和功能等，即“法无授权不可为”。

在一国法律体系中，公法同权力的设置、分配、行使、制约及监督等运作有最直接的联系。在 PPP 项目中，公权力主要表现为立法权、司法权、行政权。作为政府部门，本身就是公权力的掌握者，在普通的市场交易中按照法律法规利用公权力行使社会管理职责理所当然。

PPP 模式是政府将自身所承担的提供公共产品或服务的行政任务，依靠特许经营、政府采购等具体形式交由社会资本方负责，依靠引入社会资本的资金、技术、管理经验等优势由其全权负责项目从建设到运行再到移交的整个过程。PPP 模式为民间资本打开了一扇大门，使其获得未曾拥有过的投资机会，相应地也拥有了更广阔的获利空间。PPP 模式建立在公私双方合意的基础上，通过签订契约的方式约定双方在 PPP 项目中的权利义务，再有社会资本方与第三方主体交涉，进行具体的项目建设和运营。PPP 模式实质上是将公共服务和产品交由市场机制负责运行，一方面，打破了政府垄断的地位，促进社会投资人相互竞争，有利于公共产品质量和供给效率的提升；另一方面，企业无止境追求利润的方式容易造成市场失灵的现象，为了保证社会公共利益的安全与稳定，仍需公法对其进行规范和保障。另外，由于缺乏相应的法律法规和严格的监管，PPP 项目可能导致国有资产的流失。

以公立医院引入 PPP 模式为例，在特许经营模式中公立医院无形资产的产权评估环节，可能造成国有资产的评估低于其本身的价值所在；在 IOT 托管模式中，社会资本方可能通过供应链业务故意提高物价，从中赚取利润，造成医院需要支付比高出市场价多倍的价格购买药品、医疗设备等，从而引发国有资产的严重流失。[②] 公法的优势主要发挥在项目的筛选、社会资本方的选择、市场监管阶段，凭借其权威性和强制性加强对不法行为的控制和矫正。

“政府在项目的建设和运行中，应当按照契约规定依法行政，不对项目的正常运营开展不合约定的行政干预。”[③]公权力在 PPP 模式中主要表现在三个方面：第

---

① 在法治社会里，“权力法定”的含义是一切公权力的取得和行使都必须从法律中获得其来源，国家机关不得行使法律没有授予和禁止行使的权力。

② IOT 托管模式：Investment-Operation-Transfer，是我国医疗领域 PPP 代表模式，即由投资方承诺作出固定投资，改善医院医疗设施和服务水平，以换取在管理和营运中相关的医院权利，在某一段约定期限内收取基于协议的管理费，并提供药品、医疗器械及医用耗材，并在协议约定结束后将管理、运营转还给医院所有人。

③ 刘俊宇：《PPP 模式下的私人企业利益保护》，《企业改革与管理》，2015 年第 24 期，第 16 页。

一，PPP 模式法律政策制定的权力，为社会资本方提供良好的竞争环境和制度保障；第二，项目遴选、项目前期论证、伙伴选择的权力；第三，从项目识别到项目移交整个过程中的监管权，选择合法且妥当的程序，规范社会资本方的选择过程并确保其提供服务之品质。第四，行政机关基于公共利益要求变更或改变合同的权力，例如国家项目撤回选择权、介入权等。这既要求传统的对于规则制定程序的强化，例如设计妥当的招标投标程序；又要求行政机关对合同及其市场给予恰当监管，如通过绩效评估制度的设计来对提供服务主体的服务质量等进行评价。[①]

但是，公权力的行使好比是一把双刃剑，从反面来讲，如果没有处理好公权力的自身控制问题，会对社会资本方产生不利影响，甚至导致项目的最终失败，因为公权力的扩张很容易打破公私双方的平衡。公权力本身带有强制性、单方性、优益性，上述特征有利于公权力的行使和 PPP 项目目的的实现，但同时也易于侵害社会资本方的权益。因此，如何把握公权力在 PPP 项目中的行使范围和力度，如何弱化公权力所带来的负面影响应当成为公法保护路径的轴心，也是本章讨论的出发点。

## 二、公法路径的正当性证成

### （一）主体间不对等性的补足

众所周知，政府部门在 PPP 模式的合作中处于绝对强势地位，“对契约标的享有决定权、选择相对方的权利，以及对合同履行的监督权和指挥权，对不履行契约义务的相对方的直接强制执行权、直接解除契约权和对严重违法的私人的行政制裁权，以及在公众利益受到严重影响时单方解除契约的权利，在情势变更情况下单方变更契约的权利。”[②]因而，这些权力需要公法进行明确授予和规范调整，确保公权力在法制轨道上运行。

违约责任的约定方面，在大多 PPP 协议当中，对政府的违约责任约定很少，而对社会投资人的违约责任约定较多。此项约定的出发点并无不妥，旨在约束社会资本方因其趋利性而实施有害社会公共利益的行为。但是，在我国 PPP 项目的实际操作中，无论是政府文件范本还是已经实施的合同约定当中，“违约责任”的章节几乎都是针对社会资本方而定的，如违约行为的认定、违约责任承担方式、违约行为处理的规定都过于简单，完全忽略了政府方作为 PPP 协议的签约主体同样需要得到合同中违约事项的明确。

并且，政府方处于谈判的强势地位，社会资本主体在合同的协商阶段也不便于

① 胡敏洁：《论政府购买公共服务合同中的公法责任》，《中国法学》，2016 年第 4 期，第 147 页。

② 杨海坤：《变化与回应：公私合作的行政法研究》，苏州大学博士论文，2010 年 3 月，第 67 页。

提出新增政府违约事项规定的建议。政府方也往往回避该类问题的磋商，社会资本方处于无奈接受对自己不利的磋商结果，导致实践中大多 PPP 合同中缺少对此规定的恶性循环中。

此外，“行政机关也会通过处罚强制等措施的实施来对服务提供对象加以监管。‘服务提供商’同时也是违反行政法律规范的‘被处罚对象’。这也使得服务提供商在实践中不大会出现如一般民事合同违约类型中拒绝履行的情形。”[①]主体间天然的不对等性是 PPP 模式的主要特点，这是无法通过私法手段彻底根除的，因而需要依靠公法路径的补足和完善，为社会资本方权益保护框架的搭建提供基础和保障。

**（二）政府方行为准则的缺失**

在我国，由于 PPP 模式的发展迅速，相关法律制度的设计跟进迟缓，于“公”于“私”均不利于 PPP 模式长期稳定的发展，尤其是在明确政府主管部门和行政权力行使的根本问题上，诸多的法律空白和漏洞有待填补和修复。

源于 PPP 模式框架体系庞大，在我国 PPP 项目的内容同时涉及多个行业部门的监督和管理。然而，各行业的行为准则不尽相同，各部门之间缺乏沟通和协调，主要体现在国家发改委与财政部争做 PPP 主管部门的矛盾当中。无论在 PPP 项目库、PPP 中心的建设，还是在 PPP 政策文件的发布方面，两部委均独树一帜，为社会资本主体在项目中的准备和行动造成很大的困扰，极大地降低了项目运行的效率。此外，对一些关键环节的规定，两部委在政策文件中均未提及，导致实践操作中项目参与方无法可依、无据可依，给政府部门提供了权力寻租和贪污腐败的空间。例如，无论是国家发改委还是财政部，都未对特许经营项目的立项程序作出规定；都未对特许经营项目的招标时机作出具体规定等。

财政部为了快速推广 PPP 模式，将竞争性磋商定为 PPP 项目的采购方式之一。竞争性磋商盛行于欧盟国家的 PPP 项目中，我国财政部在“财政部 113 号文”中首次将该概念赋予官方文本之中，并紧接着发布了《政府采购竞争性磋商采购方式管理暂行办法》(以下简称“财库 214 号文”)。然而对竞争性磋商的规定仅停留在部门政策性文件上，文件法律层级的低下很难保证竞争性磋商在 PPP 领域内长期的推广和适用。

另外，与竞争性谈判不同，竞争性磋商采用了“综合评分法”替代“最低评标价法”，出发点是采取综合评分法更容易实现合理报价，避免最低价成交可能引发的恶性竞争，通过重视物有所值的应用，达到 PPP 项目质量、效率、价格的多重统

---

① 胡敏洁：《论政府购买公共服务合同中的公法责任》，《中国法学》，2016 年第 4 期，第 147 页。

一。[①]“财库214号文”第五条规定“保证磋商在严格保密的情况下进行”，由于缺乏具体的法律准则对政府行为的约束，由政府作为采购人或政府采购代理机构组建的竞争性磋商小组，在磋商全程保密的情况下很难把握评分的公正性，尤其是在部分国有企业或本地政府下属融资平台公司的参与项目中。

政策文件的规定也仅是指导性作用，并没有法律的强制力，更没有针对政府行为的规范、监督和问责。因此，在公开招标、竞争性谈判和竞争性磋商这三个程序当中，实际上还存在许多灰色地带，亟须通过公法层面予以清除和完善。

## 三、公法路径建构的理论范式：控权论与平衡论

### （一）行政法控权论及启示

#### 1. 行政法的控权论

控权论分为传统控权论和新控权论。传统控权论主要盛行于19世纪的英美法系国家，深受当时英美国家发展结构和社会文明水平的影响，多数英美法系的学者认为公权力是一种“恶”，因此他们强调通过控制公权力来保障个人权利。

传统控权论主张通过立法、程序和司法审查来全面控制公权力，从而达到保障公民的权利和自由的宗旨，认为行政法本身就是控制行政权的法律。在该理论当中，行政机构与公民完全处于对抗性地位，倡导个人权利至上，相反，行政权力应当受到限制。

我国学者把传统控权论归纳为以下四点：第一，制止行政机关干预或限制公民权利和自由，最大限度地保障个人的自由权利是行政法的立法宗旨和作用。第二，通过独立的司法权对行政行为予以司法审查，进而实现制约和规范行政权的目标。第三，严格限定行政权的使用范围，只限于国防、外交、财政和治安等少数领域，最大可能地排斥自由裁量权。第四，“无法律则无行政”，任何行政行为必须是通过法律明确授权，否则公民可以不履行必须服从的行动。不难看出，传统控权论凭借一贯严苛对待行政机构或是行政权的方式，不但构成了西方行政法的理论基础，而且在我国也受到不少学者的支持。

从行政机构和行政权的本质来看，行政管理活动的主体，是以国家强制力为后盾行使行政职能的。行政权又具有公定力、优益性、强制性、单方面性等特征，“行政权也可能会非理性地扩张，有可能构成对民主、自由和人权的威胁，产生寻租和腐败，导致官僚主义和效率低下。”相反，行政相对人在地位和力量上的悬殊将会导致其长期在行政活动中处于弱势，传统控权论的要求有利于帮助行政相对人以

① 谭敬慧：《政府PPP项目七大法律难题》（下），《中国政府采购报》，2016年1月19日，第3版。

行政法作为合理的支撑点,保障和维护自身的合法权益。其次,从行政法的目的来看,行政法之所以存在,很大程度上在于行政权力的运行有可能损害他人利益,必须通过行政法律加以控制和规范。行政法的基本原则当中,无论是实体性原则还是程序性原则,无不体现对行政机关的限制和约束。行政法通过对行政实体法律关系、行政程序法律关系和监督行政法律关系的全面规范,目的就在于将行政权力约束到法制条框中,达到依法行政并构建法治政府的理想状态。

2. 控权论对PPP中公权规范的启示

从传统控权论的理论内涵来看,能够促进我国在此基础上建立PPP模式社会资本方利益保护机制乃至推动整个PPP领域的发展。首先,中国传统文化"官本位"思想仍然对我国当今社会尤其是行政系统影响深远,再加上我国政府"有形的手"和市场"无形的手"之间一直没有达到一个内在的平衡,政府干预往往容易不断扩大,在行政活动中行政机关仍然占据强势地位。此外,政府手握行政裁量权,在PPP模式中政府拥有的自由裁量权在整个项目中发挥重要作用,对政府权力的控制应当放在保护社会资本方利益的法律路径之首。其次,在我国,"政出多门"的现象较为普遍,PPP模式法律基础薄弱,一是没有统一的专项立法,二是相关法律法规之间的部分规定存在不一致,三是主管部门的不确定导致"多管齐下"的局面出现,如果不对PPP项目中存在的行政权力加以梳理和控制,后果不堪设想。再次,随着我国法治建设的全面推进,我国公民的法律意识不断提高,但是客观来讲,公民或是组织利用法律保障和维护自身权益的能力仍显不足。例如,目前在PPP模式的合同谈判以及后期项目建设当中,社会投资方大多还是受制于政府的全权安排,一方面是源于过于信任政府,欠缺对自身利益的全面考量;另一方面是政府方力量过于强大,社会资本方不得不"忍气吞声"或是对个别问题"睁一只眼闭一只眼",被行政机构"牵着鼻子走"。因此,在PPP模式中控制行政权力尤为重要,控权论在保护社会资本方的公法路径上能够发挥必要的指导作用。

### (二)平衡论的价值解构

1. 平衡论的基础内涵

平衡论是我国行政法学家罗豪才教授于20世纪90年代首次提出,从而形成平衡论学派,是我国行政法学当中具有重要里程碑意义的研究成果。与控权论对行政权力的绝对控制相比,平衡论认为,"一方面,为了维护公共利益,必须赋予行政机关必要的权力,并维护这些权力有效地行使,以达到行政目的;另一方面,又必须维护公民的合法权益,强调行政公开,重视公民的参与和权利补救,以及对行政权的监督。这两方面不能偏废。"

该理论在提倡初期引发学界多方论争,并激发了我国法学工作者对行政法理论基础的研究兴趣。随着平衡论理论研究时间的持久，研究成果逐渐丰富，在学界也获得了广泛的认可。江必新教授提出"现代行政法是用来平衡行政权力与相对人一方权利、整体利益与个人利益、行政效率与行政民主的法"；季卫东教授提到，平衡论中所提到的平衡不是静态的，而是动态的，是一种不断调整的动态过程，一项权力与权利互动的趋势。以上学者们的观点均在支持平衡论的基础上对其作出了延伸性的阐释。

平衡论起源于现实中的不平衡关系，在行政实体法律关系中，行政机关与相对方的权利义务是不对等的，行政机关处于优势地位而相对方处于弱势地位；在行政程序法律关系中，只有"民告官"，没有"官告民"，在相对人作为原告要求法院对行政行为进行审查时，行政机关还应对其行为负举证责任。然而，究竟通过什么手段去维持行政法中主体间的平衡，平衡论学派提出依靠的关键在于建立三个机制：激励机制、制约机制、协商机制。第一，根据之前对控权论的讨论不难理解制约机制针对行政权的非理性扩张，并且平衡论还在此基础上提出也应当为防止行政相对人滥用权利而进行约束，公民权利也应当有边界。第二，激励机制能够推动行政主体和行政相对人积极行使各自的权利义务，不仅仅是依靠现在来维持平衡。国内外现代企业已经通过熟练运用激励机制获得了优良的经营成果，公共行政领域也应当适当引进激励机制，鼓励行政主体依法行政，为公众创造更多的公共福利，同时也鼓励公众和组织主动参与行政、监督行政。第三，协商机制最能体现平衡论的核心观点，具有主体的平等性、议题的开放性和过程的互动性三个特点。通过主体间的沟通、磋商，达成最大程度的共识，甚至形成合作关系，即是协商机制的精髓所在。

2. 平衡论对 PPP 中公权规范的价值启示

将平衡论作为行政法的理论基础，具有重要的意义，尤其是在我国 PPP 模式的整体发展和保护社会投资方利益的法律路径领域创造了重大价值。首先，平衡论为建立行政主体与相对方的良性互动平台提供了理论支持。PPP 模式的最大特点即是公私合作，在公私合作关系当中，公私双方不再是"命令和服从"，而构成一种"协商和合意"的关系。无论是平衡论当中的协商机制还是其基本理念，都是为 PPP 模式的参与主体打下了平等协商的良好基础。其次，平衡论为调整行政法权利(权力)结构机制的构建提供了理论指导。该理论指出了行政法主体间的多维不平衡关系，明确通过相应的手段去进行调整，从而改变不平衡的状态。正如 PPP 模式中的确不能一味地只关注限制政府权力，基础设施和公共基础项目关乎公民和集体的人身、财产安全，同样需要通过行政权力来保障。因此，要结合激励、制约和协商三项机制，对行政权力实施全面规范，促进其为公共利益的保障而发挥最大作用。

尽管控权论和平衡论两大学派的观点有所不同，但笔者经过分析之后发现其内在本质是相似的。平衡论不是对控权论的否定，而是对控权论的扬弃。透过表面，可以察觉控权论主张控制行政权力而保护个人利益的原因在于通过法律赋予弱势一方的相对人更多力量支持，从而达到与强势方行政机关的力量平衡。而平衡论则是为达到行政权和公民权、公共利益与个人利益、行政效率与个案公正等平衡的目的作出了更加全面的阐释。无论是东西方的学界及其立法例强调控权为行政法的核心，还是平衡论的具体实现途径，归根结底均在于控制行政权力。因此，可以归结为平衡是控权的平衡，控权是平衡的核心，两种理论都能为PPP模式的社会资本方的公法路径保护提供强有力的理论基础。

## 四、公法原则之系统化呈现

### （一）公开、公平、公正原则

公开原则要求公法主体对于自己的行为及其掌握的信息，除依法应当保密外，必须向相对人或社会公众公布。行政法的公开原则包括两个方面：一是行政法规及政策的公开，二是公法行为的程序、手续的公开。在PPP模式中，在项目采购阶段，在项目资格预审、竞争性程序等重要的社会资本方选择环节，应当充分体现公开原则。一方面，公开程序能够吸引更多的社会投资人了解项目的情况，从而提高投资人的参与积极性，有助于政府部门选择最适宜的社会资本方；另一方面，行政行为的标准、条件公开，是社会公众能够对政府进行监督的前提，也是保证公平、公正原则的前置条件。

与民法的公平原则不同，公法上的公平原则主要发生在相对人之间以及相对人与公法主体之间。① 一是要求行政主体对待各方相对人不应区别对待，应当秉持同等条件下平等对待的原则，具体表现在PPP模式的社会资本方选择程序当中。我国将国有企业列为社会资本方的范围之中，尤其是“国办发42号文”打破了《财政部PPP合同指南》对本级政府下属的融资平台公司不得参与本级政府辖区内的PPP项目的规定，对融资平台公司适度开口，给予了优质且完全商业化的融资平台公司作为社会资本方参与到PPP项目的机会，该规定可能会带来严重后果。表面上看，国企或政府的融资平台公司与其他例如民企、外企的社会资本相比，更加具有胜选优势，政府在选择和决定的过程中容易产生偏袒、串通等违背公平原则的行为，而其他社会资本主体对此可能毫不知情。因此，公法的公平原则要求政府应当坚决杜绝此类现象的发生，另外，应当加强对公权力的监督机制，为社

① 胡建淼、江利红：《行政法学》，中国人民大学出版社2010年版，第78-79页。

会资本方提供畅通而便利的利益诉求渠道，这才有利于保证项目前期阶段公法行为的公平性。公正原则是指行政主体在行政过程中不得存在偏见、专横武断，必须客观公正地进行行政活动。除前述的社会资本方选择环节，另外还应当表现在PPP项目纠纷等案件，对于同为项目合作方的公私双方法院应当以法律为准绳，以事实为依据，杜绝由于政府方向法院施压后作出有损于社会资本方及违背公平公正原则的判决。

### （二）效率原则

公法上的效率原则是要求行政主体的行政活动必须以较小的经济耗费获得最大的社会效果的原则。政府原本是基础设施建设和公共服务的直接提供者，依靠PPP模式的应用转变为社会资本的合作者和PPP项目的监管者，既增强了公共产品和服务供给能力、供给效率，又减轻了政府部门的财政负担，实现了维护公共利益的社会效果，也是效率原则在PPP模式中的体现。

此外，我国现行的行政法法律制度中虽然对行政管理效率保障有所侧重，但因为忽视保障公民权利的公正价值，导致我国总体的行政效率仍然不高。例如：在行政组织方面表现为机构烦冗，各个行政机关之间职权交叉、内部分工模糊，相互推诿现象严重；在行政诉讼中，目前有些法院不重视行政案件的办案效率，超审限的问题比较严重。[①] 在PPP项目的实施中，职权交叉、缺乏协调的状态在我国有关行政部门表现得较为突出，导致审批程序、伙伴选择程序等冗杂混乱，极大地降低了PPP模式的运作效率，提高了社会资本方参与PPP项目建设的成本，减低了社会投资人的参与积极性。因此，应当根据公法中的效率原则，一是制定相关制度尽快清除现存领域不利于PPP发展的因素，充分发挥PPP模式的“四两拨千斤”的优势；二是尽快明确行政机关的分工与权力边界，简化行政程序，提高行政执法效率，借PPP模式的发展机会促进我国政府行政效率的总体提升。

### （三）比例原则

比例原则一般是指“公权力机关在行使公权力、追求某一公共管理目标的实现过程中，应选择妥当的、对公民权利侵害最小的手段进行，且采取该手段所造成的侵害不能超越达成目标所获得的利益。”[②]比例原则的公法功能有以下三点：其一，有利于实现个案正义。防止具体个案中权力的肆意专断，是与公民息息相关的问题，而比例原则强调目的和手段的比例关系，着重在具体个案中的“微观调控”，以保护相对人权益为使命。其二，有利于保护公民权益。“宪法承认在公共利益与私

---

① 王成栋：《论行政法的效率原则》，《行政法学研究》，2006年第2期，第27页。

② 熊文钊主编：《公法原理》，北京大学出版社2009年版，第137页。

人利益之间需要某种平衡，为了公益可以对基本权利有所限制，但是绝不能任意以谋求公共利益和社会福祉为由，随意牺牲公民的私人利益。”[①]应当建立一定的标准，将对私人利益的不利影响限制在尽可能小的范围和限度内。其三，有利于加强对公权力的控制。在行政执法过程中，行政主体享有一定的自由裁量权，比例原则的应用可以有效遏制其滥用，限制行政权恣意。并且，监督机关和行政相对人也可以通过比例原则对行政机关的行政行为进行监督，有效遏制行政腐败行为。

PPP项目均发生在国计民生领域。因此，对公共利益的维护既是PPP模式的本质要求，又是行政部门的本职任务所在。但是，在追求公共管理目标实现的过程中，政府有可能会在制定PPP法律政策之中倾向于对公共利益赋予更多保障，或者基于公共利益的维护在项目运行中要求变更或改变合同的内容，或单方终止、调整合同中的相对方的权利，例如，国家项目撤回选择权或政府介入权的行使等。因此，政府应当秉承公法上的比例原则，妥善处理公私利益的对抗关系，将对社会资本方的损害降至最低，并在提前约定好风险分担或相关补偿方式，对社会资本方的正当权益给予充分的尊重和保护。

## 第二节　PPP模式中政府角色冲突之协调

### 一、政府角色冲突的问题识别

#### （一）政府在PPP模式中公法角色的定位

在引入市场机制借助于PPP模式提供公共服务以及推进基础设施建设的过程中，政府是合同当事人，但同时也分担公共管理者与合同当事人的角色。从政府参与PPP项目的初衷出发，为了保障基础设施领域的产品服务质量，大力提高人民的生活水平，政府在制定PPP相关法律制度时毋庸置疑会充分保证公共部门的利益。PPP项目涉及公共权力的行使与公共利益的保护，具有突出的公共性，[②]为此，政府必须承担监管职责，以有效调适公共性与经济性之间、个体营利性与社会公益性之间的内在矛盾。“法律授权政府部门对特定产业和微观经济活动主体的进入、退出、资质、价格以及关乎国民健康安全等行为进行监督和管理。”[③]

政府部门应充分履行自身的监管义务，在PPP项目评审、选择、监督和检测等各个环节，保证PPP项目在产品质量、运行维护、财务能力、施工效率等多方面能

---

① 姜昕：《公法上比例原则研究》，吉林大学博士论文，2005年6月，第162-163页。

② 张守文：《PPP的公共性及其经济法解析》，《法学》，2015年第11期，第11页。

③ 陈婉玲：《基础设施产业PPP模式独立监管研究》，《上海财经大学学报》，2015年第6期，第53页。

够满足社会公众的需求。目前，我国目前并没有建立一套完整的 PPP 模式监管体系。在具体的 PPP 项目合同中，通常是政府方通过参股项目公司的方式更直接地参与项目的重大决策和管理，掌握项目的实施进度。发改委负责 PPP 项目融资、招标、工程设计等监督工作；财政部门负责 PPP 项目资金拨付、价格等监督工作；审计部门负责项目资金的合规审计工作；纪检监察部门负责对工程建设管理过程中违法违纪行为进行处理。在这个过程中，政府作为公权机关的身份出现，其行为规范涉及的是公法问题。

### （二）政府在 PPP 模式中私法角色的彰显

另一方面，政府部门在 PPP 模式中充当贸易参与者的私法角色。PPP 模式的创新在于引进市场机制，企图通过政府与市场主体的合作来提供公共产品和服务，这亦是 PPP 模式与传统公私合作模式的区别。政府与社会资本主体双方平等是合作和磋商的前提，PPP 合同或者协议是双方平等磋商的结果。PPP 协议中，虽然参与一方是公权机关，涉及的事务为公共服务，但本质上依然属于私法意义上的合同，由《民法典》合同编调整。“政府作为契约签订方，必须遵守合同约定，履行合同中的义务，信守合同中做出的承诺，并承担违反合同所带来的法律后果。”[①]政府若能切实履行其私法角色，与社会资本方建立起真正的合作伙伴关系，共享利益，共担风险，势必为我国 PPP 市场注入新鲜的活力，有效带动全国经济发展。

### （三）政府双重角色在 PPP 模式中的冲突

然而，政府的双重角色之间事实上必然存在冲突。于公共管理者的场合，政府充当的是裁判员的角色；于合同当事人的场合，政府充当的是运动员的角色。政府双重角色之间的冲突会危及 PPP 模式中政府的信用，损害社会资本的利益。PPP 模式中公共性与经济性之间，个体营利性与社会公益性之间的冲突最终会放大政府双重角色之间的冲突，放大政府信用减损、社会资本利益受到不公平对待导致的负面影响，最终成为 PPP 模式推广的核心障碍。

当前，我国 PPP 模式的基本流程通常如下：首先，政府为了提高和完善基础设施和公用事业的整体水平，对该领域的部分项目进行新建、改建。因此，PPP 项目的发起人就是政府或政府授权的国有平台公司。其次，政府部门将第三方咨询机构出具的可行性研究报告、方案设计、造价咨询等项目方案交由发改委和财政局审核，通过物有所值的评价、财政能力论证等环节，最终确立 PPP 实施方案。最后，政府部门通过招标等方式确立社会投资人，与投资人谈判及签署合同，发改委和财政局对招标及签约过程进行监督检查。项目公司成立之后，PPP 项目运行过程中，

① 余晖、秦虹主编：《公私合作中的中国试验》，上海人民出版社 2005 年版，第 83 页。

政府部门继续承担监管的职能。不难看出，在社会资本方进入 PPP 项目的前后，政府部门从发起到运行再到监管一直参与其中，并承担关键角色，已经造成了公私两方不对等的合作地位。政府部门代表公权力，本身就处于强势地位，拥有更多的主动权和话语权，若要使政府部门再以合作者身份投入参与 PPP 项目，遵守私法规则，履行合同约定的义务，恐怕政府部门很难把握各个角色之间的平衡。在我国，虽然有关于"允许社会资本通过特许经营等方式参与城市基础设施投资和运营"的十八届三中全会决议内容，有《国务院办公厅关于政府向社会力量购买服务的指导意见》(国办发〔2013〕96 号)、"发改委 2724 号文""财政部 113 号文"的具体政策，但社会对政府公信力的担忧、对自己合法权利受不到充分保障的担忧已经成为 PPP 模式推行过程中面临的主要问题之一，以至于在各地开展各类基础设施建设的 PPP 项目中，所谓的社会资本参与者大多数为国有企业甚至是地方政府自身的投资平台或者资产经营平台。可以认为，政府双重角色冲突的有效解决是 PPP 模式有效开展的节点性问题。

如前所述，我国台湾地区"促进民间参与公共建设法"将 PPP 协议(投资契约)明确为适用民事法相关之规定，但实则在该制度其他章节仍然存在多处政府机关的"特权"设计。在我国台湾地区的 PPP 项目实践中，如果社会资本方没有在 PPP 项目合同磋商中获得较为合理而公平的风险分配条款，或是没有在合同中明确和细化主办机关的具体义务，其契约地位实则处于低位。政府方也时常因涉及重大公共利益，在合同谈判中拥有较大的支配权，从而造成合同双方当事人地位的严重失衡。有台湾地区学者直言到，"投资契约表面上披着私法契约的外衣，但实际内涵却是不折不扣的行政契约。契约当事人地位是显著不对等的，主办机构依约可以单方指导民间机构，可以单方调整、变更、终止契约内容，民间机构实质上乃隶属于主办机关之下。"①

## 二、行政主体分离下的协调方式

### (一) 行政主体的现状梳理

根据现行管制文件，我国的 PPP 合同中与社会资本方相对的一方主体为政府方。《发改委 PPP 合同指南》第 2 章第 6 条规定："签订项目合同的政府主体，应是具有相应行政权力的政府，或其授权的实施机构。"在《财政部 PPP 合同指南》第 2 章第 1 节规定："在我国，PPP 项目合同通常根据政府职权分工，由项目所在地相应级别的政府或政府授权机构以该政府或该授权机构自己的名义签署。"从这些监

① 林明锵：《台湾 BOT 的制度缺陷与修法建议》，《月旦裁判时报》，2015 年第 36 期，第 53 页。

管文件的表述看，在我国的 PPP 合同中，社会资本相对的一方主体必然是作为公共管理机构的政府。

当然，政府方可以两种不同形式出现：行政机关或者政府授权的实施机构。政府一方作为合同主体的选择，财政部和发改委分别给出了不同的范围。根据“财政部 113 号文”第 10 条，有关职能部门或事业单位可直接作为政府一方的合同主体；根据“发改委 2724 号文”的规定，行业管理部门、事业单位、行业运营公司或其他有关机构都可以作为政府授权的实施机构。事实上，“发改委 2724 号文”已经对财政部和发改委先前颁布的指南作了实质性的修改。政府一方的主体，已经不仅仅局限于行政机构或事业单位，特殊的商业机构事实上也可充任授权的实施机构。这些特殊的商业机构，要么是行业运营公司，要么是按企业方式实质运作的其他非企业单位或事业单位。按照《民法典》的规定，行业运营公司、按企业方式实质运作的其他非企业单位或事业单位都是独立的民事主体。如此操作，接受政府授权而代表政府实施 PPP 公共产品的主体是独立的民事主体。

行政机构主体直接作为 PPP 项目的合同主体是我国目前 PPP 模式的主要签约方式，而在交通、土地开发、医疗卫生、教育和文化领域以事业单位、行业运营公司作为政府方主体的案例较多。在现实中，很多地方还特别以地方政府投融资平台公司的形式去推动。重庆市前任市长黄奇帆在撰写的《城市管理者要心中有“数”》一文中提出：“发挥好投融资平台的作用。搞 PPP 融资谈判，与外资、民资合作发展混合所有制经济，不能与政府机构直接混合，而应由政府委托的法人介入。因此，地方政府投融资平台依然有其存在的价值。”[①]巴西联邦政府在《政府和社会资本合作(PPP)法案》中规定，专项基金、公共基金会、国有企业、混合所有制企业以及被联邦政府或者州政府直接或间接控制的经济实体均可以代表公共部门。[②]在现实中，很多地方政府计划未来在某个特定领域推行政府公共服务供给的 PPP 模式，专门设立政府行业公司或者平台公司。

在现实中，PPP 还存在政府与社会资本共同出资成立特殊目的公司即项目公司，以项目公司去实施公共服务供给的模式。在该模式中，政府与社会资本的关系发生在两个层面：一是项目公司内部，政府和社会资本主体分别作为该公司的股东而存在，合作关系分别体现在投资协议及公司章程中；二是项目公司外部，政府作为合同的授予者与合同实施的监管者与特殊目的公司发生关系，特殊目的公司作为政府监管的对象而存在，政府对社会资本的监督必须依赖于特殊目的公司这

① 新浪财经：《重庆市长黄奇帆撰文：城市管理者要心中有“数”》，http://finance.sina.com.cn/review/hgds/20140529/114319264502.shtml，最后访问时间：2016 年 5 月 14 日。

② See Welber Barral and Adam Haas，Public-Private Partnership (PPP) in Brazil，41 Int'l Law，Vol. 957，2007，p. 963.

个特殊载体而间接实现。

### （二）基于商法思维的初步评价

在上述三种政府方的主体形式中，政府与社会资本合作中对商法机制的运用形式及商业思维的运用程度有所不同，并且，后两种模式是对第一种模式的改良。

行政机构主体直接作为 PPP 项目合同主体的模式，主要基于政府监管便利的角度而呈现。该种方式的优势在于，有利于政府部门直接参与到与社会资本方的协商共议，方便政府部门表达合作目的、了解社会投资方的利益取向；有利于政府对基础设施和公共服务的质量全面把控，提高 PPP 项目的运作效率。但是，基于最有效实施管制的思维也导致了对商事思维的弱化。无论是政府机关的监管活动，还是政府机关的商务合作行为都直接针对社会资本主体而展开，二者之间没有任何间隔。商务合作中本与社会资本出于平等地位的政府事实上可以借助于监管活动的强势而影响商务合作关系。行政机构直接作为合同签约主体的方式是典型的公法角色和私法角色混合，既要作为合同主体履行权利和义务，又要对 PPP 项目的全过程进行监督和管理，这很难保持角色之间的平衡。由于 PPP 项目具有周期长和规模大的特性，在运行过程中容易产生政府部门与社会投资方的矛盾。处于优势地位的政府部门可能利用自己的权力改动合作规则，将矛盾推给处于弱势地位的社会资本方。另外，政府部门在履行监管职责时可能会对社会公众的诉求回应不够充分，导致项目运作具有一定的封闭性。[①]

事业单位特别是行业运营公司直接作为 PPP 项目合同主体的模式，在形式上较好地间隔了政府的监督角色与商务角色。在此类 PPP 合同中，代表政府一方的民事主体与代表社会资本一方的民事主体完全可以在私法的语境中按照私法逻辑展开磋商和合作。政府的监督角色与被政府授权机构的私法主体之间分开，政府的监督可能被具体执行该事务的主体的私法色彩所掩盖，政府监督主体角色与合同参与主体角色之间的矛盾似乎得到解决，合同内容的公平、公正性在实践中得到最大限度的发挥。

政府与社会资本共同出资成立项目公司的形式则利用项目公司内部治理机制间隔了 PPP 项目具体事务执行中政府的监督角色与商务角色。也就是说，在该种模式下，社会资本方在合作合同关系中与监督关系中的地位并不相同。在前者，社会资本主体与政府是作为股东而存在的，该合作关系可能并不涉及政府的监管；在后者，社会主体方并非是 PPP 项目中政府监管活动中的受监管对象，受监管的是特殊目的公司而不是社会资本主体，社会资本主体所受到的影响必须依托于特

① 段绪柱：《公私合作制中的政府角色冲突及其消解》，《行政论坛》，2012 年第 4 期，第 43 页。

殊目的公司的内部运行机制来实现。在这个模式中，由于多一层特殊的商事机制，政府监督主体角色与合同参与主体角色的间隔要更加清晰。

## 三、行政权力与权利转化的协调方式

### （一）行政权力现状梳理——以监管权为代表

PPP 中政府监管主体角色的实现依赖于监管行为，合同主体角色的实现依赖于合同行为。因此，政府监管主体角色与合同主体角色之间冲突的协调需要依赖于对监管行为的理性设计、合同行为的理性设计以及对监管行为与合同行为之间关系的理性设计。将政府的监管权与民事权利统统规定至合同之中，进一步划分界限是一种有效的解决途径。这三种任务最终将依赖 PPP 合同条款的理性设计而实现。行政权力与权利转化的协调路径将从两个方面展开：

其一，明确突出 PPP 合同的民商事属性。事实上，此种处理路径的前提是将 PPP 作为民商事合同来对待。我国监管部门的政策也已经明确地表达了该思想。“国办发 42 号文”明确提出的“合理确定合作双方的权利与义务”的具体要求以及“重诺履约”的基本原则。《发改委 PPP 合同指南》在其“使用说明”中明确指出：“强调合同各方的平等主体地位。合同各方均是平等主体，以市场机制为基础建立互惠合作关系，通过合同条款约定并保障权利义务。”《财政部 PPP 合同指南》的“编制说明”中也明确指出，“PPP 从行为性质上属于政府向社会资本采购公共服务的民事法律行为，构成民事主体之间的民事法律关系。”同时，该指南关于将“仲裁”列为争议解决方式的规定更突出了 PPP 合同的民事属性。众所周知，只有特定的民商事合同可以采用仲裁的争议解决方式。

其二，对国家监管权作合同条款的内化处理。《发改委 PPP 合同指南》中第 6 条第二点规定正是该种思维的很好体现。该条规定，“项目合同应明确政府主体拥有以下权利：(1)按照有关法律法规和政府管理的相关职能规定，行使政府监管的权利。(2)行使项目合同约定的权利。”根据该指南，关于政府在投融资监管、前期工作监管、建设期监管、运营期政府监管和财务监管职能涉及的监管主体、内容、方法和程序等，均应在合同中予以明确。当项目合同明确政府按照有关法律法规和政府管理的相关职能规定而行使政府监管的权利后，作为监管主体而享有的监管权被内化为合同条款，转化为作为商务合同主体的合同权利。在监管实践中，政府对这些监管权的实施必须符合合同的规定，否则将构成违约。因 PPP 法律的滞后性，在项目合同中清晰参与各方的权利义务将更具有约束力，并且对于项目的顺利完成及实现国家的监管和保障责任具有独一无二的作用。当然，政府事实上可以基于合同机制去强化监管，甚至将一些法律法规没有明确的政府监管写入 PPP 项目合同中，从而转化为政府的权利义务，约定相应违约责任的承担处理方式。

### （二）基于商法思维的初步评价

在将PPP模式作为与社会资本主体实施的商事交易、商事行为后，将PPP项目合同定性为民事合同，关注合同条款设计并且在合同中限制行政监管权则是顺其自然的举措。在作此种处理后，行政机关作为监管主体的监管权被转化为作为商务合同主体的民事权利，行政机关的角色被单纯化，与社会资本主体之间的平等地位由此得以彰显。在限制行政机关的监管权上，基于民事合同机制的行为路径还具有两个明显优势：

其一，限制行政监管执法的随意性。我国现有法律法规及相关规范性文件对PPP项目监管权的规定过于笼统、模糊，几部法律法规也存在一定的冲突，致使PPP项目的法律适用成为又一法律难题。[①] 法律的不完备性将引发PPP项目行政监管中自由裁量的随意性。对此，可借助于合同设计来补正。比如针对监管文件仅正面规定明确监管主体、内容、方法和程序等事项，而没有设计监管过程中责任的分担及相应法律后果的局限，[②]经过政府方及社会资本方充分磋商的具有完备性的PPP合同可以对责任分担加以详细规定。

其二，增加社会主体救济行动的有效性。如果不能建立起政府与社会投资方相互博弈、相对制衡的权利义务关系，依然会导致政府角色的混乱。在合同有明确规定的情况下，政府机关以行使监管权为名的可能侵权行为的认定以及违约责任的确定较为容易。最为重要的是，在将PPP合同处理为民事合同之后，社会资本主体可以有效利用民事诉讼中特有的对抗机制来对抗政府方，而消除行政诉讼机制中的某些不足。此外，诉讼机制的选择也有正面价值。如果因为监管不力等政府原因导致PPP项目停滞，损害了社会资本方的利益，通过诉讼的方式来解决是PPP项目争议解决的方法，有利于制约政府在PPP项目中的权力滥用，让社会资本方拥有与政府方博弈的法律武器。在PPP合同将监管权处理为民事合同条款后，围绕监管权条款违反的诉讼程序选择难题将变得较为容易。若政府因法律法规明示的PPP项目中享有的监管权没有行使到位而产生的纠纷，是可以被认定为行政行为，交由行政法庭受理的。若合同中某项监管被约定为政府享有的权利义务，或被作为交易的内容，则应当被视为民事部分由民事诉讼解决。

当然，即使基于商事思维去分析PPP中政府监督主体与合同主体的角色冲突问题，行为路径也存在一些待解问题。比如，合同本身的不完备性。PPP项目的规模大、工期长，动态因素层出不穷，合同本身不可能对这些所有问题作出完备设计，

---

① 谭敬慧：《政府PPP项目七大法律难题》（上），《中国政府采购报》，2016年1月15日。

② 徐向东：《PPP项目实践的十大法律问题》，《东方早报》，2014年12月2日，第9版。

因此在监管方面的具体化也如此，比如监管权转化为合同条款的范围边界。政府对PPP项目实施主体的行为进行监管是基于公共利益维护目的而产生，不同时代、不同地区、不同领域中公共利益地的具体要求不相同，政府监管的视角、方式和程度也不一致。政府监管权的条款化转化意味着这些权利被作为磋商和交易的对象。然而问题是，是不是所有的均能被交易？就此而言，是不是所有的监管权都能够处理为合同条款还存在争议。再如监管权合同条款化的效力争议。从表面上看，政府对PPP项目实施主体行为进行监管的规定是管理性规定，按照合同法理论和实务发展的观点看，即使违反了这些规定合同条款也不是无效的。但是，关于法律行政法规强制性规定区分为效力性与管理性的理论本身带有局限，而在个别方面牵强地适用该规则来处理合同条款的效力争议、无视公共利益的特殊性和保护的必要性，也将带来混乱。

### 四、主体路径与行为路径[①]之间的选择

在政府监管角色与合同主体角色冲突的协调上，行为路径较主体路径有明显优势。从商法基本原理看，虽然商事主体制度与商事行为制度是商法的两大支柱，随着社会的演变商法典的内容也逐步演变为主要由主体法特别是企业法构成。但是，从商业运行基于主体实施的行为这一简单逻辑看，行为制度应成为商法中最基础的制度。PPP制度也如此，我们应回到交易行为的本质去予以审视。

首次，在PPP模式中，各方主体的利益关系以及利益的实现最终通过行为来实现，主体只是实现该利益的一种形式。其次，回到PPP模式的交易行为路径，我们更容易去关注该商业活动的私法性质以及PPP合同的民事属性。而主体路径，无论是传统的行政机关主体模式还是被授权的商业单位或行业公司主体模式，PPP合同本身的法律属性争议明显存在。一方当事人是行政主体，涉及的内容是公共服务，公法合同的属性相当明显。即使是在政府与社会资本主体合作设立项目公司的形式中，虽然公司设立可以容易归入私法活动，但授予项目的PPP合同中一方当事人是行政主体、涉及的内容是公共服务的本质特征依然没有改变。在行为路径中，合同本身可以对属性进行明确界定。在上述主体路径中的设置项目公司模式中，最后价值的部分在于该公司中政府方与社会主体方的股东关系上，而该关系也是基于行为原理特别是民事行为原理去展开的。最后，主体路径虽然利用了私法机制，但最终不是依赖私法机制，私法关系与公法关系的并列依然存在，只是在不同模式中的表现不同而已。合同行为路径则不同，该模式通过将政府监管职权进行条款化处理的方式，将政府监管职权的行使从公法问题转化为私法问

① 主体路径为上述行政主体分离的协调方式简称，行为路径专指行政权力与权利转化的协调方式。

题。事实上，政府监管权最终可以通过单方解除权、价格控制权以及质量监督权等单方特殊及合同权利的方式来实现。①

世界银行将 PPP 模式分为管理与租赁合同、特许经营合同、私有化与新建项目四类。其中，管理与租赁合同、特许经营合同、私有化三种涉及私人主体从现有国有经营主体获得的经营权，一般不需要再单独设立政府与社会投资主体的特殊目的公司作为合作的平台；新建项目则涉及新型基础设施的建设、营运，比如 BOT、BT、BOO 等，该模式存在由政府与社会投资主体设立特殊目的公司作为合作平台的必要。就实施领域看，PPP 模式主要用于基础设施建设及公共服务。②由政府与社会投资主体设立特殊目的公司的运行实践，多存在于服务于基础设施建设的 PPP 模式中。而在其他公共服务的 PPP 模式中，单独合资设立合作平台的案例相当少。因此，就涵盖范围而言，主体调适路径有明显的局限，相对而言，行为调适路径具有全面性。从发展历史看，PPP 模式起源于公共服务领域，基础设施建设中的运用是于近 20 年开始盛行的。政府提供公共服务是永恒的任务，而基础设施建设带有时代性。所以，就解决政府监管角色与合同主体角色冲突的社会需求而言，公共服务 PPP 领域要比基础设施领域长远得多，从覆盖面具有局限性的主体调适路径转向具有全面覆盖性的行为调适路径的社会必要性是显而易见的。

当然，这不意味着在政府监管角色与合同主体角色冲突的调适上，行为路径不存在局限，选择行为路径就能够解决所有问题。我们只是强调，行为路径比主体路径要理性一些。并且，在选择行为路径之后，我们还要优化该路径，并且从其他方面入手去解决行为路径无法面对的问题，防止政府角色的错位。

从上述讨论中，我们可以得到一定的思考和启示。对政府双重角色冲突的调适，无论是理论界还是实务界都在努力探索。但在很多关于 PPP 模式、PPP 合同的市场机制本质的研究中，提出的建议多表面化或者个案化。就实施机制而言，实务中调适路径有主体与行为两种模式。但通过深入思考会发现，仅主体机制与行为机制本身可能不能解决深层次问题，况且主体机制也不适应 PPP 模式的所有领域。我们认为，PPP 中政府角色冲突的调适应当将 PPP 机制回归到商业本质中去考虑。

从最终实现的形式来看，无论是在基础设施领域的 PPP 项目还是在公共服务领域的 PPP 项目最终都以合同的方式出现。基础设施领域的 PPP 项目多表现为 BOT 合同，公共服务领域的 PPP 项目几乎是特许经营合同。对社会资本主体而

---

① 王东：《PPP 主体关系中的政府：角色定位与行为机制框架》，《中国政府采购》，2015 年 3 期，第 75 页。

② 在我国，国家发改委与财政部之间在 PPP 推进中的职权划分历来有争议。2016 年 7 月 7 日国务院会议明确将 PPP 的实施领域区分为基础设施与公共服务，规定由发改委负责能源、交通运输、水利、环境保护、林业和重大市政工程等“6+1”个基础设施领域 PPP 的推进，由财政部负责公共服务领域中 PPP 的推进。

言，PPP是一种特殊的商务活动，参与BOT合同、特许经营合同相当于是从事特殊的商业活动。

就法律关系而言，社会资本主体与政府或者政府委托的机构都是特殊的商业主体，经营BOT或特许经营是特殊的商业行为，合同规则是特殊的商事行为规则。无论是公共利益还是监管，都成为交易关系的内容，相应的规则都是商法的特殊内容或者合同法的特殊内容而已。不能够因为涉及公共产品、合同当事人一方涉及政府机关，就将PPP的本质定性为行政法、公法问题。

虽然国内的很多研究特别是公共管理、经济法的研究多从公权、公共监管的视角去考察PPP的特殊性和法律问题，但是，我们可以转换思路，从商事思维、商事法律思维的角度去分析PPP，去剖析PPP中政府角色冲突的调适问题。对于协调政府角色冲突的所谓主体机制与行为机制，也可以从商法的角度予以评析。

## 第三节 PPP模式中政府权力之规范

公法路径的主要保护手段是运用行政职权对PPP市场予以干预和调控，从而达到保护社会资本利益的目的。政府利用行政职权本身是一项高效而有力的管控手段，在证券市场、房地产市场等均展现出有效成果。然而，源于PPP模式的特殊性，政府担任双重角色的冲突对社会资本利益保护提出了挑战。但是，一项制度在国家的实行离不开政府的监管与调控，政府公法角色的扮演也无法抹灭。应当凭借限制政府权力、落实政府责任的两条思路，在PPP模式的立法和政策之中设计相关条款，平衡政府多重角色的冲突，保障社会资本方权益。在公法视角下的PPP模式，最重要的是关注政府行为的实质合法性与程序正规性。①

### 一、政府监管权的理性界定

PPP模式作为政府提供公共产品、履行公共服务职能的一种形式，为保护公共利益，政府必须享有监督权并负担起监管职责。监管是一项行政机构制定并执行的直接干预市场机制或间接改变企业和消费者供需决策的一般规则和特殊行为。② 它的目标在于一方面确保生产或运营的可持续性，保证企业的资产安全和回收成本，一方面增进项目运行中公平与效率的有机结合。③ 政府监管在PPP项目中主要体现在准入监管和绩效监管，准入监管包括立项监管和对社会资本方的

---

① [美]朱迪·弗里曼：《合作治理与新行政法》，毕洪海，陈标冲译，商务印书馆2010年版，570页。

② [美]丹尼尔·F.史普博：《管制与市场》，上海三联书店、上海人民出版社1999年版，第45页。

③ 中国基础设施产业政府监管体制改革课题组：《中国基础设施产业政府监管体制改革研究报告》，中国财政经济出版社2002年版，第13页。

选择监管,绩效监管主要表现在对项目质量、服务水平、价格和财务方面的监管。[①] PPP模式中,监管是政府职能转变后主要履行的职责之一,监管权应处于PPP模式中行政职权的核心地位。政府在PPP模式中既是监管方,又是履约一方,在项目实践中兼具“裁判员”和“运动员”的双重角色。为有效行使政府方在PPP模式中的公权力,应当理性界定此种监管权。

### (一)政府监管权的显性调适

“明确监管机构的组织结构和职能,这是‘监管者’最基本的要求。没有法律意义上的约束,监管机构就存在滥用自由裁量权的动机。”[②]针对政府监管的问题,应当尽快建立政府PPP项目权力清单制度。作为社会资本方,在国家重大项目的建设中本身处于信息不对等的弱势地位,再加上政府既是监管者又是交易者的角色冲突,不利于双方形成真正相互制衡的权利义务关系。在政府PPP项目权力清单的建设之初,我们应当考虑:第一,政府签约主体是否拥有这项权力,国家级、地方级的政府方监管职权如何分配。可能出现的情况是根据法律法规上级政府拥有监管权,然而真正签约的下级政府并没有这项权力,但在实施过程中,签约的下级政府仍然履行这项职权,这些情况社会资本方及公众都无法获知。第二,如果政府一旦越权或没有尽职行使监管权,如何明确政府方的责任范畴以及以何种方式追究政府方的相关责任。我国政府PPP项目权力清单制度的具体做法可以包括对各项行政权力确定名称、界定内容,明晰权力边界,将其法定程序绘制成相应的“流程图”,固化权力运行流程,并公示权力的运行过程和结果。[③]届时,社会资本方可对照已公布的权力清单,与政府共同协商条款所涉及的权利义务范围,既能保证PPP项目合同的有效性和项目运行的效率,又能合理地保护社会投资者的利益。

### (二)政府监管权在PPP模式中的梳理

监管权是行政机关依法享有直接限制市场主体的权利或者增加其义务的权力,它是一项主动式执法,在有害行为尚未发生之时进行制止,对违法行为及时惩罚。[④] 目前,PPP项目中政府的监管权主要来自《招标投标法》《政府采购法》《中华人民共和国会计法》(以下简称《会计法》)、《中华人民共和国税法》(以下简称《税法》)等国家层面的法律之中。

《招标投标法》与《政府采购法》对项目监管的主体、内容和结构作出了充分的

---

① 王守清、刘婷:《PPP项目监管:国内外经验和政策建议》,《地方财政研究》,2014年9期,第7-10页。

② 余晖、秦虹主编:《公私合作中的中国试验》,上海人民出版社2005年版,第281页。

③ 胡税根、徐靖芮:《我国政府权力清单制度的建设与完善》,《中共天津市委党校学报》,2015年1期,第71页。

④ 盛学军:《政府监管权的法律定位》,《社会科学研究》,2006年第1期,第101页。

说明。依据《政府采购法》[①],政府采购的监督部门为各级人民政府的财政部门；而在《招标投标法》中,各级发改委负责指导和协调招投标工作,监管权则散布于各个部门,自监自管。[②] 其次,根据《特许经营管理办法》第 8 条、《招标投标法实施条例》第 4 条[③]、《关于国务院有关部门实施招标投标活动行政监督的职责分工意见》第三点,县级以上地方人民政府的发展改革、财政、国土、环保、住房城乡建设、交通运输、水利、能源、金融、安全监管等有关部门,工业(含内贸)、铁道、民航、信息产业等行业主管部门其他有关部门均有权对 PPP 项目相关环节进行监管。除此之外,政府监管权仅分散在 PPP 模式有关的政策性文件之中。财政部主张各级财政部门对 PPP 项目的价格、质量监管,集中在采购环节、合同履行环节,[④]发改委侧重于强调监管的具体时期,投融资监管、前期工作监管、建设期监管、运营期政府监管、财务监管,并强调在合同中明确监管主体、内容、方法和程序。[⑤] 由此可见,我国目前形成的是发改委和财政部主要负责 PPP 项目的统筹和管理工作,其他职能部门在各自领域各负其责的局面。PPP 项目监管权被分割在不同的监管机构,呈现出过于分散的现象。

首先,由于缺乏 PPP 统一的主管机构,发改委和财政部争相作为 PPP 模式的牵头部门,在 PPP 项目法律适用上首先产生了分歧,二者各自出台的政策文件中分别说明监管细则,均导致监管主体混乱,交叉监管、监管缺位的现象频繁出现。其次,统一的监管权被分割在产业监管机构与其他综合部门之间,监管能力因监管权分割受到严重制约,也加大了政府的监管成本,降低了监管效率。[⑥] 最后,关乎监管内容的描述过于宽泛,并多数集中在项目的前期,对项目中后期的监管说明过少,对于监管的限度也无具体原则性的说明。另外,《PPP 条例征求意见稿》虽然提

---

① 《政府采购法》第 13 条：各级人民政府财政部门是负责政府采购监督管理的部门,依法履行对政府采购活动的监督管理职责。各级人民政府其他有关部门依法履行与政府采购活动有关的监督管理职责。

② 《招标投标法》第 7 条：招标投标活动及其当事人应当接受依法实施的监督。有关行政监督部门依法对招标投标活动实施监督,依法查处招标投标活动中的违法行为。对招标投标活动的行政监督及有关部门的具体职权划分,由国务院规定。

③ 《中华人民共和国招标投标实施条例》(以下简称《招标投标法实施条例》)第 4 条：国务院发展改革部门指导和协调全国招标投标工作,对国家重大建设项目的工程招标投标活动实施监督检查。国务院工业和信息化、住房城乡建设、交通运输、铁道、水利、商务等部门,按照规定的职责分工对有关招标投标活动实施监督。县级以上地方人民政府发展改革部门指导和协调本行政区域的招标投标工作。县级以上地方人民政府有关部门按照规定的职责分工,对招标投标活动实施监督,依法查处招标投标活动中的违法行为。县级以上地方人民政府对其所属部门有关招标投标活动的监督职责分工另有规定的,从其规定。财政部门依法对实行招标投标的政府采购工程建设项目的政府采购政策执行情况实施监督。监察机关依法对与招标投标活动有关的监察对象实施监察。

④ 参见“财政部 76 号文”第 1 条,第 3 条第三款,“财政部 113 号文”第 28 条。

⑤ 参见“发改委 2724 号文”附《政府和社会资本合作项目通用合同指南》。

⑥ 朱慈蕴、李响玲：《基础设施特许经营与政府监管》,《月旦财经法杂志》,2009 年第 16 期,第 120 页。

出建立 PPP 项目的联审机制，仅简单地给出了联审内容的建议，对于如何建立联审机制，由谁主导，各部门分别负责的环节均没有后续解释。上述文件的不足不仅影响了 PPP 项目的正常建立与运行，拉低了社会资本方的建设效率，有损于社会资本方权益保护，对于政府部门也会产生资源浪费、项目风险增大的消极作用。

### （三）细化监管政府行为的规范

当前，在我国现有关于 PPP 模式的法律政策及 PPP 协议的约定条款中，对于"监管"一词的规定并不在少数，然而都是针对政府方对社会资本方的监管，具有单向性。政府方作为 PPP 模式中与社会资本方处于平等法律地位的合作主体，对于政府方的责任由谁监督，由何种方式监督均无涉及。政府习惯于保持长期处于高高在上的监管主体地位，面对 PPP 模式的权利义务平等原则只是停留在纸上，在现实中政府依然保留一定的行政职权而处于项目的强势方。

以政府监管为例，在多项 PPP 模式重磅文件中，对政府方的监督处理的反向措施以及政府信息公开的条款仅仅是只言片语，并且多是对于政府监管决定不服后社会资本方可采取的司法救济，并不是对政府行为本身的监督。再加上以上条款仅仅停留在指导性文件之上，对于在 PPP 模式中政府行为的监管事宜在理论层面和实践层面鲜有落实，甚至没有引起学界和实务界的重视。"公共行政管理机关的任务由政策预先规定，以至于行政管理机关会多少拥有一定的自由裁量空间。这样，在所谓落实政策的范围内，它将其自身承担的任务具体化，并经常间接地完成，以至于民主监督很难掌握它。"①

政府任务本身具有一定的隐秘性和垂直型，社会公众对其的知晓程度有限。政府作为公法主体的不当自由裁量行为可能导致对私法主体合理利益的抑制。在 PPP 模式中，一是项目的质量与安全关乎国计民生，离不开政府的监管，但同时政府在项目中的行为也离不开大众的监管。二是社会资本方与政府方处于平等的合作关系，监管权应当具有双向性，而不同于传统的公私合作项目。

## 二、政府介入权的合理定位

除政府监管权之外，介入权作为政府所享有的行政特权，是 PPP 模式中行政特权重要表现手段之一。PPP 项目的精髓在于政府将原本完全由自身全程负责的基础设施和公共服务的建设交由符合条件的社会资本方操作，由社会资本方根据 PPP 协议内容具体负责项目从融资到移交的过程，并承担相应的责任。介入权以保障项目公共安全的角度出发，结合 PPP 项目的特殊性，多为关乎国计民生的重

① [瑞]昆诺·谢德乐、[瑞]伊莎贝拉·普鲁勒：《新公共管理》，中国高级人事管理官员培训中心组织译，党建读物出版社 2006 年版，第 53 页。

大项目，政府介入权的设立和行使的确存在必要性。如果公私双方单纯通过合同救济方式来解决项目中所面临的紧急问题，时效性和有效性不能得到确保。同时，在一定程度上介入权也成为政府对项目进行干预的工具。介入权的行使必须妥当适度，否则必然会对 PPP 项目的顺利运作带来消极影响。

### （一）政府介入权的公法属性

首先，政府介入权行使的目标具有公益性，是基于公共利益的维护而产生的。在前述各国对介入权的描述中，无论是出于对公民人身安全的考虑，还是对集体财产甚至国家安全的考虑，介入权所保护的对象都是公共利益，介入权并不是政府维护自身利益的工具。在 PPP 项目中，政府介入权在一定程度上是保持公共利益和私人利益的平衡的支点。财政部于 2014 年出台的《PPP 项目合同指南（试行）》中，将政府可介入的情形分为项目公司未违约的情形和项目公司的违约情形两大部分来规定，在项目公司未违约的情形下，政府方的介入要由政府承担一定的法律后果，从而保障项目公司的应得利益不受损害，例如由政府方负责承担因介入产生的额外费用以及免除项目公司因介入导致其无法开展的工作等。相反，在项目公司违约的情形下，政府方介入后的消极法律后果多由项目公司负责。①

其次，政府介入权具有强制性和单一性。国家行政权是公法治理的有效前提之一，政府介入权应当是国家行政权在 PPP 模式中的具体形式。政府介入权在 PPP 项目中具体包括命令、临时接管、制裁和解除，②每一项都带有行政强制力的表现形式。当项目运作中发生特定情形时，政府介入仅按照约定提前通知项目公司的情况下，就可以强制执行，无须经过其他报批程序。也就是说，社会投资方的意思表示不能拘束和影响政府介入权的实施。另一方面，当 PPP 项目中出现了政府应当介入的情形，如发生了危机公共利益的紧急情况，尽管《财政部 PPP 合同指南》表明“介入权是政府一项可以选择的权利”，但是政府在上述情况下不得放弃行使该职权，同样也彰显出其强烈的强制性特征。

最后，政府介入权是行政自由裁量权。“政府行使介入权是自由裁量的行政措施，自由裁权是政府介入权的依据。”③在《财政部 PPP 合同指南》的规定中，虽然已

---

① 财政部关于印发《政府和社会资本合作项目财政管理暂行办法》的通知（财金〔2016〕92 号）第 26 条也有相关规定：社会资本方违反 PPP 项目合同约定，导致项目运行状况恶化，危及国家安全和重大公共利益，或严重影响公共产品和服务持续稳定供给的，本级人民政府有权指定项目实施机构或其他机构临时接管项目，直至项目恢复正常经营或提前终止。临时接管项目所产生的一切费用，根据合作协议约定，由违约方单独承担或由各责任方分担。

② 陈凯明：《公私合作中政府介入权的性质及其规制》，《莆田学院学报》，2016 年第 3 期，第 28 页。

③ 朱蕾、袁竞峰、杜静：《基于 PPP 合同行政属性的政府介入权研究》，《建筑经济》，2007 年第 10 期，第 93 页。

经分类划定了政府可以介入的情形,但例如“常见的情形”的规定,因此,当不常见的情形出现时,政府仍然存在行使介入权的可能性。然而,不常见情形在文中既没有相关阐述,其外延本身也很难确定。再如,在项目公司违约情形下,“政府方认为有可能需要介入”的表述,将是否介入的决定权完全交由政府方判断和选择,在没有相关法律法规的规制下,政府方选择的余地和幅度相当大。作为处于平等法律地位的合同当事人,政府的此项权力明显超出了合同权利的范畴,具有鲜明的公权性质。同时,介入权的自由裁量特征,如果不加以规制,一方面,很容易造成政府方以合理使用为名,滥用介入权,对社会投资方进行合法的侵害,严重打击社会投资方参与PPP项目的积极性;另一方面,更容易助长政府方在PPP模式中的强势气焰,从而打破项目本来就不易维持的主体间平衡。既然政府介入权的公法属性无法改变,那就可以用设置前置条件的方式严格设定政府介入权行使的实体条件和程序条件(启动程序、实施程序、终止程序),从而减小损害,在制度层面保证社会资本方的利益不受侵害。①

**(二)政府介入权规范的比较分析**

英国的《PFI标准合同》第四版和南非《标准PPP规定》2004年版对政府介入权“step-in”有较明确并完整的定义。英国《PFI标准合同》第4版第29条指出:“在某些情况下,如果存在与健康、安全(个人或者资产)或环境有关的严重风险,政府部门希望就此采取行动去减轻或阻止这种风险,或者是为了履行法令性的责任。项目公司工作范围之外的其他事项或者由于项目公司违反合同规定的某些义务,是政府介入权设立的原因。”②

南非《标准PPP规定》第72条规定:“该机构可能希望有权采取紧急行动避免公众关注的基本问题出现严重威胁(例如公共卫生、人民或者财产的安全、国家安全或者环境)或者履行法定职责。政府部门拥有这项权利是源于针对项目以外或由于私营方违反PPP协议中的义务所发生的事项的处理。”③在我国PPP项目的实施过程中,政府介入权的行使已十分多见,但在文本规定中,仅在《财政部PPP合同指南》第17节第二款有所描述,④其余文件几乎没有对政府此项特殊权利进行任何交代。

对比英国、南非和我国关于政府介入权的规定,不难看出,我国大部分条款的

① 邢钢:《PPP项目中政府介入权法律问题研究》,《比较法研究》,2018年第2期,第178-183页。

② Hm Treasury: Standardisation of PFI Contracts Version 4 March 2007.

③ National treasury: Standardised Public-Private Partnership Provisions 11 March 2004.

④ 《财政部PPP合同指南(试行)》第17节:在一些PPP项目合同中,会赋予政府方在特定情形下(如紧急情况发生或者项目公司违约)直接介入项目实施的权利。……政府方的介入权通常适用于发生短期严重的问题且该问题需要被快速解决、而政府方在解决该问题上更有优势和便利的情形。

设计都是在效仿他国的已有规定，无论是从形式分类还是内容描述，都没有发挥自身的独创性。相比上述两国，我国关于政府介入权的规定囿于起草时间的紧迫或是篇幅的限制，在内容上还相对薄弱，[①]在制度设计上考虑得不够全面。从文件中对项目公司未违约的情形下来看，首先，第一项和第三项规定有所重复，只是第三项设置了更多的条件限制。其次，第二项规定使人费解，政府在此处的法定责任是指什么，为什么要通过介入权来解除或行使政府的法定责任，介入权会不会成为政府为了解除或推卸法定责任的手段？最后，对于紧急情况的认定，文件中并没有做出详细的解释。紧急情况在我国不同的法律场合含义不同，[②]在PPP模式中，紧急情况究竟应当如何界定，应当增添相关说明予以进一步补充。以上诸多问题的不明确拉大了公私双方在地位上的悬殊差距，政府介入权的有效行使，需要官方引起重视，给出合理解释或作出相应修改。

法国行政法当中有一条"契约外政府强制行为理论""是由共同签约人对立的政府机关行使特权造成的。当公权力的行为使履行契约的条件恶化时，政府有义务给予共同签约人补偿，而且要全部补偿，补偿额要与所受损失相等。"[③]

## 三、社会资本方选择的正当程序

### （一）法律政策梳理

#### 1. 法律层面

根据《招标投标法》第3条规定，我国境内进行大型基础设施、公用事业等关系社会公共利益、公众安全的项目，包括项目的勘察、设计、施工、监理以及与工程建设有关的重要设备、材料等的采购，必须进行招标。《政府采购法》第2条提到是各级国家机关、事业单位和团体组织，使用财政性资金采购依法制定的集中采购目录以内的或者采购限额标准以上的货物、工程和服务的行为。第26条指出政府采购采用以下方式：(1)公开招标；(2)邀请招标；(3)竞争性谈判；(4)单一来源采购；(5)询价；(6)国务院政府采购监督管理部门认定的其他采购方式。公开招标应作为政府采购的主要采购方式。《招标投标法》对强制招标项目范围的描述，针对的

---

① 例如，在政府方决定对PPP项目采取介入权时，关于向社会资本方提前通知的规定。我国规范性文件仅陈述了政府方必须按照合同中的约定通知和行使介入权，然而在实践中，对政府介入权有所规定的PPP协议少之又少。《PFI标准合同》明确了通知中应当包括以下内容：(1)政府方希望采取介入权；(2)采取介入权的原因；(3)介入权开始实施的日期；(4)介入权实施的必要周期；(5)在可行的范围内，对社会资本方产生的影响以及在此期间社会资本方应当为公共服务提供的义务。

② 例如：《中华人民共和国安全生产法》《中华人民共和国政府采购法》《中华人民共和国国境卫生检疫法》等。

③ [法]让·里韦罗、让·瓦利纳：《法国行政法》，鲁仁译，商务印书馆2008年版，第573页。

是项目中工程建设环节；[①]而《政府采购法》是以财政性资金的使用为前提，对采购方式加以规定。《特许经营管理办法》第 15 条指出特许经营项目实施方案，应当通过招标、竞争性谈判等竞争方式选择特许经营者。特许经营项目建设运营标准和监管要求明确、有关领域市场竞争比较充分的，应当通过招标方式选择特许经营者。根据以上法律文件，社会资本方选择程序的规定有以下特点：

首先，《招标投标法》对强制招标的描述不能完全适用于 PPP 模式社会资本方选择的全部环节。PPP 项目社会资本方的选择并不限于工程建设的招标，社会资本选择的招标与工程建设招标是两个不同的概念。由国务院发布的《招标投标法实施条例》第 9 条规定，除《招标投标法》第 66 条规定的可以不进行招标的特殊情况外，已通过招标方式选定的特许经营项目投资人依法能够自行建设、生产或者提供的可以不进行招标。该条款表明：第一，特许经营项目投资人除了通过招标方式还能通过其他方式选定；第二，如果社会资本方通过招标方式选定，即可免去工程建设的再次招标。政府通过 PPP 模式引入社会资本很大程度上不仅仅是依靠社会资本的工程建设能力，更看重社会资本对整个项目的在运营管理等后续服务中所作出的贡献。[②] 例如，关于存量项目的 PPP 模式应用，多数项目工程建设已经完成，只需要社会资本方提供运营管理等服务。所以，《招标投标法》对强制招标的描述不能完全适用于 PPP 模式社会资本方选择的全部环节，仅限于 PPP 项目中需要工程建设的环节。根据《招标投标实施条例》中所暗含的可以由除招标以外其他方式选定特许经营项目的被特许人的规则，对于其中"其他方式"的范围界定该条例没有另作解释。

其次，"使用者付费"在 PPP 项目中如何适用《政府采购法》可能存在一定的疑问。《政府采购法》是以使用财政性资金采购为适用前提，然而 PPP 项目中"使用者付费"[③]的模式并没有动用财政经费，而是通过向用户收费直接补偿社会资本方的资金技术投入，目前通过使用者付费获得投资回报是 PPP 模式中社会资本方主要的回报模式。因此，"使用者付费"的 PPP 项目并不满足《政府采购法》的适用条件，不属于严格意义上的政府采购。此外，对于是否属于"集中采购目录以内的或者采购限额标准以上的货物、工程和服务的行为"，无法给出一个准确的判断。[④]

---

① 同时参见《工程建设项目招标范围和规模标准规定》及《国务院办公厅印发国务院有关部门实施招标投标活动行政监督的职责分工意见的通知》中相关规定，均得出强制招标是针对工程建设的步骤。

② 季雪颖：《PPP 项目竞争性磋商政府采购机制研究》，华东政法大学硕士论文，2016 年 4 月，第 13-14 页。

③ 使用者付费：通常用于可经营系数较高、财务效益良好、直接向最终用户提供服务的基础设施和公用事业项目，如市政供水、城市管道燃气、高速公路等。

④ 刘婧湜、王守清：《PPP 项目特许经营者选择研究——基于〈招标投标法〉与〈政府采购法〉的适用性比较》，《建筑经济》，2015 年第 7 期，第 10 页。

再次，《政府采购法》关于开标人数的规定过于严苛。《招标投标法》与《政府采购法》在关于开标时投标人数量小于三人的规定具有实质性的差别，[①]严重影响了PPP项目社会资本方遴选环节的效率及整个项目的运行成果。

最后，《特许经营管理办法》不应对所有PPP项目适用。作为部门规章的《特许经营管理办法》仅是针对特许经营者的选择，而特许经营仅是PPP模式中的一种。除了招标和竞争性谈判，对其余可遴选方式的内容并没有作出进一步说明。

综上，我国现行的法律和行政法规并不能涵盖PPP项目中所有的社会资本方选择程序，按照不同分类，对于工程建设、使用者付费之外的社会资本方选定，并未找到相关规定予以参照。关于开标时投标人规定的冲突如何判定，在国家法律层面的也并没有相应的规定和说明。

*2. 政策层面*

"发改委2724号文""财政部113号文"分别对PPP项目的伙伴选择、采购方式做出了规定，[②]财政部提出PPP项目采购可以采用竞争性磋商、竞争性谈判、公开招标、邀请招标和单一来源采购的非招标方式进行。除竞争性磋商以外，其余规定的采购方式出自《政府采购法》和《政府采购非招标采购方式管理办法》。[③] "财库214号文"、《政府和社会资本合作项目政府采购管理办法》(财库〔2014〕215号)提出的竞争性磋商，是目前我国在PPP项目领域重点鼓励采用的采购方式。

但从法律效力来看，两份文件仅属于政府的指导性文件，并无法律强制力，也没有受到法律的保护，因而竞争性磋商在我国PPP项目中的使用是否合法，如何处理因竞争性磋商产生的各类问题，需要政府尽快从国家法律层面给出参考依

---

① 《招投标实施条例》第44条：投标人少于三个的，不得开标；投标人应当重新招标。《政府采购货物和服务招标投标管理办法》第43条：投标截止时间结束后参加投标的供应商不足三家的，除采购任务取消情形外，招标采购单位应当报告设区的市、自治州以上人民政府财政部门，由财政部门按照以下原则处理：(1)招标文件没有不合理条款、招标公告时间及程序符合规定的，同意采取竞争性谈判、询价或者单一来源方式采购；(2)招标文件存在不合理条款的，招标公告时间及程序不符合规定的，应予废标，并责成招标采购单位依法重新招标。在评标期间，出现符合专业条件的供应商或者对招标文件作出实质响应的供应商不足三家情形的，可以比照前款规定执行。

② "发改委2724号文"第5条第三款：按照《招标投标法》、《政府采购法》等法律法规，通过公开招标、邀请招标、竞争性谈判等多种方式，公平择优选择合作伙伴。"财政部113号文"第11条第七款：项目采购应根据《中华人民共和国政府采购法》及相关规章制度执行，采购方式包括公开招标、竞争性谈判、邀请招标、竞争性磋商和单一来源采购。项目实施机构应根据项目采购需求特点，依法选择适当采购方式。公开招标主要适用于核心边界条件和技术经济参数明确、完整、符合国家法律法规和政府采购政策，且采购中不作更改的项目。

③ 《政府采购非招标采购方式管理办法》第2条：采购人、采购代理机构采用非招标采购方式采购货物、工程和服务的，适用本办法。本办法所称非招标采购方式，是指竞争性谈判、单一来源采购和询价采购方式。

据。此外，竞争性磋商的适用项目是政府购买服务，并没有包含特许经营、股权合作等方式进行的PPP项目；单一来源采购的使用范围也不适用于特许经营项目。最后，发改委文件主要是从伙伴选择的角度出发，而财政部文件是说明采购方式选择，两份文件同样存在重合以及遗漏的部分。由于缺乏统一的规范，在PPP项目的实际操作中如果想获得财政资金的支持，既要遵从财政部的规定适用政府采购法，又要按照财政部颁布的竞争性磋商管理办法，分别要走两条不同的流程。

### （二）民间自提（UNPs）条款及相关配套机制的运用

#### 1. UNPs框架的内涵与功能

PPP项目设计公共产品的供给，该项目实施期间长、涉及范围广的特点又增强了政府方监督以减少项目推进风险的必要。项目推进风险的发生有很多因素，社会主体资质是其中的一个重要方面。但是，控制资质只是可能减少加强政府监督的必要性，并不能有效缓解必要监督中政府监督与市场主体自主行为的冲突，而该冲突正是引发公众关注政府角色冲突的根本原因。事实上，如果社会资本方根据项目具体情况主动提出目标及实施路径等方案，在方案中设计出政府方监督的环节及事项，那么社会资本与政府之间的冲突将存在减少的可能性。在PPP实务中，社会资本方主动发起PPP项目并提出相应的具体目标及实施方案，该项操作在理论上被称作UNPs框架。UNPs在英语中是unsolicited proposal的简称，中文可称为“民间自提”，也可以是“非邀约投标”。我国政府文件中对民间自提也有所承认，称为由社会资本发起的项目方式。但对此规定在相关文件中仅有两三句介绍，对如何激励和补偿社会资本发起人、如何运作民间自提的后续流程等重要问题都没有明确的交代。[①] 在民间自提框架中，社会资本主体在由政府方发布的招标文件固定的内容之外主动提出项目构想，并作为其报价的条件。能够采用民间自提的项目通常需要满足两个条件：第一，必须是国家的基础设施类项目；第二，自提只能是针对政府现有的优先发展项目以外的项目。

在国际上，是否允许采用民间自提框架有两种不同意见。美国及经济合作与发展组织反对采用民间自提，认为该运用背离招投标的公平原则，尤其是缺乏透明度以及存在对其他潜在投标者的不公平对待；其他国家则认为，应对不同于一般的政府项目，基于有效推行PPP项目的目的可以引进民间自提。[②] 随着民间自提

---

① 参见财政部《政府和社会资本合作模式操作指南（试行）》第6条第三款、《中华人民共和国政府和社会资本合作法》（征求意见稿）第19条。

② See Sandeep Verma, Government Obligations In Public-Private Partnership contracts, Journal of Public Procurement, VOL. 10, ISSUE 4 WINTER 2010.

在世界范围内的实践时间增长，案例增多，世界上已经有超过85%的国家选择采用民间自提框架，并且为这样更透明更具有竞争性的方式设立新的法律框架已成为世界趋势。[①] 目前，国家层面对民间自提框架有比较全面的成文规定的有澳大利亚、韩国、南非、智利、哥伦比亚等国家。

民间自提相较于常规的招投标模式而言，具有以下优势：第一，有利于提高PPP项目的采购效率。私营部门主动提案，节省了政府在项目识别和项目准备的时间。通常，公共部门在前阶段的调研和决定相较于私营部门所经历的程序更为复杂，并且所需要考察的项目也很多，并不利于PPP项目的高效性。私营部门针对某一项目的主动提案更加具有专一性和功能性，以及可以加快项目的准备工作，推进项目进入到竞争性程序环节。第二，节约政府的人力和资金成本。如前所述，项目发起、项目筛选以及实施方案的编制等环节需要花费公共部门大量的人力和资金成本，民间自提的运用能够在项目准备的初始阶段为政府节约成本，完全符合PPP项目的建设初衷。另外，还能够将政府的精力节约到其他必备重大基础设施的发展建设中。第三，提高社会投资人的积极性。一方面，在全球私营部门快速成长的今天，具有创造性和专业知识的私营部门不在少数，通过民间自提的方式能够开发和利用私营部门在这些方面的资源；另一方面，通过“打开前门”的方式，让私营部门从开头就参与到项目的发起和筛选中，更有利于提高其积极性，吸引更多的社会投资者参与到PPP项目的投资建设中。民间自提有较为严格的时间顺序，由世界银行出台的关于UNPs的报告中对其时间安排有所总结（见表3）。

南非对民间自提的运用较为成熟，并且于2008年由财政部专门发布了关于UNPs备忘录，从目的和作用、考量标准、不可接受的UNPs、评价标准、采购、外部顾问的使用、UNPs的使用、过渡协议等多个方面对UNPs进行了详细的阐述和规范。[②] 该规定首先明确选择UNPs并不是政府的职责所在，只是当项目建设存在一定因素[③]时政府可以考虑采用。同样，澳大利亚新南威尔士政府于2014年公布了《民间自提提交和评估指南》，[④]旨在鼓励更多的社会投资人参与到基础设施和公共服务的投资建设中，提供更多有创造性的建设方案。该指南尤为重视参与各

① Publiv-Private Infrastructure Advisory Facility（PPIAF）：“Unsolicited Proposals-An Exception to Public Initiation of Infrastructure PPPs An Analysis of Global Trends and Lessons Learned”.

② South Africa National Treasury PPP Unit：“Standardised Public-Private Partnership provision (Standardisation)”, 11 march 2004.

③ 南非政府考虑采用UNPs的条件：(1)一个完善的相关项目的可行性报告已经形成了一个清晰的商业方案；(2)商品和服务涉及一项创新的设计；(3)商品和服务有一项对于项目发展和管理的创新方法；(3)商品和服务呈现出一项新的并且低成本效益的方法。

④ New South Wales Government：“Unsolicited Proposals Guide For Submission And Assessment”, February 2014.

方在UNPs过程中的角色认定和相应责任的分配，在第四部分分别详细列举参与方各自的职责和对应要求，[①]使得参与主体的行为规范有章可依并且班班可考，有利于在招标过程中的自我监督和社会监督。指南第五部分将整个UNPs的全过程分为四个阶段：第一阶段“提交前的概念审查”，第二阶段“初始投标和初始评估”，第三阶段“公开招标”，第四阶段“最终报价的协商”。每一阶段均由“目标”“投标人责任”“政府责任”“成果”“反馈”五大框架组成。无论对于社会资本方还是政府方，每一阶段的任务和所要达成的目标成果皆一目了然，充分展示了新南威尔士政府编纂指南的用心和细致程度。一方面，如此细分的框架内容是为了将过程中的每一个步骤精细化，参与方可以通过具体步骤的实施达到目标的完成，从而避免多余的经费消耗；另一方面，该指南规定，任何步骤的变化政府都必须与投标人协商并征得其同意。此举重要的是给予投标人在UNPs的整个过程中信心，投标人信心越足，越能够提供更加优质的标书，并且能够激发原始投标人和其他竞标者的良性竞争，促进项目最优方案的形成。

**表3　UNPs时间表**

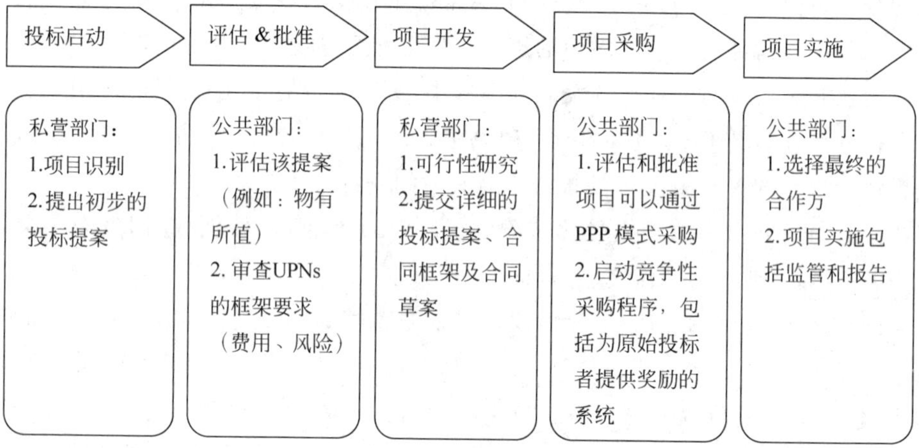

| 投标启动 | 评估&批准 | 项目开发 | 项目采购 | 项目实施 |
| --- | --- | --- | --- | --- |
| 私营部门：<br>1.项目识别<br>2.提出初步的投标提案 | 公共部门：<br>1.评估该提案（例如：物有所值）<br>2.审查UPNs的框架要求（费用、风险） | 私营部门：<br>1.可行性研究<br>2.提交详细的投标提案、合同框架及合同草案 | 公共部门：<br>1.评估和批准项目可以通过PPP模式采购<br>2.启动竞争性采购程序，包括为原始投标者提供奖励的系统 | 公共部门：<br>1.选择最终的合作方<br>2.项目实施包括监管和报告 |

2.“奖励系统”[②]与“瑞士挑战模式”[③]的衔接应用

项目进入到项目采购阶段，通过公开招标的形式选取最终社会资本方，在先前

① 参与方不是笼统的规定为新南威尔士政府(内阁)和投标者，还明确列举出包括总理内阁部、指导委员会、提案经理、评估小组、其他受影响的机构、顾问(法律、金融、技术、环保)、廉政顾问共7个角色所需负责的具体职责。

② 奖励系统(Bonus system)：在评标阶段，指原始投标者将以价格优势的方式被政府授予一种“奖励”；以及当原始投标者的报价在最佳报价的一定标准之内(通常为5%～10%)，即可中标。

③ 瑞士挑战模式(Swiss challenge)，是指当其他竞标者知晓原始投标者的报价之时，也可能会发出比其更优的报价。如果政府发现其他竞标者的报价更有吸引力，原始投标者将有机会被告知去迎合这个新的价格而达到最终中标的目的。

采用 UNPs 的基础上，采用奖励系统与瑞士挑战模式，旨在发掘与原始投标者不同并且更优的提案。同样，两项跟进机制也受到一些国家及地区的反对，例如，坦萨尼亚声称奖励系统和瑞士挑战模式类似的跟进机制人为地扭曲了竞争的公平性，尤其是奖励系统，一些国家的政府，例如智利发现中标者和投标者之间的差距总是大于奖励积分，导致奖励系统不会对最后的选择产生影响。而且，对于原始投标者的奖励是否会打击其他投标者的参与也是对该系统发挥作用的一项质疑。另外，奖励系统所面临的最主要的问题是给予其他竞标者的准备时间非常有限，该因素严重阻碍了其他竞标者在规定时间内提供高质量的有益方案，见表 4、表 5。

**表 4　奖励系统和瑞士挑战模式的优劣势对比**

| 项　　目 | 优　　势 | 劣　　势 |
| --- | --- | --- |
| 瑞士挑战模式 | 1. 对于能力有限和资金有限的政府所需的发展项目有推动作用<br>2. 能够促进改革创新和创造出新的想法<br>3. 减少交易成本<br>4. 发起人能够更迅速地获得奖励<br>5. 刺激吸引私人资本的参与<br>6. 促进除开国家优先项目的其他项目的发展 | 1. 透明度和竞争性带来的相关风险<br>2. 反提案者和原始提案者准备时间的不对称<br>3. 在没有担保的情况下原始投标者不会撤销其开价 |
| 奖励系统 | 许多国家通过制度确定奖励的额度，不仅能够简化奖励系统，并且能够防止政府在采购过程中的主观性和其他操纵行为 | 1. 奖励额度通常是由政府通过类似“拇指原则”而决定的，而很少通过科学的数据分析进行确定，从而导致原始投标人不能获得相适应的补偿<br>2. 奖励额度应当与原始投标人准备投标的前期支出相匹配，但其支出是存在变化的，并不能保证包含在 5%～10% 之内 |

**表 5　竞争性招标 vs. 瑞士挑战模式**

| 项　　目 | 竞争性招标 | 瑞士挑战模式 |
| --- | --- | --- |
| 项目的构思与计划 | 当地政府 | 社会资本方 |
| 在正式投标之前与社会资本主体的协商 | 不会 | 会 |
| 投标过程的管理 | 当地政府 | 当地政府 |
| 投标程序的费用 | 当地政府 | 如果是原始投标者竞标成功，费用由当地政府负责；其他竞标者中标，由其自身负责给费用 |
| 匹配最优报价的权利 | 没有该项权利 | 原始投标者有该项权利 |

从PPP的特殊性看，我国应允许引入UNPs。在引入的基础上，建立基于“Bonus system”或“Swiss challenge”的合理性审查机制，以防止利用该机制对招投标过程的暗箱操作；同时，要规范进入行为和政府介入行为，诸如，项目指南与招标公告中应披露是否允许以及允许使用的详细信息，将其限制在创新型项目领域，避免政府在授予合同后采用补贴等方式介入，必须补贴的也要通过公共财政机制并同等对待所有社会资本主体。[①]

---

① See Sandeep Verma, Government Obligations In Public-Private Partnership contracts, Journal of Public Procurement, VOL. 10, ISSUE 4 WINTER 2010.

# 第三章 私法路径之一：政府权力与责任之契约化安排

“国家的法的保障并非对任何基本的经济现象都是不可或缺的。”[①]对于PPP模式的庞大体系及其覆盖多项市场行为，再加上经济行为的动态性和灵活性，单纯利用公法进行规制显然是远远不足的，无法对经济活动本身和参与主体进行全方位的法律保障。相对于公法，私法对于市场交易行为的规制更加具有包容性和准确性，且更贴切关注交易主体的根本利益。“法律的目的是服务于人类的需要，私法不仅仅是关乎私人秩序的法律部门，它还是社会政策、公共利益的执行者、维护者。”[②]

尽管《行政诉讼法》将特许经营协议在内的行政合同、《行政协议司法解释》将符合特定条件的PPP合同列为行政诉讼的受案范围，但仍然存在其他PPP协议不在其范围内的法律留白。源于我国行政诉讼制度的缺陷，行政诉讼仅审查行政行为的合法性，对法律事实的关注很少，再加上行政诉讼并不适用调解制度和仲裁制度，一定程度上制约了双方在解决纠纷中的积极主动性，尤其是阻碍了对社会资本弱势方的保护。[③] 本章将通过对私法路径理论基础的分析，揭开PPP模式的商事本质，从落实政府权力和责任出发，明确私法路径的具体保护形式。

---

① [德]马克斯·韦伯：《经济与社会》(上卷)，林荣远译，商务印书馆1997年版，第373页。

② 蒋大兴：《论私法的公共性维度——公共性私法行为的四维体系》，《政法论坛》，2016年第6期，第62页。

③ 罗豪才等著：《现代行政法的平衡理论》(第三辑)，北京大学出版社2008年版，第331页。

# 第一节　私法路径适用之理论基础

## 一、意思自治基本原则之夯实

### （一）意思自治在PPP中的内涵展现

意思自治是民法的基本原则之一，也是PPP模式最能体现私法属性的重要方面。意思自治又称私法自治，是指在私法领域，人们得以依据自己的意愿，决定自己的事务以及确定彼此之间的关系。[①] 意思自治就是合同自治，即合同当事人的意思自治，包括缔约自治、履约自治、内容自治、形式自治和违约补救自治。[②] “意思自治是私法自治的核心和灵魂，是私法的最高理念，其核心是尊重当事人的选择。因而良好的私法其内容应当以尊重意思自治原则的选择性或示范性条款为主，允许适用者自主选择而尽量避免规定强制性条款，由其根据自己的判断而行动。”[③]

贯彻意思自治原则，还要避免一部分民事主体对另一部分民事主体的强制。[④] 在PPP项目的合作当中，作为民事主体的政府方，不能将自己的意志凌驾在社会资本方之上，更不能凭借自己强势地位对社会资本方进行间接的控制，使对方不能做出真实的意识表达，从而破坏民法公平和自由的精神，也扰乱市场经济的正常秩序。

在我国的PPP模式相关政策文件中，一是强调合同各方的平等主体地位，既包括政府方和社会资本方，又包括第三方参与主体，均是平等主体，并且以市场机制为基础建立互惠合作关系；二是充分尊重各方在合同订立和履行过程中的契约自由，经过协商一致后各平等主体通过合同条款约定并保障权利义务。这些规定和精神，正是意思自治原则的体现。

### （二）意思自治在PPP中的司法回应

在近几年的司法裁判中，意思自治原则在合同中的体现成为PPP模式法官判案中的重要依据。最为典型的案例是河南新陵公路建设投资有限公司与辉县市人民政府管辖纠纷案【(2015)民一终字第244号】，被告辉县市人民政府在提交答辩状期间对管辖权提出异议，认为双方当事人之间签订的BOT协议为行政诉讼的受

---

① 柳经纬：《意思自治与法律行为制度》，《华东政法学院学报》，2006年第5期，第21页。

② 刘凯湘：《论民法的性质与理念》，《法学论坛》，2000年第1期，第33-34页。

③ 赵万一、刘云生主编：《民法的伦理分析》(第二版)，法律出版社2012年版，第113页。

④ 张玉敏主编：《民法》，高等教育出版社2007年版，第30页。

案范围，应当根据《行政诉讼法》移交被告所在地中级人民法院管辖。一审法院认为，BOT协议是基于平等民事主体之间权利义务的约定，应当属于民事诉讼的受案范围，故驳回被告的管辖权异议。上诉人不服上述民事裁定，认为BOT协议是典型的政府特许协议，也属于法律明文规定的行政案件受案范围。二审中，最高人民法院认为，该案的BOT协议虽然一方当事人为行政主体，但是在合同的磋商与谈判中当事人都充分享有意思自治，并不受单方行政行为的强制，合同包含了权利义务与违约责任，充分体现了合同主体的平等地位及协商一致。从该案合同的目的、职责、行为、内容等方面看，具有明显的民商事法律关系，应当定性为民商事合同。

阳江市海陵岛经济开发试验区管理委员会与阳江市新科实业投资有限公司合同纠纷上诉案〔(2010)粤高法民二终字第43号〕中，因上诉人海陵岛管委会欲撤回授予被上诉人新科公司的经营权，由被上诉人提起民事诉讼要求上诉人返还投资款与利息。上诉人辩称本案不属于民事纠纷，但终审法院认为，双方当事人订立合同及合同内容都仍享有充分的意思自治，体现了平等、等价协商的合意。该案涉及的行政审批和行政许可属于合同的组成部分，但不能决定合同的性质，故该合同仍应当定性为民商事合同。

## 二、不完全契约理论之植入

### （一）不完全契约理论的内涵

不完全契约理论是一项经济学的概念，而后在法学领域的研究也得到了充分的关注。经济学中将所有的市场交易，无论是长期的和短期的、显性的和隐性的，都视作一种契约关系。不完全契约理论于1937年在美国经济学家罗纳德·科斯的论文中被首次提出，“由于预测的困难，关于商品或劳务供给的契约期限越长，那么对买方来说，明确规定对方该干什么就越不可能，也越不合适。”[①]“完全契约与不完全契约的根本区别在于：前者在事前规定了各种或然状态下当事人的权利和责任，因此问题的重心就是事后的监督问题；后者不能规定各种或然状态下的权责，而主张在自然状态实现后通过再谈判(renegotiation)来解决，因此重心就在于对事前的权利(包括再谈判权利)进行机制设计或制度安排。”[②]契约的不完全性在经济学和法学上的定义在某些条件下不完全相同，前者多指契约行为的一次性完结，而后者在司法实践中更注重完全意义上责任性或功能性的界定。[③]

① See Coase，Ronald，1937，“The Nature of the Firm”，Economica，p. 391.

② 杨瑞龙、聂辉华：《不完全契约理论：一个综述》，《经济研究》，2006年第2期，第105页。

③ Eggleston，Karen，Eric A. Posner，and Ri chard Zeckhauser，2000，“Simplicity and Complexity in Contracts”，Working Paper.

### （二）PPP 合同不完全性之必然

不完全契约理论在 PPP 项目合同中得以具体展现。首先，PPP 项目的长期性特征致使项目中必将包含诸多不可预见的因素，而合同当事人无法在谈判与签订过程中将其完全掌握。PPP 项目全生命周期可长达二三十年，这其中不仅包含原材料价格上涨、股权变动、负责人更换等事宜，还可能涉及项目技术改革、国内外政治经济环境变化，项目的建设经营情况都会因此而产生影响。而在 PPP 项目准备、项目采购阶段，特别是风险的识别和分担的过程中，难以对未知情况进行准确判断，所以很难在 PPP 合同中通过条款的设计做出周全的预防措施。传统的契约论认为，权利义务在合同中的确定有利于推进缔约方投资的长期性和稳定性。但有学者提出了相关互补性观点：契约为当事人提供了一个平台，缔约方签订长期契约必须结合弹性契约和刚性契约，找到利益的均衡点。弹性契约通常是指允许当事人对未来的不确定因素做出适应性调整，可以通过再次谈判达成交易；而刚性契约是指在合同签订之时则规定了所有内容，并且直至合同期限结束之前都不允许内容发生改变。[①]“对于 PPP 项目而言，若采取柔性契约，政府或社会资本方有可能实施无效或低效的履约行为，这将会给项目本身产生无谓的损失，而刚性契约则可以降低这种损失的程度；但纯粹的刚性契约也不利于充分调动社会资本的主观能动性，以切实提高 PPP 项目效率。基于此，政府和社会资本应在契约的适应性和机会主义之间，寻求平衡的长期契约。”[②]

其次，PPP 合同缔约的政府和社会资本方存在信息不对称的问题。经济主体在签约之前总是想得到更多的交易信息，但信息的获取是需要付出大量成本的，包括时间成本、资金成本等。[③] 政府作为 PPP 项目的发起者和社会资本方甄选的评定方，对项目信息的掌握比同为合作方的社会资本方更具有优势。政府和社会资本方的知识储备和专业能力有限，两者既不可能完全掌握全部信息，又不可能最大限度地追求理性。在 PPP 合同谈判和签约过程中，政府方和社会资本方也可能出于多方面考虑掩盖部分重要信息，造成事实上的信息不完全和不对称，进而影响到对方决策的理性判断。再加上外部环境的复杂性和不确定性，使得 PPP 合同具有不完全性成为必然。为了尽量避免公私双方信息不对称以及合同不完全性给社会资本方带来的不利影响，应当在合同当中设置“再谈判”的条款，为避免未来条件变

---

① Hart，O. and J. Moore，2005，“On the Design of Hierarchies：Coordination versus Specialization”，Journal of Political Economy，forthcoming.

② 纪鑫华：《从“不完全契约理论”来看 PPP 合同的不完全性及如何改善》，http：//www. cpppc. org/pppsj/994397. jhtml，最后访问时间：2017 年 1 月 1 日。

③ 苏志强：《从完全契约到不完全契约——不完全契约成因分析》，《山西农业大学学报（社会科学版）》，2013 年第 9 期，第 957 页。

化而产生的负面情况给予一定的合同修改空间。

## 第二节 PPP 模式商事本质解构

### 一、PPP 模式特殊商业行为之内涵

不可否认，PPP 模式具有一定程度的公共性，并且显著地表现在项目承载的公共服务以及对政府监管行为的制约上。因此，“法律授权政府部门对特定产业和微观经济活动主体的进入、退出、资质、价格以及关乎国民健康安全等行为进行监督和管理。”[①]但是，作为政府在提供公共服务中引入其他资本参与者、引入市场机制后的产物，PPP 模式在本质上应当是一种商业模式、商业行为。

实施 PPP 的最初动因在于，引入社会资本和市场机制以便有效地帮助政府推动公共服务。对此，我国的相关文件也特别强调。十八届三中全会决议要求，“允许社会资本通过特许经营等方式参与城市基础设施投资和运营”。从商业史看，特许经营是典型的商行为。“社会资本通过特许经营等方式参与城市基础设施投资和运营”的政策表述意味着，不是国家授权或者委托社会资本实施公权力，而是社会资本开展特殊商业事务的经营，参与 PPP 就是参与一种特殊的商务活动、从事特殊的商业行为。政府方作为机关法人，在 PPP 项目中的投资行为可以认定为公共商行为。与私人商事行为相比，公共商行为是通过营利性手段实现某类公共利益需求。[②]《国务院办公厅关于政府向社会力量购买服务的指导意见》明文要求政府向社会力量购买服务，而该购买活动无论对社会主体还是对政府而言都是商事活动，只是政府购买的过程应当遵守政府采购的公法管制机制的规定。“发改委 2724 号文”以及“财政部 113 号文”，均显著地表达出政府引入市场机制、与社会资本主体通过市场合作推动基础设施建设和公共服务的政策意图。政府为推动基础设施和公用事业的发展，放弃传统的公共服务直接提供者角色，转变为利用社会资本与社会资本方开展合作的行为。

在推行 PPP 的过程中，虽然政府的介入涉及对公共采购制度的适用，但政府公共采购只是改变各方主体交易磋商的过程，并不改变合同签订中平等主体之间要约与承诺的本质。政府与社会资本方处于平等法律地位是合作和磋商的前提，PPP 协议中虽然参与一方是公权机关，涉及的事务为公共服务，但本质上依然属于私法意义上的合同。就法律关系而言，社会资本主体与政府或者政府委托的机构

① 陈婉玲：《基础设施产业 PPP 模式独立监管研究》，《上海财经大学学报》，2015 年第 6 期，第 49 页。

② 蒋大兴：《论私法的公共性维度——公共性私法行为的四维体系》，《政法论坛》，2016 年第 6 期，第 67 页。

都是特殊的商业主体，经营特许经营是特殊的商业行为，合同规则是特殊的商事行为规则。无论是公共利益还是监管，都成为交易关系的内容，相应的规则都是商法的特殊内容或者合同法的特殊内容而已。因此，不能够因为涉及公共产品、合同当事人一方涉及政府机关，就将PPP全部定性为行政法、公法问题。“政府作为契约签订方，必须遵守合同约定，履行合同中的义务，信守合同中作出的承诺，并承担违反合同所带来的法律后果。”①

## 二、PPP协议私法属性之司法立场

如何定性PPP协议的性质，我国实务界和理论界的争议较大。不过，从司法裁判看，将其朝民商事性质靠拢正成为一种趋势。以“PPP”、“BOT”或者“特许经营协议”为关键词在中国裁判文书网中检索，可检索出2008年1月1日至今的争议焦点为PPP协议性质或受案范围的案例共72例，其中法院最终将PPP合同定性为行政合同的16例，定性为民事合同的56例。再以时间段划分，其中2008年1月1日到2013年底的案例中，定性为民事合同的比例为33%；2014年至今定性为民事合同的比例为71%。从上述调查数据可以看出这种PPP协议的私法属性在司法判例中略占上风的趋势。

同时，最高人民法院的立场似乎也与其相同。这在最高人民法院(2014)民二终字第12号民事裁定书、最高人民法院(2015)民一终字第244号民事裁定书中有明显表现。在(2014)12号裁决书②中，法院认为，案件中政府作为当事人根据其行政机关公权力所签订PPP项目协议，关于特许经营权的授予、经营内容、范围和期限的限定、价格收费标准的确定、设施权属与处置、政府对工程的监督等内容均体现了政府在合同签订中的特殊地位，合同当事人之间讼争的法律关系虽然存在一定民事因素，但双方并非平等主体之间所形成的民事法律关系，因此本案不属于人民法院案件受理范围，当事人可依据相关行政法规另行提起行政诉讼。

相反，第(2015)244号裁定书③认为，虽然合同的一方当事人为市政府，但合同相对人新陵公司在订立合同及决定合同内容等方面仍享有充分的意思自治，并不受单方行政行为强制，合同内容包括了具体的权利义务及违约责任，均体现了双方当事人的平等、等价协商一致的合意；合同并未仅就行政审批或行政许可事项本身进行约定，合同涉及的相关行政审批和行政许可等其他内容，为合同履行行为之一，属于合同的组成部分，不能决定案涉合同的性质；从案件合同的目的、职责、主

① 余晖、秦虹主编：《公私合作中的中国试验》，上海人民出版社2005年版，第83页。

② 和田市人民政府与新疆兴源建设集团有限公司等合同纠纷上诉案。

③ 河南新陵公路建设投资有限公司与辉县市人民政府合同纠纷管辖权异议纠纷案。

体、行为、内容等方面看，合同具有明显的民商事法律关系性质，应当定性为民商事合同。两项案件相差一年，在影响案件判决条件基本一致的情况下，得出了截然不同的两种规定。可以说，244 号民事裁定书是在 12 号民事裁定书生效以后给出的不同结论，是司法界基于特许经营协议新的认识和讨论的表现。尽管，我国相关法律政策对于 PPP 合同性质和受案范围仍然存在互相矛盾的规定，①但目前我们仍然能够从国家政策及法院裁判中见证 PPP 模式向民商事性质靠拢的趋势。

江苏省高级人民法院民一庭的调查报告显示，PPP 纠纷呈现案件数量不断增多、涉及领域较为广泛、争议类型和诉求呈现多元化、主体呈现多样化的特点。但总体来说，案件主要集中在民事领域，包含因 PPP 合同引发的合同纠纷、物权纠纷、侵权纠纷和金融纠纷等。行政和刑事案件分别占 2.7％和 11.76％。② 随着 PPP 项目在我国的广泛开展，案件数量增多是必然的趋势，并且以民事纠纷为主线而增长，因此，为减少 PPP 项目的纠纷、保证 PPP 项目的顺利开展，我们应当尽快在立法层面明确 PPP 项目合同的性质，制定相关规则。

## 第三节　政府权力与责任之具体落实

私法路径的一条主线即是通过落实政府在 PPP 项目中应当的承担责任，保护社会资本方权益。而政府责任除了法定责任③以外，在 PPP 模式中很大程度上表现在约定责任之上。约定责任是政府与社会资本方通过 PPP 协议的谈判磋商，写入合约加以规定的。“契约的内容就是约定双方当事人的权利义务，行政机关使用契约，无论其自由化程度怎样，约定包括行政机关在内的当事人的权利义务是肯定的。契约约定的行政机关的权利，有些可能与法定权相同，在重复法定权的规定，也有些可能不属于法定权的既有内容和范围，超出了法定权的界限，成为行政机关通过契约获得的权利。”④在 PPP 模式的项目发起或合同签订阶段，政府为了充分展现对社会资本的热情和诚意，通常会做出相关承诺或提供一定的条件以吸引社会资本的加入。而社会资本往往也是将项目的政府背景和政府支持力度，当作决定是否参与 PPP 项目的重要衡量标准。在项目执行阶段，政府方因处于强势地

---

① 《最高法院关于适用〈中华人民共和国行政诉讼法〉若干问题的解释》《基础设施和公用事业特许经营管理办法》指出公民、法人或其他组织可以就特许经营协议提起行政诉讼。“财政部 145 号文”“发改委 2724 号文”将仲裁列为 PPP 项目争议解决方式。

② 江苏省高级人民法院民一庭课题组：《政府与社会资本合作（PPP）的法律疑难问题研究》，《法律适用》，2017 年第 17 期，第 73-74 页。

③ 法定责任时常表现为政府在 PPP 项目中保留的行政职权，如审批权、监管权、定价权等。

④ 杨小君：《契约对行政职权法定原则的影响及其正当规则》，《中国法学》，2007 年第 5 期，第 76-79 页。

位,往往在约定责任的落实程度上大打折扣,令社会资本方处于进退两难的境地。一方面,面对政府不严格履行合约义务,社会资本方怯于通过"公开叫板"的方式向政府表达自己的诉求;另一方面,由于我国PPP模式中政府部门与社会资本方法律关系的不确定性,导致其争议解决方式也没有得到国家法律法规层面的保护,致使社会资本方的维权之路过于被动。另外,囿于政府在PPP模式中双重角色的冲突,应当对政府权力与责任进行限制和落实,必须首先凭借树立政府契约精神为起点,对协议约定的政府权力责任的合法性和可行性进行深入探讨。

## 一、政府契约精神之重塑

"平等法律地位"与"重诺履约"是PPP模式最重要的原则之一,也是PPP模式与其他传统公私合作模式相比主要的特色。但由于政府地位的特殊性,过去一直是公共产品的直接提供者,在国家建设领域长期处于统领全局的强势地位,此种契约精神在实际中可能存在偏差。目前,PPP模式在我国属于发展的初期阶段,在政府角色冲突没有得到彻底解决之时,政府还没有很好地适应从公法角色向私法角色身份的转换,公共部门在PPP项目执行过程中暴露出恣意违约毁约、执行力弱、缺乏契约精神等问题,严重挫伤了民间资本进入PPP市场的投资热情。因此,有必要强调PPP模式中政府契约精神的重塑。

### (一)契约精神在政策性文件中的法律回应

自2014年以来,国家层面陆续出台的各项PPP文件,几乎都设有强调推动契约精神、平等合作、诚实守信的条款。这些内容表明,政府逐渐意识到自己在PPP项目中的准确定位,通过限制和规范自身职责,充分调动社会资本在项目运作中的市场能动性。2016年,国务院及各部委依然保持多次发文的频率,并加大文件对PPP模式的针对性,一是对前续文件的重要条款的再次强调,二是通过PPP模式的推行情况和当前困境,发布新的政府态度和政策导向。由国务院、财政部和发改委发布的几份重量级政策性文件[①]中显示,强化政府和投资者的契约精神和诚信意识,规范政府在PPP项目中的职权行使,根据PPP项目合同规定进行监督管理成为共同主题。此外,加强诚信体系建设,准确记录并客观评价政府方和社会资本方在项目实施过程中的履约情况,并且政府方应当作出履约守信表率。种种条款可以表明政府逐渐意识到自己在PPP项目中的准确定位,也意识到尊重契约精神

---

① 参见《中共中央国务院关于深化投融资体制改革的意见》《关于在公共服务领域深入推进政府和社会资本合作工作的通知》(财金〔2016〕90号)、《关于印发〈政府和社会资本合作项目财政管理暂行办法〉的通知》(财金〔2016〕92号)、《国家发展改革委员会关于印发〈传统基础设施领域实施政府和社会资本合作项目工作导则〉的通知》(发改投资〔2016〕2231号)和《国家发展改革委关于鼓励民间资本参与政府和社会资本合作(PPP)项目的指导意见》(发改投资〔2017〕2059号)。

对 PPP 项目交易安全和质量的重要性。政府方通过规范性文件的规定限制和规范自身职责，充分调动社会资本在项目运作中的市场能动性。

同时，中共中央、国务院发布了《中共中央国务院关于完善产权保护制度依法保护产权的意见》（以下简称《产权保护意见》）[①]以及最高人民法院发布〔2016〕27号[②]、28号文[③]，皆提出要加强政府和政务诚信问题。具体落实在 PPP 项目履行中，以上三份文件都谈到了因政府换届、领导人员更替等理由违约毁约，政府也是需要承担相应责任的。该意见被三份重磅文件同时提及，充分显示了我国政府对自身履约能力不足的重视，同时也被业界认为是向 PPP 项目中政府缺乏契约精神的法律回应。

**（二）政府履约行为的具体表现**

如前所述，监管是政府方在 PPP 项目中主要的任务所在，PPP 模式主要采用的是行政监管和履约监管。根据行政监管，各级政府、发改委、财政部门及其相关职能部门根据国家相应的法律法规在各自的职能领域对项目进行分类监管。根据履约监管，政府或政府的授权机构与社会资本或项目公司作为双方签约主体，根据 PPP 协议中约定权利对另一方当事人的履约情况进行监管。因 PPP 项目的特殊性，关乎国民健康与安全，政府签约主体必然会在合同的谈判磋商过程中将对项目的监管权和介入权写入合同之中，形成合约一方当事人对另一方当事人的履约进行监管。[④] 在法国，通过合同进行监管是 PPP 模式中的传统形式，地方政府合同签

---

① 《中共中央国务院关于完善产权保护制度依法保护产权的意见》第 7 条：完善政府守信践诺机制：大力推进法治政府和政务诚信建设，地方各级政府及有关部门要严格兑现向社会及行政相对人依法作出的政策承诺，认真履行在招商引资、政府与社会资本合作等活动中与投资主体依法签订的各类合同，不得以政府换届、领导人员更替等理由违约毁约，因违约毁约侵犯合法权益的，要承担法律和经济责任。因国家利益、公共利益或者其他法定事由需要改变政府承诺和合同约定的，要严格依照法定权限和程序进行，并对企业和投资人因此而受到的财产损失依法予以补偿。对因政府违约等导致企业和公民财产权受到损害等情形，进一步完善赔偿、投诉和救济机制，畅通投诉和救济渠道。将政务履约和守诺服务纳入政府绩效评价体系，建立政务失信记录，建立健全政府失信责任追究制度及责任倒查机制，加大对政务失信行为惩戒力度。

② 《最高人民法院关于充分发挥审判职能作用切实加强产权司法保护的意见》第二部分："准确把握、严格执行产权保护的司法政策"第 9 条：依法公正审理行政协议案件，促进法治政府和政务诚信建设。对因招商引资、政府与社会资本合作等活动引发的纠纷，要认真审查协议不能履行的原因和违约责任，切实维护行政相对人的合法权益。对政府违反承诺，特别是仅因政府换届、领导人员更替等原因违约毁约的，要坚决依法支持行政相对人的合理诉求。对确因国家利益、公共利益或者其他法定事由改变政府承诺的，要依法判令补偿财产损失。

③ 《最高人民法院关于依法妥善处理历史形成的产权案件工作实施意见》第 16 条：依法妥善处理与政府行为有关的产权申诉案件。甄别和再审产权案件时，对于在招商引资、政府与社会资本合作等活动中与投资主体依法签订的各类合同，因政府换届、领导人员更替而违约毁约侵犯投资主体合法权益的，或者因法定事由改变政府承诺和合同约定，对投资主体受到的财产损失没有依法补偿的，人民法院应当依法再审和改判。

④ 周兰萍主编：《PPP 项目运作实务》，法律出版社 2016 年版，第 51-52 页。

约方通过合同监督运营商在整个 PPP 项目中的各项活动。在 PPP 协议中所约定的监管权与介入权，对于部分政府的授权机构，法定上原本不拥有该项行政职权，但是通过双方协商一致规定至契约所拥有的单方面权力，应当把它看作既是权利又是义务的体现。

### （三）树立政府契约精神的途径

#### 1. 加强对 PPP 合同条款细则的设计

国外很重视 PPP 合同范本的制定，很多重要领域的 PPP 标准合同的页数一般在 1000 页以上，[①]而我国现有的 PPP 合作协议基本都控制在 50 页之内。从内容的详细程度上，我国 PPP 合同的设计还存在问题，导致该类问题的根源如下：一是我国 PPP 模式的发展处于起步时期，各行各业都在进行摸索的阶段，对 PPP 协议的重视程度不够。二是政府为主导的合同起草，在约定各方权利义务之时过于片面，主要将篇幅放在社会投资者的权利义务和责任之上，而对自己约束和问责的条款安排较少。三是社会投资方过于信任政府组织的合作项目，认为只要投资到传统国家建设这样的垄断行业必将有所劳有所获，在合同的商议过程中时常显得过于盲从。尽管社会投资方想要表达自己的合理需求，但介于合同相对人的强势地位而有所保留。因此，通过落实政府职责而保护社会资本方利益的路径，政府与社会资本方在合同协商阶段，应当更加注重对合同的技术性和专业性的考量，在明确双方权利义务的基础上，细化具体的行为准则和形式，重点扩充违约责任和争议解决方式的约定，方便当事人在行使权利和履行义务的过程中以合同文本进行参照比对。

#### 2. 政府信用级别评价机制的设立

PPP 项目通常是由政府发起，再由政府部门通过规定程序选择社会资本方。如前所述，PPP 协议应定位于民商事合同，双方当事人应处于平等的法律地位。但囿于 PPP 项目的公共特殊性，政府必须保留一定的主动权，其中就包括对项目遴选阶段的筛选和评价。因而从项目的起始阶段就形成了政府方“俯视”社会资本方的局面，由政府部门选择私营部门，而私营部门在合同关系中处于弱势地位。为了弥补由模式本身所带来的局限，鉴于部分政府部门在 PPP 模式中出现违约毁约的行为，我们应当加快政府信用级别评价机制的推行速度。

财政部发布的《关于 2014 年地方政府债券自发自还试点信用评级工作的指导意见》，提出将重点从经济运行、财政收支、债务等方面评价分析地方的信用状况。

---

① 经济参考报：《一任领导一套政策，PPP 合同“签完随时改”》，http://dz.jjckb.cn/www/pages/webpage2009/html/2015-01/28/content_1556.htm。

特别是债务方面，内容非常具体，包括债务余额、举债主体、资金来源、期限结构、资金投向、当年举债偿还情况、未来偿债计划、控制债务增长和防范债务风险方面拟采取的措施等多个方面。[①] 笔者建议，PPP 模式政府信用级别评价机制应当在此基础上扩宽信用评级的范围，将政府履约完成情况、监管水平、协调能力等均规定入内，完善对各级政府在 PPP 模式中的考核。社会资本方可以通过政府信用级别评价机制在项目签约之前全面了解合作对象的具体情况，从而充分保障自身在 PPP 投资中的利益。当务之急是将政务履约和守诺服务纳入政府绩效评价体系，建立政务失信记录，建立健全政府失信责任追究制度及责任倒查机制，加大对政务失信行为的惩戒力度。

## 二、监管权的契约化处理

### （一）PPP 模式中政府监管的契约化

虽然政府要通过对社会资本方建设和运营行为的监管来维护公共利益的稳定性和项目质量的安全性，但是该监管行为并不是基于公共产品和服务本身，而是对社会投资方在 PPP 项目中的行为进行监管，其目的在于避免因社会投资方的单方原因或其他原因造成市场失灵现象。特别强调的是，政府监管本身在 PPP 中是可以被契约化的。

PPP 模式主要采用的是行政监管和履约监管方式。行政监管是指各级政府、发改委、财政部门及其相关职能部门根据国家相应的法律法规在各自的职能领域对项目进行分类监管。履约监管作为 PPP 模式中最直接有效的监管模式，政府或政府的授权机构与社会资本或项目公司作为双方签约主体，在 PPP 协议中约定各自的责任、权利和义务。因 PPP 项目的特殊性，关乎国民健康与安全，政府签约主体必然会在合同的谈判磋商过程中将对项目的监管权和介入权写入合同之中，形成合约一方当事人对另一方当事人的履约监管。[②] 合同监管不仅规定了私人部门的义务，也规定了公共部门的责任，体现了合同的平等性和公平性，PPP 项目的监管起到一定作用。政府在为了保护公众利益而行使特权时，也需要向私人部门进行充分的说明，并及时向私人部门履行告知义务，以减少其损失。[③] 在法国，通过合同进行监管是 PPP 模式中的传统形式，地方政府合同签约方通过合同监督运营商在整个 PPP 项目中的各项活动。PPP 协议中约定的监管权与介入权，对于部分

---

① 谭浩俊：《地方政府信用评级一举多赢》，《上海证券报》，2014 年 6 月 16 日，第 7 版。

② 周兰萍主编：《PPP 项目运作实务》，法律出版社 2016 年版，第 51-52 页。

③ 柏莹：《政府和社会资本合作(PPP)项目监管机制法律研究》，华东政法大学硕士论文，2015 年 3 月，第 50 页。

政府的授权机构而言可能不是原本就拥有的法定职权,而是通过双方协商一致规定至契约的契约性权利。当然,对于这些通过特别约定的特别监督权,对履行公共管理事务的行政机关而言应当属于公法上的职责,而在合同关系相对方的社会资本主体看来应属于私法上的权利。世界银行 PPPIRC 中心认为,PPP 模式监管设计者为了设法限制政府部门在资费设置和审查等功能上单方的权力,通常在 PPP 合同中向监管方施加公平和相称的一般义务,以制衡 PPP 模式参与主体的各方力量。[①] 不过,只要行政机关带着行政职权签订契约,就等于行政职权进入了契约,应当受制于契约。另外,如果对于本来就拥有项目监管权和介入权的政府部门,主动将其行政职权及相关事项放入合同去约定,在一定程度上表现出愿意受到契约约束。[②]有学者认为,法院在审理因特许经营权产生的纠纷之时,没有必要拘泥于契约形式去判断对方责任,只需要以行政特许视角进行受案审理,并认为政府在特许经营协议中"自我设定"的职责是单方面职责,并非由双方约定,契约仅是政府自我设定行政职权的载体。[③] 这种理解对于解决行政机关是否滥用公权力的行政诉讼有意义,但还是无法排除当事人选择民事诉讼进行救济的权利。若选择民事诉讼,公共权利与职责经由商事契约约定后的内容应属于私法权利与义务的范畴。同时,该论点在约束政府滥设职权上有意义。政府若能在项目中任意设定自身职责,不但打破了我国法律对权力来源的规制,同时也有悖于 PPP 模式的基本原则。合作与监管两项因素都以合同约定为基础,该合同内容又是政府方与社会资本方充分协商之结果,这与一般商事交易的合约行为毫无二致。因而,将 PPP 模式政府监管定义为商事行为的内容具有正当性基础,同时也可能为政府角色冲突提供了一条合理的解决思路。

### (二) PPP 模式中政府监管商事意识之强化

为推动 PPP 模式的应用范围、加强 PPP 模式实施的规范性,我国陆续发布了系列监管文件。特别是 2016 年,国务院及各部委依然保持多次发文的频率,并加大文件内容对 PPP 模式的针对性。[④] 研读这些文件,我们可以发现,强化政府和投

---

① See World bank group Public-Private-Partnership in infrastructure resource center: Regulation of Sectors and Regulatory Issues Impacting PPPs, http://ppp. worldbank. org/public-private-partnership/legislation-regulation/regulatory#regulaiton_is_an_end,2016-07-10.

② 杨小君:《契约对行政职权法定原则的影响及其正当规则》,《中国法学》,2007 年第 5 期,第 79 页。

③ 虞青松:《公私合作下公用事业收费权的配置研究》,上海交通大学凯原法学院博士论文,2012 年 9 月 6 日,第 255-256 页。

④ 参见《中共中央国务院关于深化投融资体制改革的意见》《关于在公共服务领域深入推进政府和社会资本合作工作的通知》(财金〔2016〕90 号)、《关于印发〈政府和社会资本合作项目财政管理暂行办法〉的通知》(财金〔2016〕92 号)和《国家发改委关于印发〈传统基础设施领域实施政府和社会资本合作项目工作导则〉的通知》(发改投资〔2016〕2231 号)。

资者的契约精神和诚信意识、规范政府在PPP项目中的职权行使、根据PPP项目合同规定进行监督管理成为共同主题。

首先，政府监管文件对PPP合同法律属性界定的变化，这又回到合同性质的争论上。有理论认为，将立法起点认定为公共利益将的PPP协议属于行政合同、公法事务范畴，将立法起点认定为私人利益的PPP协议属于民事合同、私法事务范畴。[①] 有学者认为，公法与私法二元划分的传统思维根本不适应当前PPP项目这种复合性特征，民事合同与行政合同二元区分目的将落空。[②] 但是，我们认为，关涉的基础利益到底是属于公共利益与私人利益只是界定和界定属性的一种基础思维，而利益的公私属性本身不能够绝对成为界分合同属性的唯一标准。即使是民事合同也有维护社会公共利益的价值，否则其正当性基础将严重减损。PPP协议到底属于民事合同、私法事务还是行政合同、公法事务，涉及认识立场，我们可以从左看，也可以从右看，关键是界分政策本身。我们对PPP合同定性的行为也不得忽视定性背后的政策逻辑以及政策演变的客观社会实际，正如同我们不能简单地从国家干预经济这个角度对待商法中的强制性规范产生的原因一样。[③] 在之前很长的时期内，我国是将PPP协议作为行政合同、公法领域事务对待。但是该政策立场有根本性变革，无论是国家部委关于PPP的有关政策文件还是法院裁判，都强调社会资本主体将其选择认定为民事合同、私法事务的权利。也就是说，在公法机制运行可以依赖于私法机制并且选择为私法机制的场合，我们可以将公法机制、政府公共事务运行的具体行为界定为私法合同、私法机制。“国办发42号文”明确提出“合理确定合作双方的权利与义务”的具体要求以及“重诺履约”的基本原则。《发改委PPP合同指南》在该指南的“使用说明”中明确指出：“强调合同各方的平等主体地位。合同各方均是平等主体，以市场机制为基础建立互惠合作关系，通过合同条款约定并保障权利义务。”《财政部PPP合同指南》的“编制说明”中也明确指出，“PPP从行为性质上属于政府向社会资本采购公共服务的民事法律行为，构成民事主体之间的民事法律关系。”

其次，PPP合同的具体监管。《产权保护意见》《最高人民法院关于充分发挥审判职能作用切实加强产权司法保护的意见》以及《最高人民法院关于依法妥善处理历史形成的产权案件工作实施意见》均强调，要加强政府和政务诚信问题，具体落实在PPP项目履行中三份文件都谈到了因政府换届、领导人员更替等理由违约毁约，政府是需要承担相应责任的。这些表述，一方面可以看作对我国政府自身履约

① 应松年：《行政合同不容忽视》，《法制日报》，1997年6月9日，第1版。

② 胡改蓉：《PPP模式中公私利益的冲突与协调》，《法学》，2015年第11期，第33页。

③ 曹兴权：《认真对待商法的强制性：多维视角的诠释》，《甘肃政法学院学报》，2004年第5期，第21页。

能力不足、PPP 中政府缺乏契约精神的法律回应；另一方面也可看作相关部门意图强化政府监管 PPP 中商事思维的表现。特别注意的是，《财政部 PPP 合同指南》中将“仲裁”列为争议解决方式的规定，更突出了 PPP 合同的民事属性。众所周知，只有特定的民商事合同才可以采用仲裁的争议解决方式。

**（三）监管权契约化之内容识别**

根据《发改委 PPP 合同指南》的规定，PPP 项目中的监管包含投融资监管、前期工作监管、建设期监管、运营期监管和财务监管。各个阶段的监管权契约化安排实质上都没有差别，但监管权为代表的行政权力能否实现契约化很大程度上要依靠行政主体而定。第一种情况是，在政府授权实施机构作为 PPP 项目合同的签订方时，基于合作合同，实施机构与社会资本方无疑为民事法律关系。政府将部门行政权力授予实施机构执行，这一部分权力可以通过 PPP 项目合同的约定转化为前述的特殊权利。而政府包括其他有关部门依据法律法规对 PPP 项目以及社会资本方的监管，比如所作出的行政规划、许可和处罚等，仍然属于行政权力的范畴，相关法律规制应当由公法调整。

第二种情况是，政府部门直接作为 PPP 项目合同的签约方，政府与社会资本方就 PPP 项目合同约定的单方权力可以由合同权利而代替，但除此之外政府基于法律法规本身应当行使的权力，不能转化为合同权利。诚然，第二种行政主体与合同主体合一的情况下，合同权利与法定权力很有可能产生交集，因此，我们认为应当尽量提倡在政府和实施机构分离的前提下，保证政府权力契约化的有效实施。

第三批次国家示范项目“首都地区环线高速公路（通州—大兴段）引入社会投资项目”的 PPP 合同中第 31.3 条“政府相关部门及甲方（北京市交通委员会）的监督”提供了较好的范例：“建设期政府相关部门及 PPP 项目政府方对项目的监督条款指出，政府相关部门有权随时对项目的施工质量、管理和资金使用进行监督和检查，并有权通知要求社会资本方处理。甲方有权派代表对项目进行检查，监督检查的费用由政府方自行承担。”前者规定出于法律法规对相关部门行政权力的要求，因此仍然属于政府权力的范畴。但在后者的规定中，作为甲方的北京市交委本身的职权范围是不包含对项目所有方面的检查的，但通过合同约定赋予了其委派代表检查监督项目的权利，因此，该监管权应当可以转化为权利归属于民事行为的表现。值得注意的是，该项目的政府方（甲方）为北京市交委，本身就是政府部门，与上述的第二种情况吻合。因此，对于北京市交委的法定行政权力和合同监管权利的区分，仍然需要进行进一步的剥离。我们认为，其区分方法的关键在于通过政府权力清单向社会公众明确政府部门的行政权力主体、内容和程序，从而才能够让社会资本方知悉剩余可转化为合同权利的范围以及可采取的救济方式。

## 三、政府介入权的合同规制

社会资本方在PPP项目中本身处于弱势地位，介入权的运用将合同中权利义务的优势进一步向政府方倾斜。介入权的正当行使会为PPP项目起到“保驾护航”的作用，相反，在欠缺法律规制的情况下，政府可以任意启动和停止介入权的使用，难以保证介入权不会发生非正当行使的可能。[①]，源于法律的公正性，在赋予当事人一方特权的同时，也应当予以另一方相应的救济方式。在政府介入权行使的过程中，除了通过法律法规对其边界进行严格划定，另外就是保证社会资本方能够获得通畅的救济渠道。由于政府介入权带有明显的公法性质，有学者认为PPP合同定义应为行政契约，政府介入权应当是政府享有的行政优益权之一。行政优益权是基于公共利益在行政合同中派生出专属于行政主体较行政相对人优先的权利，通常表现为对合同履行的监督权、单方面变更和解除合同的权利。表面上看，PPP模式中政府介入权应属行政优益权的范畴。

然而无论是在英国和南非的规定还是我国的合同指南当中，关于政府介入权的定义，均被界定为政府的一项权利(rights)，具有明显的民商事合同性质。在社会资本方违约的情形下，政府方介入权不正当行使的情况较少。相反，在社会资本方未违约的情况下，政府的正当介入的判定标准在现有制度的框架下很难界定，例如对紧急情况和公共利益的衡量，因而一定要赋予社会资本方权利救济的具体形式。

笔者认为，将政府介入权的前提条件、介入范围、法律后果等条款一一在PPP项目合同中予以明确，公私双方当事人均通过合同本身作为权利救济的基础，无论是采取司法救济还是仲裁，都可以将政府介入权的规制问题纳入合同内容来解决。理由如下：首先，如此规定与PPP模式相关法律法规、政策性文件的精神相一致，将公私双方定义为平等的民事主体，PPP项目合同产生的争议通过私法体系处理。尽管行政诉讼法及其司法解释将特许经营协议、符合特定条件的PPP协议纳入可受理的行政诉讼范围并且政府介入权带有公法性质，但是并不表示禁止PPP项目合同的合同争议适用民事诉讼程序。其次，政府介入权的行使是建立在项目公司违约和项目公司未违约两种情形之上，判定违约的标准即是PPP合同约定的内容。社会资本方若认为政府介入权非正当行使主要有以下几种情况：一是对社会资本方违约判定的质疑，二是对项目公司未违约情况下，政府介

---

① 《财政部PPP合同指南》第18节第2条指出，在政府方违约和项目公司违约两种情况以外，政府方可以单方面选择提前终止PPP项目。同时，指南中也提出政府方的此项权力应当予以明确限定，以免被政府方滥用，打击社会资本参与PPP项目的积极性。

入情形的质疑(如前所述的紧急情况或危及人身、财产健康安全的判定)。然而,对于政府介入权的质疑归根结底是社会资本方对 PPP 项目中自身的经济效益和损失的担忧。PPP 项目中政府介入权非正当行使并不属于《中华人民共和国国家赔偿法》(以下简称《国家赔偿法》)第三、四条关于行政赔偿的规定范畴,如果按照行政契约来处理,对于因政府介入权而引发的一系列赔偿或补偿的事项,将缺乏明确的法律依据。再次,为防止政府介入权的滥用,通过合同限定权利范围,一方面相较于法律法规的新增和修改,合同的规制方式更加高效,并且能够详细约定政府介入权行使的各项细节,尤其是对介入后法律后果的规定。政府需要将 PPP 视为全面的责任性机制,不能只将其当作表面上维护公平和吸引社会资本方参与项目的工具。另一方面,通过合同限定权利范围有利于社会资本方有效监督政府介入权的行使,并保证在现有法律框架下救济渠道的畅通。对于非正当行使的政府介入权,无论是特许模式,还是 PPP 模式项下的其他模式,社会资本方皆可以直接通过仲裁或诉讼的方式维护自身的合法权益。最后,对于政府介入权在合同中的约定应当注意两点:第一,注意约定政府介入权的期间,无时间限定的介入期间只会为社会资本方和整个 PPP 项目的运行带来消极影响;第二,应当注意对社会资本方的补偿约定,[①]无论是在政府介入权单独约定的部分还是风险分担部分,在社会资本方无过错的情况下,政府介入权为其带来的经济损失如何补偿问题必须在合同中予以详细说明。

## 四、政府保证形式之法律省思

关于政府保证的议题,在我国早期的 BOT 模式的项目中采用较多。BOT 模式作为 PPP 模式的主要模式之一,直至目前仍是 PPP 模式中采用总数最高的模式。因此本文的讨论主要是建立在 BOT 模式中政府保证的若干问题之上,同时多为针对社会资本为外国投资者的情况。政府保证是作为特许协议的一方对 PPP 项目主办人作出非政府机构无法承诺的某些保证,是政府为获取相当权利所必须履行的义务。[②] 政府保证既是政府一项政府义务又是政府责任的主要表现方式之一,对于社会资本方的保护起到至关重要的作用。我们认为,首先对政府保证的正当性法理基础进行探讨,其次对政府保证的主体、程序和种类进行界定,最后提出为督促政府保证义务彻底履行的各项建议。

---

① 《财政部 PPP 合同指南》中仅指出在项目公司未违约的情况下,额外费用由政府承担,但忽略了由此给社会投资方造成的经济损失如何分配。

② 陈治东:《关于 BOT 项目的风险分析及政府保证的法律问题》,《法学》,1995 年第 10 期,第 40 页。

### （一）政府保证的正当性基础

在PPP模式中，由于社会资本方在项目中面临多重风险[①]及法律保护的缺失，政府会选择给予社会资本方或项目公司一定的保证，以减轻社会资本方的顾虑和担忧，增强其安全感和投资信心，以吸引广大社会投资人的加入。对于政府能否给予该类保证，学界经历了较长时间的讨论，以下是政府保证在我国相关法律法规当中的规定，见表6。

**表6　我国法律法规对政府保证的规定**

| | |
|---|---|
| 《中华人民共和国担保法》（以下简称《担保法》）<br>《民法典》物权编 | 机关法人不得为保证人，但经国务院批准为使用外国政府或者国际经济组织贷款进行转贷的除外。以公益为目的的非营利法人、非法人组织不得为保证人。 |
| 《中华人民共和国预算法》（以下简称《预算法》） | 除法律另有规定外，地方政府及其所属部门不得为任何单位和个人的债务以任何方式提供担保。 |
| 《国务院关于加强地方政府性债务管理的意见》（国发〔2014〕43号） | 地方政府新发生或有债务，要严格限定在依法担保的范围内，并根据担保合同依法承担相关责任。 |
| 《对外贸易经济合作部关于以BOT方式吸收外商投资的有关问题的通知》（以下简称《吸收外商投资通知》） | 政府机构一般不应对项目作任何形式的担保或承诺（如外汇兑换担保、贷款担保等）。如项目确需要担保，必须事先征得国家有关主管部门的同意，方可对外作出承诺。 |
| 《关于试办外商投资特许权项目审批管理有关问题的通知》（以下简称《外商特许权管理通知》） | 为保证特许权项目在我国的顺利实施，在特许期内，如因受我国政策调整因素影响使项目公司受到重大经济损失的，允许项目公司合理提高收费标准或延长项目公司的特许期；对于项目公司偿还贷款本金、利息和红利汇出所需要的外汇，国家保证兑换和汇出境外。但是，项目公司也要承担投融资、建造、采购、运营、维护等方面的风险，政府不提供固定投资回报率的保证，国内金融机构和非金融机构也不为其融资提供担保。 |

我国PPP模式中的政府方以政府机关或其授权的实施机构为代表，实施机构一般为行业主管部门或事业单位。《担保法》《预算法》及国发〔2014〕43号文的规定，基本排除了PPP模式中政府方作出保证的可能性。对于后两份政府的规范性文件，对于PPP项目的政府保证又作出了适当的开口。首先，从上述法律法规及规范性文件表面来看，法律层面对于政府保证采取的是禁止性规定；此外，各项规范性文件也相互冲突，《对外贸易经济合作部关于以BOT方式吸收外商投资的有关问题的通知》（简称《吸收外商投资》）对政府的外汇兑换担保、不竞争担保、经营

① 按照我国风险分担的基本原则，项目设计、建造、财务和运营维护等商业风险由社会资本方承担。由于PPP项目投资数额大、建设周期长、技术要求高、投资回报慢，社会资本方或项目公司将承受很大的商业风险。

期担保及项目后勤担保等作出限制性规定，而《外商特许权管理关于试办外商投资特许权项目审批管理有关问题的通知》又允许政府对项目公司的专营权、投资回报及外汇汇兑提供保证。[①]《PPP条例征求意见稿》第18条提出不得约定由政府为合作项目融资提供担保。目前，我国对于PPP模式中政府保证的可行性具有无法克服的法律障碍，规范性文件中条款的矛盾性和模糊性也极大地打击了社会资本参与的积极性。

有多位学者指出PPP模式中的政府保证与民法中一般担保保证是有所差别的，[②]因此不应当适用《担保法》中的关于保证的规定。[③]“BOT的政府保证是指东道国政府为确保其已经同意建设的BOT项目的顺利进行并移交，使外国投资者更具有投资的安全感而对项目公司的一种承诺，表明了东道国愿意承担因BOT项目特许协议的责任的态度，即东道国政府保证履行BOT协议，如果违约或出现约定的政治风险，愿意赔偿因此给项目公司及外国投资者所遭受的损失，愿意放弃一定的豁免权，而使外国投资者可以通过法律救济程序保护其权利，其亦成为追究政府政治或违约责任的依据。”[④]以上定义具有一定的合理性和准确性，在PPP模式中，不仅针对外商投资企业，还包括对本国民营企业、混合所有制企业为代表的社会资本方提供的政府保证。

我们认为，政府保证是对社会投资者保护最为直接有效的方式之一，应当从法律层面赋予PPP模式中政府保证的正当性，应当在法律层面规定政府财政支持的可能性或保证订约当局适当履行其义务的可能性。[⑤]一方面，国家从直接履行提供公共服务和产品的任务中解放出来，应当防止商业主体因其趋利性而做出危害公共利益的行为，所以国家应当承担相应的担保责任。[⑥]另一方面，PPP项目中的政府方也是利用政府保证吸引社会投资者的参与，令社会资本方感受到项目政府背景的强大支持，从而选定以PPP模式与政府合作而不是选择其他普通的投资项

---

① 孟国碧：《论BOT方式中政府保证的若干法律问题》，《河北法学》，2006年第1期，第42页。

② 主体不同：一般担保保证是第三者出面进行担保，而政府保证主要是对政府自己行为的一种承诺。内容不同：民法保证主要是第三人为当事人一方履行债务提供担保，而政府保证则是政府对自己的行为作出承诺，主要针对政治风险、违约责任等。有无主从合同关系：民法保证的保证合同是从属于主合同的，而政府保证没有独立的保证合同，而是直接表示在BOT合同中，所以不存在主从合同关系。责任承担不同：一般担保保证与被保证人就约定具体事项承担连带责任，损害的发生往往与保证人自身行为无关，而政府保证仅仅为追究政府责任提供了前提和可能性，即政府承担的责任事实是由于政府自身行为引起的。

③ 沈玮：《BOT中政府保证的相关法律问题》，《现代法学》，2001年第2期，第127页。

④ 慕亚平、赵康：《BOT的法律问题与我国BOT立法》，《法学研究》，1998年第2期，第80页。

⑤ See The European Bank for Reconstruction and Development(EBRD): Core principles for a modern concession law(MCL), Jan. 2006.

⑥ 李霞：《公司合作合同：法律性质与权责配置——以基础设施与公用事业领域为中心》，《华东政法大学学报》，2015年第3期，第144页。

目。政府保证不仅为社会资本方提供投资信心，还推动了PPP模式在我国长期的发展。政府保证实则是建立在PPP协议约定内容之上，是政府以承诺的方式向社会资本方提供在PPP项目中的某些便利条件，并加强对自身义务和责任履行的约束。“只要行政机关带着行政职权签订契约，比如将价格审批许可权当作筹码放进契约中约定，就等于行政职权进入了契约，应当受制于契约。契约约定之适用于特定地区或特定事项，并不具有普遍的法律约束效力。”①政府保证确实是政府方将非政府机构无法作出的保证当作吸引社会资本方的筹码，是政府为最终接管项目所付出的对价，应当以契约约定为标准约束政府行为。然而，政府保证是一项披着“公法外衣”的“私法行为”，因此应当在法律层面确保在PPP模式中政府保证的合法性和正当性。

### （二）政府保证的类型分析

在确定了政府保证的必要性及正当性的基础上，政府保证从内容上主要包括履约保证、优惠政策保证、外汇的平衡与汇出保证、不竞争保证、有条件地行使“变更”权和“终止”权保证，但政府保证不能滥用。

首先，投资回报率的保证是社会资本方最为关注的一项，由于目前我国PPP模式的项目期间长，回报渠道狭窄，许多项目往往经历很长一段时间的建设运营期，社会资本方收回成本依然存在困难，盈利更是遥遥无期，这也是我国PPP项目社会资本方参与积极性不高和最终项目签约率低下的主要原因之一。国际上PPP项目的投资回报率有两种，“固定比率式”②和“浮动比率式”③。在我国的法律规定和实践操作中，“固定比率式”遭到了否定。《关于试办外商投资特许权项目审批管理有关问题的通知》第3条：“……项目公司也要承担投融资、建造、采购、运营、维护等方面的风险，政府不提供固定投资回报率的保证，国内金融机构和非金融机构也不为其融资提供担保。”在实践中，几乎没有任何一级政府对PPP项目作出固定回报的承诺，因为项目风险本来通过PPP模式公私双方各自分担以后，若风险发生时政府还要承担所有的还款责任，不仅加重了政府的债务负担，还有悖于PPP模式的发展初衷。因而，“浮动比率式”相对受到国内乃至国际上的广泛应用，既能通过合理的回报区间给予社会投资者一定的安全感，避免其血本无归的现象发生，又能根据双方协商，通过科学的计算方式确定合理的回报比例，分摊商业风险，给

① 杨小君：《契约对行政职权法定原则的影响及其正当规则》，《中国法学》，2007年第5期，第76-79页。

② 固定比率式：由项目所在地政府按照事先协商确定的投资回报率承担投资回报数额，无论实际经营状况的好坏。

③ 浮动比率式：政府和项目发起人通过谈判确定投资回报率的上限和下限，经营收入超过回报率的上限属于政府所有，经营收入低于回报率时由政府补贴，在回报率上下限范围内的经营收入为项目公司所有。

予政府方与社会资本方较长的资金准备时间。我国现有的三种 PPP 模式的回报方式：使用者付费的项目中，政府不必对投资回报率提供保证，政府付费、可行性缺口补助的项目政府应当根据项目的实际情况，如项目类型、投资大小、风险分担等因素作出浮动比率式的回报保证。[①]

其次，税收优惠保证亦是当前我国政府保证中承诺最多的条款。通常是根据合作期限的递增，约定税收奖励的比例；或是根据项目规模的面积大小约定税收优惠的具体比例。《中华人民共和国税收征收管理法》（以下简称《税收征收管理法》）第 3 条[②]与 2014 年《国务院关于清理规范税收等优惠政策的通知》（国发 2014 年 62 号）[③]等文件指出，未经国务院批准，禁止机关和单位擅自做出税收优惠政策。因此，今后在与政府的谈判中要注意不得违反有关的规定提出优惠政策，政府也应注意不可任意许诺。[④] 从以上文件可以得出，法律法规没有授权政府方在签约 PPP 协议时对税收减免作出承诺。未经国务院批准，各地区和各部门是不得对社会资本作出财政优惠的，因此在商定政府保证内容之时，公私双方都应当注意对承诺范围的审查以及作出相应的准备工作，判断其是否在法律允许的范围内以及是否需要上报国务院征得其同意。另外，比较常见的是外汇兑换与汇出保证、限制竞争保证、土地和后勤保证等，由于我国立法对上述保证多为采用限制性规定或存在法律空白，如果要彻底保障政府保证义务的实现，首先要建立在法律允许的情况下，严格按照 PPP 合同中约定的内容办事，通过合同来评判政府承诺的兑现程度。社会资本方权益保护的最终落脚点仍然停留在契约对政府保证的约定上，因此在合约磋商阶段应当着重注意对政府保证条款的合法性和精确性的把握。

## 五、政府协助与协调义务之履行

### （一）政府协助义务的现状揭示

笔者通过搜集各行业部分 PPP 项目合同发现，单独约定政府方义务和责任的

---

① 谈建俊、莫纪平：《BOT 相关法律问题研究》，《河北法学》，2000 年第 4 期，第 51 页。

② 《税收征收管理法》第 3 条：税收的开征、停征以及减税、免税、退税、补税，依照法律的规定执行；法律授权国务院规定的，依照国务院制定的行政法规的规定执行。任何机关、单位和个人不得违反法律、行政法规的规定，擅自作出税收开征、停征以及减税、免税、退税、补税和其他同税收法律、行政法规相抵触的决定。

③ 《国务院关于清理规范税收等优惠政策的通知》：各地区一律不得自行制定税收优惠政策；……严禁对企业违规减免或缓征行政事业性收费和政府性基金、以优惠价格或零地价出让土地；严禁低价转让国有资产、国有企业股权以及矿产等国有资源；严禁违反法律法规和国务院规定减免或缓征企业应当承担的社会保险缴费，未经国务院批准不得允许企业低于统一规定费率缴费。……未经国务院批准，各地区、各部门不得对企业规定财政优惠政策。

④ 张志晓：政府和社会资本合作模式（PPP）中的几个法律问题，http://lawyer.ruc.edu.cn/lswz/8b2bacb18flb466081d7ob71671d9e4c.htm，最后访问时间：2017 年 1 月 2 日。

条款，多为对社会资本方的任务安排与行为制约。在存在政府义务约定的PPP协议中，政府的“协助”与“协调”义务被多份协议提及，但总体暴露出规定粗糙、内容宽泛等主要问题。例如，某国家体育场PPP项目协议中约定了“某市发展与改革委员会协调各部门帮助联合体取得利润”的兜底条款，但该兜底条款操作性不强，使得项目实施过程中，股东之间的争议较难得到解决。政府协助义务在PPP协议中还表现在“政府同意协助项目公司对外借款”“政府将积极协助和引导社会资本方办理相关手续”“为社会资本方开展建设、运营维护提供必要的协助，确保其能及时获得必需的许可和批准”“政府负责协调社会资本方与政府相关部门的工作”等具体表述中。关于协助的期限、方式及没有履行协助义务应担负的责任均没有多余的话语，条款的规定并没有加重政府方的负担，社会资本方很难通过法律或合同条款判断政府是否尽到协助义务，协助义务逐渐成为政府方约定在合同中的一项空话。

政府协助和协调义务在PPP项目中必不可少，对于社会资本方相对陌生的基础设施建设及公共服务领域，政府的协助不但能够吸引社会投资者加入，还能提高项目建设和运营的效率，使PPP模式的效用充分发挥至最大化。因此，建议在PPP合同的谈判中，对政府的协助和协调义务予以充分重视，并将细化条款内容作为主要调整方式。不仅要明确政府协助和协调的具体范围，指明社会资本方与政府部门对接的联络人，还要列出政府履行义务不当的情况，以及应当承担的相应责任。

### （二）最高人民法院案例分析

中信国安集团有限公司与江苏省工商行政管理局合同纠纷上诉案[①]，是PPP项目中因政府方协调义务而产生纠纷的典型案例。中信国安公司与江苏省工商局运用BOT模式进行江苏省数字化上行信息系统建设的合作，江苏省工商局下属事业单位江苏省工商行政管理咨询服务中心（以下简称“咨询中心”）作为政府授权的实施机构与国创公司（中心国安公司与创维公司建立的项目公司）签订《关于成立江苏工商企业在线科技有限公司合同》，分别约定政府方咨询中心与社会资本方国创公司双方的职责[②]。政府方主要是负责协调政府有关部门的工作，帮助社会资

① 参见中华人民共和国最高人民法院（2015）民二终字第1号民事判决书。

② 合同中约定政府方咨询中心职责：1. 负责向公司无偿提供信息系统有关的数据资料，协调政府其他部门加入协作网，实现信息共享和交换。2. 负责协调与政府有关部门的关系，获得信息系统项目立项及工程建设所需的政府批文。3. 需物价部门批准的收费项目，由咨询中心及时办妥收费批复文件。4. 不需物价部门批准的收费项目，由咨询中心积极配合并下达有关文件或通知。5. 负责协调工商部门，获得企业入网的相关政策支持并下达文件。6. 积极与工商部门协调，负责“企业电子证照”、CA认证、企业自助网站生成软件、网上政务软件等的推广工作。社会投资方国创公司职责：1. 制定技术方案，实现系统各项应用。2. 组织软件开发及升级。3. 系统的技术维护。4. 组织工商系统人员的技术培训。5. 负责无偿提供国内物流和仓储中心的物资商品信息。中信国安公司主张江苏省工商局违约的主要理由是江苏省工商局未取得与信息系统建设尤其是ca系统建设相关的政府立项手续，而ca认证是信息系统项目对外收费的重要来源。

本方在项目中获得一些便利条件。争议焦点在于江苏省工商局是否按照协议的约定完成案涉信息系统的立项手续，是否没有尽到协调政府其他部门使案涉信息中有偿服务项目获得批准的义务，导致直至合作期满中信国安公司和创维集团的投入无任何回收，预期的收益根本没有实现。

最高人民法院认为本案纠纷产生的主要原因是 ca 系统未能建设导致本案当事人合作的信息系统项目对外收费未达预期，中信国安公司、创维集团投资未获回报。该院认为，根据协议约定，江苏省工商局的义务是负责与系统建设相关的政府立项手续，指导、协调各市、县的非技术性问题。上述约定中的“政府立项手续”是否包含 ca 系统的建设并不明确，即使包含，因是否立项的决定权在政府而非江苏省工商局，结合协议约定的咨询中心“负责协调与政府有关部门的关系，获得信息系统项目立项及工程建设所需的政府批文”的义务，以及国创公司于 2006 年 6 月 6 日给江苏省工商局的函称“由于国家政策调整以及江苏省工商局没有采取必要的行政推进和协调手段，使原定的投资回报及盈利方式受到很大影响”的内容，该义务也应理解为江苏省工商局负责向政府申报建设 ca 系统，而非江苏省工商局确保取得 ca 系统建设的政府立项手续。且在该案审理中创维集团认可 ca 系统建设系因江苏省国密办的要求而停止以及江苏省工商局将信息系统项目报送给了江苏省发展计划委员会，中信国安公司亦认可上述两份证据的真实性，因此，可以认定江苏省工商局履行了向政府申报建设 ca 系统的义务，江苏省工商局并未违反总协议的约定。

笔者赞同最高人民法院的判决结果，协调义务的尽责应当分清政府履行义务与协调结果的区别，当协调后预期结果的最终决定权不在 PPP 协议的政府方当事人手中，或是因为其他政策原因为结果的实现带来了阻碍，应当判断政府方在协调义务的履行上是作为还是不作为，而不是是否达到预期效果。正如，政府违约并不是所有时候都是恶意的，也许是因为形势变化而产生的。另外，在今后 PPP 协议的协商过程中，应当加强政府协调、协助义务条款约定的细化，这样不仅能防止政府因签约后违约毁约的行为发生，不履行协调和协助义务，还能保障社会资本方的自我保护，以及法院判案时法律依据的全面性和具体性。

# 第四章　私法路径之二：社会资本方权利义务之契约化保障

社会文明进化的一个重要标识是，人们普遍认为，合同契约比社会地位更重要。

——[英]赫伯特·斯宾塞(Herbert Spencer)

对交易关系的规制在我国应当是以《民法典》合同编为基础。对于社会资本方自身而言，注重合同的协商签订乃是保障己方利益最直接和最高效的方式之一。正如引言部分所述，我国对PPP协议的签订及其法律功能重视程度不如国外一些国家。一是由于我国政府方主导的合同磋商较多，二是源于社会资本方自身对合同功能的忽视。PPP项目合同体系贯穿于整个PPP项目过程，除PPP项目合同之外，还包括股东协议、融资合同、工程承包合同、原料供应合同和保险合同等。其中，PPP项目合同处于整个项目法律关系的根基和中心地位，被称为PPP项目的“灵魂”，也是社会资本方最核心最有效的法律保障途径。另外，我国大多数PPP项目都会设立项目公司。成立后的项目公司不仅取代社会资本与政府方签约PPP项目合同，还成为其他相关合同的签约主体。所以，社会资本方、政府方的关系联结需要依靠股东协议来完成，股东协议的拟定也是PPP模式法律框架中的重中之重。关于合同体系中的其他与第三方建立的履约合同，与其他普通的履约合同相比无明显的特殊性，均由《民法典》合同编规制安排，所以于本章内不做单独讨论。因此，凭借私法路径来保护社会资本方利益具体的表现方式在于对PPP项目合同和股东协议条款的全面考量、合理设置以及救济渠道的确定和保障。

## 第一节　PPP项目合同的基本内涵

第三章我们讨论了通过对政府权力的契约化处理，将部分权力转化为PPP合同中的特殊权利，通过私法路径来约束和规范政府在PPP合同履行中的部分行为,从而实现对社会资本方的相对保护。对于社会资本方自身而言,对PPP合同体系和核心合同的充分了解,有助于全面把握项目全过程的各项操作,并且在合同磋商过程中敢于向政府方表达自身的利益需求,通过推进项目合同条款的细化完善来保障自身权益。

## 一、项目合同的特征

### (一)长期性

与普通民商事合同相比,PPP项目合同较为明显的一大特征即是合同的期限较长。周期从项目识别、项目准备、项目采购、项目执行到最后的项目移交,公私双方产生争议和纠纷一般发生在项目采购阶段之后。我国财政部和发改委对PPP模式的定义中都将“长期”二字纳入其中,表明了公私双方拥有长期合作期限的项目才能属于PPP模式的范围。2016年财政部起草的《中华人民共和国政府和社会资本合作法(征求意见稿)》(以下简称《PPP法征求意见稿》)第26条明确指出PPP项目的合作期限一般不少于25年;2017年7月,由国务院法制办、国家发展改革委、财政部联合起草的《PPP条例征求意见稿》第5条也将“长期合作”列为PPP模式的原则之一,并在第16条明确PPP项目期限一般固定在10年至30年之间。PPP项目基本上是大型的基础设施和公共服务项目,无论是从建设体量,还是项目全生命周期的复杂程度考虑,[①]合同期限的长期性均是PPP项目顺利开展的必备前提。

正如《澳大利亚国家PPP政策框架》所指出,拥有长期稳定的项目合同是PPP项目运行的核心要素之一,PPP合同必须具有足够的灵活性去面对PPP项目中资产和服务未来可能发生的变化,才能与经济发展、技术发展和社会发展保持相应的步伐。[②] 长期合同在协商过程中需要考虑的因素更多,对期限的约定也可以分为不同种类,如固定期限和弹性期限、统一期限和分隔期限等。在合同中应当重视对“协议变更”“再谈判机制”等条款的设置,才能有效保证PPP模式为公众所提供的产品和服务的持续性。

### (二)法益多元性

合同是商品经济发展的产物,普通的民商事合同是交易双方为了实现自己的利益(多数情况是经济利益)目的而订立的,然而PPP项目合同要兼具社会公共利

---

① 全生命周期包括PPP项目的设计、融资、建造、运营、维护和移交的完整过程。

② Australian Government Department of Infrastructure and regional Development,“National Public Private Partnership Policy Framework,”October 2015,p.12.

益和社会资本方的私人利益。[①] 普通的民商事合同在意的是交易安全和效率，更加注重经济利益的往来。而 PPP 项目合同中，公私利益冲突是 PPP 模式的主要特点，在一份项目合同中将两种不同方向的利益同时兼顾，的确加大了 PPP 项目合同编纂的难度。一方面，公共部门寻求依靠 PPP 模式为国家和人民提供更加优质的公共产品或服务，在项目合同中倾向于制定以公共利益优先的条款，并且为了维护人民集体的健康和财产安全而保留己方在项目运行中的一些特殊权利，如前所述的监管权、介入权等。另一方面，私人部门参与 PPP 模式的目的在于获得稳定而又丰富的回报，与其他企业在市场交易中展现的逐利性别无二致。要在合同中既保持双方利益的平衡，又能尽量满足各自的需求，合同磋商过程务必要引起公私双方的格外重视。

## 二、项目合同的保障原则

### （一）公平原则

公平原则作为民法的基本原则在 PPP 模式私法路径下尤其是项目合同的保障功能中起到举足轻重的作用。源于政府方行政主体地位和行政权力的特殊性，PPP 项目合同首先应当遵循公平原则，确立当事人双方的权利义务。尤其是政府方拥有一定的特殊权利，相应地应当承担更多的义务。而社会资本方在面对对方特殊权利非正当行使时，也应当在合同中获得相应的权利救济。其次，公平原则还体现在风险的合理分配。[②] 我国部委的规范性文件对风险的合理化分配有所阐述，秉持风险分配给最有能力控制且有能力以低成本转移风险的一方原则，指出建设、运营风险由社会资本方承担，法律、政策调整风险由政府方承担。由于过去一些 PPP 项目没有设置有效的风险分担机制，导致政府方需要为所有的风险承担兜底责任，因此，部分文件当中反复强调要减少政府不必要的财政负担和风险承担，要通过 PPP 模式将风险转移给社会资本方承担。根据公平原则，任何一方承担风险都要有上限，承担风险的同时也要设置相应的补偿机制，风险分担和利益分享必须相匹配。再次，公平原则应当体现在合同违约责任的确立方面。[③] 在现有的部分 PPP 项目合同中，对于社会资本方的违约责任约定较多，相反，对政府方的规制较少，极不利于通过合同改善公私双方在地位上的差距，也为政府方违约毁约留下了更大的空间。最后，当客观情况发生改变致使合同关系显失公平时，公私双方应当通过协商对部分合同条款进行调整。如果遇到一方当事人对协商持消极态度，

---

① 方勔：《我国 PPP 项目合同标准化研究》，华东政法大学硕士论文，2016 年 3 月，第 15-16 页。

② 韩世远：《合同法学》，高等教育出版社 2010 年版，第 17 页。

③ 孙晓洁：《商事合同法律规制与风险防范》，中国检察出版社 2015 年版，第 15 页。

受不利影响的一方可以依据情势变更原则向法院或仲裁机构申请变更合同。另外，对于合同最初订立时出现的显失公平的权利义务安排，判断是否属于可撤销的合同范围，当事人可以根据《民法典》第146条至151条保障自身的合法权益。但源于PPP模式带有强烈的公益性，于安教授指出在PPP模式中显失公平原则的前提条件是“交易的资产都不涉及或者不直接涉及公共利益”。然而政府方的承诺能力受到政治和法律条件的限制，[①]难以保证在合同中双方权利义务的绝对平衡。因此，在合同的磋商中，政府方可以适当向社会资本方作出部分权利让渡和利益让渡，从而保持合同中权利义务的相对平衡。

**（二）权益保护有效性原则**

在参与PPP项目之前，除了项目的投资回报水平，绝大多数社会资本方最为关注的是救济方式的问题。作为最后一步的法律保障，救济渠道的通畅是社会资本方最有效的自我保护方式。由于在我国现有的法律框架下，法律法规均没有明确PPP模式采用何种救济方式。在各部委文件中，调解、仲裁和诉讼均被安排在争议解决方式的条款当中，一方面，展现出我国将PPP模式的争议解决方式向民事救济方式的倾斜；另一方面，对于诉讼类型各文件也没有明确说明。仅在《行政诉讼法》及其司法解释中，将特许经营合同、符合特定条件的PPP协议所引起的纠纷列入行政诉讼的受案范围。如前所述，特许经营仅是PPP模式的一类，意味着其余PPP模式的合同纠纷并不属于行政案件的受案范围。

有学者提出，在非特许经营类PPP项目合同中，政府方和社会资本方因合同发生争议，双方可以依法提起民事诉讼。在特许经营协议中，政府方对社会资本方的不履行行为可以提起民事诉讼，而社会资本方对政府方的相同行为只能提起行政诉讼。[②] 该学者之所以把同一项法律关系分为不同的诉讼类型起诉，一是因为法律对特许经营的争议解决方式有所规定，二是我国行政诉讼制度的单向性。该观点表面上看似理性，但在实际操作中会存在一定限制。首先，在特许经营的法律关系中，政府方和社会资本方之间是同一对法律关系，却因为诉讼方向的不同而导致适用不同的诉讼类型，此种操作实在有些不妥。其次，根据我国现有的司法体系，行政庭并不熟悉市场交易类的案件的审理，再加上社会资本方在PPP项目和行政诉讼案件中本身处于弱势地位，不利于对其权益的有效保护。政府方不履行特许经营合同约定的义务，其实质与民事法律关系主体不履行合同义务无异，与项目实施前或运行中所作出的行政行为性质不同。对于PPP项目合同的定性在我国一直存在争议，有学者指出：“在我国目前对民事合同的保护比行政合同的保护

① 于安：《我国PPP合同的几个主要问题》，《中国法律评论》，2017年第1期，第46页。

② 何春丽：《基础设施公私合作（含跨国PPP）的法律保障》，法律出版社2015年版，第97页。

更为有效，只要不损害公共利益，把某些处于模糊状态的合同作为民事合同来保护，并非不可。”[①]因此，对于项目合同中所存在的争议解决方式的选择，从社会资本方的权益保护出发，确定以民事救济途径更为有效。

### （三）禁止权利滥用原则

禁止权利滥用原则是指权利人不得因不适当地行使权利而损害社会公共利益或他人利益的行为。该原则是典型的私法原则，实为民法基本原则的下位原则。禁止权利滥用原则在绝大多数国家尤其是大陆法系国家的立法中得到了确认，在法国、瑞士、日本的民法典中对该原则有明确的条款设置，[②]我国《宪法》第 51 条较为直接地体现了该原则的基本精神。[③] 尽管法国民法学家普拉尼奥尔曾经提出该原则是一个自相矛盾的伪命题，法律赋予了个人权利反过来却又指责其违反了法律。[④] 但实则任何事物都是一分为二的，权利一方面被法律赋予和保护，相反的就应当被限制。权利滥用的构成条件分为主观说、客观说和主客观结合说，赵万一教授将其总结为以下四个条件：(1)滥用权利必须以行为人拥有该权利为前提，并且权利的产生和内容都是合法有效的；(2)权利人必须是不适当地行使了权利；(3)权利人须有过错或缺乏善意的主观心理；(4)权利滥用必须给社会或他人利益造成损害，或者为自己谋取了非法利益。[⑤]

在 PPP 项目合同中，公私双方根据权利义务的分配，成为权利主体之后，也会面临引起权利滥用的可能性。与普通民商事合同不同，PPP 项目合同中部分条款与公共利益挂钩，更加排斥权利滥用对社会造成的损害。从政府方和社会大众的角度出发，一方面，期望社会资本方能够按约履行权利义务，向公众提供优质的公共产品和服务；另一方面，又希望社会资本方的经营权、运营维护权、收益回报权等权利能够受到一定限制。对于普通的商品交易，个人权利的行使与社会利益之间没有太大的利益冲突，但是在 PPP 项目中，将公共产品和服务推向市场，首要任务即是要把握其安全和稳定。社会资本方主体为了追求自身的经济利益，如果没

---

① 叶必丰主编：《行政法与行政诉讼法》(第四版)，中国人民大学出版社 2014 年版，第 167 页。

② 《德国民法典》第 226 条“禁止恶意”条款指出“权利的行使不得已损害他人为目的。”《瑞士民法典》第 2 条第二款：“明显地滥用权利，不受法律保护。”《日本民法典》第 1 条“基本原则”提出：“(1)私权应当服从公共福利；……(3)禁止滥用权利。”以上作为民法体系发达的几个国家民法典都将禁止权利滥用原则放在重要位置，由此可见该原则在私法体系中的基石作用。

③ 《中华人民共和国宪法》第 51 条规定：“中华人民共和国公民在行使自由和权利的时候，不得损害国家的、社会的、集体的利益和其他公民的合法的自由和权利。”

④ 参见[法]雅克・盖斯旦、吉勒・古博：《法国民法总论》，陈鹏等译，法律出版社 2004 年版，第 702 页。转引自易继明：《禁止权利滥用原则在知识产权领域中的适用》，《中国法学》，2013 年第 4 期，第 40-41 页。

⑤ 赵万一、刘云生主编：《民法的伦理分析》(第二版)，法律出版社 2012 年版，第 209-210 页。

有法律约束，可能会在行使权利的过程中漠视社会公共利益。从社会资本方的角度出发，根据前几章的论述，合同赋予了政府方优于社会资本方的特殊权利，此类权利的行使更加应当防止其滥用。尽管政府方权利滥用的后果绝大多数损害的是私人利益，但如果合同中不秉持禁止权利滥用原则而设立条款限制政府方的权利使用，那就与政府部门行使行政权力压制私人部门利益的行为相差无几，并不能发挥私法规制的能动性，亦不利于对社会资本方的利益保护。因此，在合同条款的设置中，应当侧重对禁止权利滥用原则的运用。除了对社会资本方权利的必要限制以外，着重对政府方权利行使的目的、边界、后果作出详细规定，并明确其判断标准。如果政府方一旦达到滥用权利的标准，社会资本方即可依据合同条款提起仲裁或民事诉讼。

### 三、项目合同主体的认知

PPP项目合同的社会资本主体分情况而谈，第一种情况是政府方直接与通过竞争性程序选择的社会资本主体签约，即双方直接成为合同的当事人。第二种情况是由社会资本设立专门负责实施PPP项目的项目公司，由项目公司负责签订PPP项目合同，合同主体就应当是政府方和项目公司。在我国PPP模式的相关文件中，对是否必须成立项目公司没有硬性规定。仅在《特许经营办法》第十六条指出，应当在招标或谈判文件中明确是否要求成立特许经营项目公司。但在我国的实际情况中，绝大多数的社会资本方都倾向于建立专属的项目公司，原因在于一是有利于“专人做专事”，二是为了实现社会资本对项目投资的有限追索，三是便于政府通过入股项目公司的方式对项目的监督管理。对于政府方主体而言，可以是各级人民政府自身，也可以是其授权实施机构。但对于实施机构的具体范围，仅有“发改委2724号文”给出过相应主体的范围界定，但也属于开放性范围。而《PPP条例征求意见稿》中仍然没有给出界定政府方主体的条款，为条例的修改留下了较大的修改空间。另外，该条例第二十二条指出政府有关部门应当履行PPP项目合同中约定的政府承诺和保障，但有所忽略是的合同相对性的问题。

## 第二节　社会资本方权利义务的合同表达

公法的优势在于利用其强制性、权威性和可信赖性保障社会公益的实现，能够为PPP项目的实施和运行搭建坚实的制度框架。私法的优势在于灵活高效，便于明晰当事人之间平等的法律地位及保障其在项目合作中的有效沟通。私法路径是以当事人的权利义务安排为基础的，《发改委PPP合同指南》针对社会资本主体权利义务作出过简要的界定，[1]但实践中公私双方对权利义务的合同设置仍然缺乏重视。因此，我们应当注重 PPP 项目合同的谈判和磋商过程，将社会资本方权益保护回归到合同的科学设计和有效管理中去。同时，应当加强社会资本方以明确其权利义务的合同设置为基础的自我保护意识。

## 一、社会资本方在 PPP 合同中的主要权利

### （一）经营管理公用事业的权利

在传统的公用事业法律制度中，政府是管理公用事业的权利主体。PPP 模式中，政府部门将公用事业的管理权、经营权按照合约授予私人部门，并且该权利具有排他性，政府不得将其再授予其他主体。私人部门在规定的期限内，成为经营管理公用事业的权利主体，一定程度上甚至享有公权力的特权。[2] 权利的行使依照私人部门的安排，除合同约定的特别情况下，政府不得剥夺和干预其经营管理公用事业的权利，只能在必要的时候给予配合和协助。同时，政府仍然享有对公用事业的监管和介入等特权，但都不能影响社会资本方在 PPP 模式中对项目的经营监管权利的正当行使。

### （二）收益回报权

在 PPP 模式私人参与者的眼中，收益回报权是最基本也是最为重要的权利之一。PPP 项目投资资金量大、投资回报渠道比较单一、投资回报周期长，企业大部分或全部投资回报资金来源于使用者付费和政府财政付费，并没有明显的经济效益来源。一旦政府出现支付违约或是使用量低于预期导致使用者付费不足，企业便无法支持，陷入困境，特别是中、小型企业，很容易出现资金链断裂的严重危机。[3] 在我国 PPP 项目的实践当中，社会资本方时常因为收益回报权受到侵犯或缺乏相关补偿机制而陷入经济危机，这也是目前私营企业、民营企业参与率低最直接的原因。企业都以盈利为目的，加入 PPP 项目的初衷即是能够进入更广阔的领域进行投资，从而获得更丰厚的利润。若无法保证社会资本方获取报酬的权利，一个长期处于亏损的公司不可能为社会提供优质的公共产品和服务，极端来讲，可能

---

① 《发改委 PPP 合同指南》第 7 条第二、三款：权利界定：项目合同应明确社会资本主体的主要权利：(1)按约定获得政府支持的权利。(2)按项目合同约定实施项目、获得相应回报的权利等。义务界定：项目合同应明确社会资本主体在合作期间应履行的主要义务，如按约定提供项目资金，履行环境、地址、文物保护及安全生产等义务，承担社会责任等。

② [法]让·里韦罗、让·瓦利纳：《法国行政法》，鲁仁译，商务印书馆，2008 年版，第 482-483 页。

③ 周正祥、张秀芳、张平：《新常态下 PPP 模式应用存在的问题及对策》，《中国软科学》，2015 年第 9 期，第 91 页。

会引发央企或国企新一轮政府或国有负债，其他民营资本可能会面临破产的风险。

目前，社会资本方的收益回报是建立在项目运营绩效的基础之上的，在提供服务的过程中而通过合同约定的取得收益的方式和范围获取回报。PPP 模式的收益原则为盈利而不暴利，因此在我国各项 PPP 模式的文件中，明显看出对社会资本方收益回报权利的限制。

此外，我国特别强调反对“固定回报”，因此，有必要理性对待固定回报的合同条款。在合同中约定的固定回报形式有很多，例如“差额补偿承诺”“固定保底量承诺”等，避免通过该方式进行变相融资。[①]《PPP 条例征求意见稿》第 18 条规定“不得约定由政府承担社会资本方投资本金的损失……不得约定社会资本方的最低收益”，两个“不得”的目的在于防范固定回报。从社会资本的角度出发，之所以现存的部分 PPP 合同中存在固定回报的条款，是因为目前我国 PPP 模式的整体发展并不成熟稳定，法律制度也不够完善，在项目融资、建设、运营维护等方面存在大量风险，而这部分风险几乎都是由社会资本方承担的。固定回报实则为吸引社会资本进入 PPP 项目的兜底保障，防止和杜绝固定回报无疑是增加了社会资本方投资 PPP 项目的风险指数。企业受经济利益的驱使，如果 PPP 项目投资方的风险过大，收益又无法得到保证，企业根本不会从项目起始参与投资，PPP 项目也难以得到开展和实施。从政府方的角度出发，对固定回报的承诺无异于将项目风险转移到政府身上，一是容易导致政府负债率增加，与 PPP 模式的目标背道而驰；二是不利于社会资本方的用心经营，造成其在获取固定回报的基础上无所事事。三是作为民事合同下平等地位的当事人，一方却要为另一方的经营结果兜底补偿，有违民商法的公平原则，股东应当以其出资额为限对公司承担责任。PPP 模式的功能在于改善民生、维护秩序，应当以公共利益为首，兼顾政府方和社会资本方的利益。再者，PPP 模式是将公共产品和服务放置于市场，通过市场的开放性刺激竞争，充分发挥市场经济的积极作用，提高公共产品和服务质量。如果加之固定回报，一定程度上封闭了市场的自由竞争区域，结果为了吸引社会资本反而弄巧成拙。

固定回报固不可取，但作为社会资本方在 PPP 模式中的核心权利，收益回报权应当得到一定的保证，既要稳定社会资本方的收益预期，又要防止不合理的利益输送，即政府提出收益回报应当以“合理性”为原则，即提出“合理回报”的概念。一方面，合理回报的建立是保证社会资本投资收益最大化和降低政府负债的平衡点；另一方面，也是控制社会资本方的趋利性和维护社会公共安全的一道关卡。《发改委

---

① 参见《关于进一步做好政府和社会资本合作项目示范工作的通知》第 1 条第二款、《关于在公共服务领域深入推进政府和社会资本合作工作的通知》第 5 条、《关于进一步共同做好政府和社会资本合作(PPP)有关工作的通知》第 5 条。

PPP合同指南》第55条指出，在合同中约定社会资本主体获得的收入范围及计算方法，《政府和社会资本合作项目财政承受能力论证指引》(以下简称"财金〔2015〕21号文")第18条提到合理利润率应以商业银行中长期贷款利率为基准，以可用性付费、使用量付费、绩效付费为考虑因素来确定。有学者提出，"合理收入"不是通过投资人竞争而形成的，而是通过政府方的计算、测算甚至规定而产生的做法颇为不妥，认为合理利润不应该来自政府的事前计算，而应来自企业的事中竞争。[①]

笔者认为，政府之所以要设置合理回报的观念有两点原因：第一，为控制社会资本方在PPP项目尤其是在使用者付费的项目中谋取暴利，产生危害社会公共利益的行为；第二，在政府付费或补贴的项目中，增加政府财政支出。因此，对于合理回报应当分为以下两类来讨论，首先对于使用者付费的项目，与普通公司的盈利相比，社会资本方是从基础设施和公共服务领域赚取利润，因此政府认为社会资本方的趋利性无限扩大有可能会导致服务领域的不稳定性，给公共利益带来消极影响。但是如前所述，PPP模式的本质就是将公共事务引进市场，通过市场竞争选取社会资本方，利用社会资本方的资金技术优势为公众提供优质的公共产品和服务，再通过市场激励使社会资本方赚取回报的一个过程。如果回报率还需要由政府方控制和计算，有违PPP模式的平等原则和公平原则。起初，在社会资本进入项目之前的阶段，在我国PPP模式发展的现状下，还没有形成社会资本尤其是民营资本参与PPP模式的积极氛围，大多数社会资本只是采取观望的态度。我国更应当通过放开市场激发社会资本方的积极性，而刺激投资人最直接的方式即是让他们感到有利可图。利润是企业持续发展的动力，收益回报就是利润的根本来源。其次，在社会资本进入项目之后的阶段，更应当通过丰富的回报"回馈"社会资本方，使其有经济实力、创新实力和持续动力为公众提供优质而稳定的服务。《财政部PPP合同指南》第四章第一节公共交通项目在"保证合理回报原则"中提到，在收回成本之后，项目公司应获得与同行业平均收益率相适应的合理收益回报。笔者认为，社会资本方通过自己的努力和付出，获得高出同行业平均收益率的回报并无不妥。如果要限制其保持平均水平，社会资本方为何不选择普通的投资项目而要参与到风险较大且法律保护不够完善的PPP模式中？真正地保证社会资本方提供的产品和服务的稳定性和安全性不是依靠控制收益回报来确立的，而是通过建立全面的监管机制来完成的。

另外，我们需要注意的是，如果所涉的是政府付费或政府补助的PPP项目，收益回报相对固定。采取事先测算的方式在项目实施方案中约定合理回报的范围，

---

① 周林军：《中国PPP热潮下的冷思考：七个重要问题待解》，http://finance.qq.com/a/20170204/029955.htm，最后访问时间：2017年6月12日。

一方面有利于政府财政预算的安排；另一方面能够防止财政支出的无限扩大而导致政府负债率上升。测算的方式可以遵循以下几条原则：第一，“财金[2015]21 号文”规定：社会资本投资回报涉及的财政支出不应超出财政支出责任上限。第二，“国办发 42 号文”指出，社会资本投资回报是其提供公共产品或服务的对价。第三，《PPP 条例征求意见稿》第 17 条明确社会资本方的收益与项目运营的绩效挂钩。最后，无论是使用者付费还是政府付费，当社会资本方达到超额收益时，可以通过合同的协商约定制定超额收益分配机制，例如，从超额收益中提取奖金支付给社会资本方，由公私双方按比例提成，延长双方的合作期限等。[①] 收益回报是商业谈判中极为敏感的话题，也是 PPP 项目合同签订的重中之重。只有通过当事人的充分重视，以及合理的回报机制设计，才能达到双赢的效果。

### （三）土地使用权

源于我国实行土地的社会主义公有制，国有土地的所有权和使用权相分离。PPP 项目公司只能在项目执行期间获得土地使用权，土地是整个 PPP 大厦的地基，而土地使用权则是社会资本的重要工具。由于我国关于 PPP 模式的法律建设不完善，在实践操作中土地取得可能会面临“巧妇难为无米之炊”的问题，使得社会资本方的土地使用权无法得到保障。关键还是制定合同的环节，PPP 项目应当通过合同约定好双方的权利和义务，解决好土地问题。

1. 我国现行法律框架下的土地使用权(见图 1)。

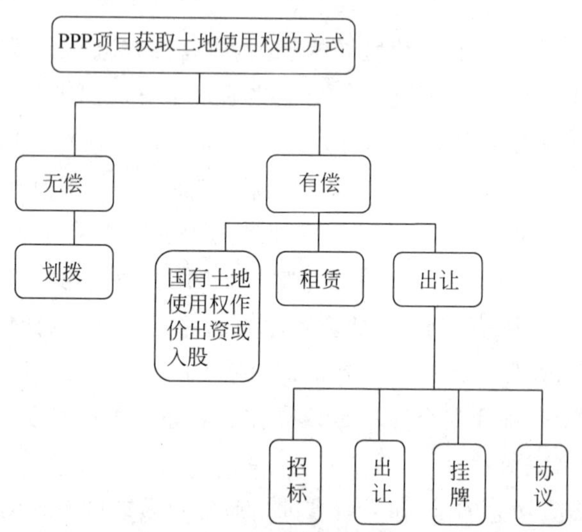


**图 1　我国 PPP 项目土地使用权获取方式**

① 李兵：《PPP 项目法律实务研究系列之四：PPP 项目社会资本投资回报的合理性、合规性及机制设计》，http://mp.weixin.99.com/s/rioV6BORXoji/MIJQcfywQ，最后访问日期：2017 年 6 月 13 日。

根据我国现有的法律法规，社会资本方可以通过以下集中方式取得PPP项目用地：(1)划拨；(2)出让；(3)租赁；(4)国有土地使用权作价出资或入股。其中，后三项为有偿使用方式，第一项无偿使用的划拨用地受到严格条件的限制。PPP项目主要是针对基础设施和公共服务领域，根据《中华人民共和国土地管理法》和国土资源部颁布的《划拨用地目录》，PPP模式的大多数项目用地属于可以划拨方式取得土地使用权的规定范围，实际操作中，大多社会资本方就是通过划拨方式取得了项目用地。然而，PPP项目的种类繁多，如果不满足以上法律规定，如以盈利为目的的项目，非国家重点扶持的能源、交通、水利等基础设施用地项目，应当以有偿方式提供土地使用权。不同有偿方式的选择，对后续项目合同的签署也会带来不同的影响。比如，采取租赁方式取得土地所有权，除了缴纳租金费用以外，还需要注意租赁期限的长短。《民法典》合同编第705条规定租赁期不得超过20年，超过20年的部分无效，但我国PPP项目的最长期限确定为30年，因此，项目主体应当关注租赁期限和PPP项目期限的匹配问题。

另外，PPP模式在我国复兴之初的前三年，还存在中标的社会资本方能否顺利获得项目所需的土地使用权的难题。土地出让大多通过招标、拍卖、挂牌等程序才能使项目公司获得土地使用权，必须严格执行《招标拍卖挂牌出让国有建设用地使用权规定》。即使是通过协议出让的方式，也有非常严格的前置条件，若满足了前置条件也可能因为两个以上的意向者竞争而回归到招标、拍卖、挂牌的程序。因而，所产生的问题即是社会资本方通过PPP项目招标中标之后，还需要通过国有土地使用权的招标拍卖挂牌的程序才能获得PPP项目用地，如果有其他的竞争对手，中标的社会资本方还需要参与到后续的竞争程序，存在不能拿到项目用地的风险。由此，该风险不仅为项目公司的融资能力带来消极影响，还将其置于接管PPP项目进退两难的境地，大大提高了社会资本方的投资风险。[①] 可喜的是，2016年10月财政部发布了《关于联合公布第三批政府和社会资本合作示范项目加快推动示范项目的通知》，明确指出了在满足一定的条件下，可将通过竞争方式确定项目投资方和用地者的环节合并实施。[②] 同月，国家发改委和国土资源部办公厅相继发布相关文件，[③]进一步明确和细化合并环节的相关规定。三部委的重磅发声表明了政府对投资主体和用地者竞争环节合并实施的肯定态度，给PPP项目的前期准备提供了极大的便利，但三份文件的法律层级较低，仍然需要通过法律法规的修改消除法律障碍，以及具体如何操作该合并实施的方案，也有待法律的进一步梳理和

① 徐向东：《PPP项目实践的十大法律问题》，《东方早报》，2014年12月2日，第9版。

② 参见《关于联合公布第三批政府和社会资本合作示范项目加快推动示范项目的通知》第5条第三款。

③ 参见国家发改委发布《传统基础设施领域实施政府和社会资本合作项目工作导则》第13条，国土资源部办公厅发布《产业用地政策实施工作指引》第9条。

明确，从而保证合并环节的合法性和可操作性。

2. 土地使用权的限制

根据我国相关土地的法律法规，出让土地使用权可以依法转让、出租、抵押和继承；划拨土地在依法报批并补缴土地使用权出让金后，可以转让、出租、抵押。由于 PPP 项目的公益性质，出让方式获得的土地使用权也受到法律[①]、土地使用权出让合同或者规划批准文件的一定限制。此外，尽管 PPP 项目土地使用权在项目期限内带有独占性，但在 PPP 项目合同中一般也会明确作出对土地使用权的限制条款，例如："除非经政府批准，社会资本方不得变更项目用地的用途或将该土地使用权转让、出租和抵押"，"除了以本项目融资为目的，土地使用权不得为其他目的进行转让或设置担保权益"。[②]

另外，社会资本方的土地使用权在 PPP 项目中也难以得到保障，在重庆市曾家岩嘉陵江大桥项目 PPP 项目合同中规定，"在项目合作期间，因公共利益需要，需占用项目用地，社会资本方无条件配合并不得收取任何占地费用，给其造成经济损失的，由甲乙双方协商解决。"同样是公益项目，但如果基于其他公共利益的需要，社会资本方的项目用地也可能在不收取任何费用的情况下被占用，而并没有明确指出政府或第三方占地机构向社会资本方补偿相应的经济损失。

## 二、社会资本方在 PPP 合同中的主要义务

没有无义务的权利，也没有无权利的义务。尽管在项目合同的约定中，权利的赋予和行使是社会资本方自我保护的最佳手段，但义务的赋予和履行亦是社会资本方在国家公用事业的建设中应当承担的责任。最重要的是，合同义务的确定能够让社会资本方的义务法定化、固定化，可以有效排除社会资本方承担的其他非合同义务，减轻社会资本方的负担。

### （一）社会资本方的企业社会责任

早在 1932 年，多德就提出了企业社会责任的概念："公司不仅要对社会承担责任，而且控制公司活动的经营者也应对社会承担责任。"[③]世界经济论坛提出企业公民的社会责任包括公司治理和道德标准、对人的责任、对环境的责任以及对社会发展的广义贡献。在我国普通的企业运营中，企业对社会责任的重视往往容易

---

① 原《中华人民共和国担保法》第 37 条第三款和原《中华人民共和国物权法》第 184 条：学校、幼儿园、医院等以公益为目的的事业单位、社会团体的教育设施、医疗卫生设施和其他社会公益设施不得进行抵押。

② 周兰萍：《PPP 的法律性质何在》，《施工企业管理》，2014 年第 9 期，第 122 页。

③ 李连祺、董惠江：《企业社会责任与公司捐赠法律问题研究》，《中国商法年刊》，2009 年第 1 期，第 333-338 页。

被自身的逐利性所掩盖，但实则以《中华人民共和国公司法》第五条为基础，国资委早在 2007 年发布的《关于中央企业履行社会责任的指导意见》，对公司社会责任的概念就有明确的规定和解释。企业的社会责任分为法定责任和道义责任（也称伦理责任），法定责任主要是指公司在法律框架下必须承担的刚性义务，如依法纳税、按期履行债务、信息公开等义务。法定意义上的社会责任即是依靠法律责任的追究机制来监督，对于该类刚性义务的落实是以公司章程和股东协议为载体，以《公司法》为首的法律法规为标准，以强大国家公权力为保障。相反，道义责任是对公司柔性社会义务的要求，没有法律条文的明文约束，主要是依靠企业自身的道德观和内部机制来实现。一些企业通过树立公司责任理念，在公司章程中增加了公司社会责任的条款，自发推出公司社会责任的内部制度。[①]

### （二）企业社会责任的具体化

在目前我国市场经济的大环境下，客观来讲，普通公司对他人、环境和社会付出的道义责任（柔性的社会义务）主要建立在自愿的基础上，已经开始承担道义责任的公司绝大多数都是实力雄厚的大公司，主要包括央企、国企以及经济效益卓越的小部分私营企业，对自身公司的信誉、口碑比较重视，为了公司业务在市场上的进一步拓展，由此才会作出主动承担社会责任的某些行为。在 PPP 模式中，政府逐渐从过去项目的执行者转为项目的监管者，具体项目的操作和运行由社会资本方行使。社会资本方的行为不仅关系着企业自身的信誉，而且与社会公共利益和公共安全直接挂钩，因此企业的社会责任在 PPP 项目中显得尤为重要。社会资本方不仅要严格履行法定责任，还要将道义责任转换为法定责任，柔性义务不再是依靠企业自己的选择，而是需要通过契约化，将其约定在 PPP 项目合同框架内。因而，社会资本方根据发改委和财政部发布的合同指南，在设定投资、建设、运营维护、移交中常规履行的法定义务以外，[②]还应当在合同中注意明确：

#### 1. 保证项目运行安全并保持设施处于良好运营状态

《PPP 条例征求意见稿》第 23 条提出“社会资本方应当……提供持续、安全的公共服务”，对于如此纲领性和概括性的条款，在许多 PPP 项目合同中并没有得到明确。首先，运行安全不仅是指设备的状况，还应当包括环境安全、劳工安全等社会公共安全。其次，应当明晰“良好运营状态”的标准，一般是规定在项目移交的部分，要根据具体设备和不同项目的实施来确定。表明“良好运营状态”的期间，应当

① 刘俊海：《现代公司法》（第三版），法律出版社 2015 年版，第 789 页。

② 本段只是总结现行部分项目合同中一般容易被忽略的当事人义务而提出讨论。当事人权利义务遵从意思自治的原则，由公私双方根据法律法规和参照政府部门发布的 PPP 模式相关文件自行约定，可以概括为完工义务、质量义务、进度义务、合作义务等，其他当事人的法定义务兹不赘述。

是从设备投入使用至移交阶段，并不只是在最后的移交阶段保证良好的运营状态，而在中途设备长期处于不达标准的运营状况。

2. 不得滥用专有经营权

一方面政府在授予社会资本方特许经营权之后，该经营权具有排他性，社会资本方可以自主行使该权利，政府方亦不能轻易干预其项目内部的管理经营。另一方面由于公共事业经营权的特殊性，社会资本不得擅自对经营权及获取的权益转让、出租、质押或作其他处置。但是，由于 PPP 项目的收益回报周期较长，为防止社会资本方受非法利益驱动，在合法的框架下无限放大经营权而出现损害公共利益的行为，应当将不得滥用专有经营权明确列入社会资本方的利益中。

3. 不得拒绝服务

PPP 项目的本质是政府将自身提供各项公共产品和服务的职能交由社会资本方，涉及交通、水电、环保等最为关乎国计民生的重大项目，政府主要负责项目监管。社会资本方不得在任何情况下擅自拒绝提供服务，应当建立完善的风险机制，由政府方负责判断社会资本方所遭遇的情形以及在必要时接管项目，必须保持公共服务的持续性。

4. 接受政府和公众监督

《PPP 条例（征求意见稿）》第 34 条："社会公众有权对合作项目的发起和实施进行监督"，重庆市发展和改革委员会发布的《重庆市 PPP 通行协议指导文本》第 3 条第六款"乙方的权利义务"提出："接受政府部门的行业监管。服从社会公共利益，履行对社会公益性事业所应尽的义务和服务"。除了政府的监督之外，接受公众监督也应当成为社会资本方应当履行的义务之一。

## 第三节　项目公司章程设计的特殊问题探析

如前所述，在 PPP 庞大的合同体系中，形成以 PPP 项目合同为核心，股东协议和其他合同并存的局面。在以项目公司为社会资本方负责的 PPP 项目中，政府出资代表、社会资本及其他股东通过共同签订股东协议，建立长期有效的合约关系。如 PPP 项目公司的股东架构由三类股东共同构成，即股东同时包括政府出资人代表、纯投资者、专业公司这三类主体，则项目的顺利实施较有保障。因政府如作为项目公司股东，便于项目公司与政府相关机构的沟通和协调，特别是涉及土地问题时，以及政府可依靠行使参与重大决策和选择管理者的权利，对项目进行全方位的监督；而纯投资者的参与可以较好地解决项目公司的融资问题；建设商、运营商等专业公司的加入有利于项目建设和运营等的顺利进行。[①] 但是这几类主体并非在所有的项目中都会有。一是在投资方全资设立项目公司的情况下，不存在多家股东，自然不存在股东协议；二是在部分投资项目中，股东之间以项目公司的公司章程替代了股东出资协议，股东之间的权利义务体现在公司章程之中，也不存在单独的股东协议。因此，本节将项目公司的公司章程和股东协议中争议较大的特殊问题进行归纳讨论。

在PPP项目的实践操作中，在专业技术人员的辅助下，在保障充分意思自治和协商合意的前提下，公司章程和股东协议的拟定并不存在较大问题。本节提炼出现阶段在合同设计中争议较大并且与社会资本方权益保护密切相关的两项专题进行简要讨论。股权变更问题直接关系到社会资本股东或项目公司主体经济利益的实现，一票否决权的设置问题的社会资本方的权益保护也产生一定的影响。

## 一、股权变更限制条款

公司法中的股权自由转让制度，是现代公司法的魅力表现之一。但在PPP模式中，现有的国家级政策性文件对社会资本及其项目公司股权变更的要求虽然不是强制性规定，但相比《公司法》的规定增加了严苛条件。《财政部PPP合同指南》中提到社会资本转让项目公司股权应当设定“锁定期”，在此期间内，未经政府批准，项目公司及其母公司不得发生任何股权变更，但也存在例外情形。在锁定期之外，股权转让也受到一定的限制，其中包括对受让方资质的要求，以及政府方可能在合同中列出禁止转让的受让方名单。《PPP条例征求意见稿》第26条进一步明确“锁定期”为项目建设期，不允许社会资本方转让其持有的项目公司股权，并且没有设立转让的例外情形。另外，在锁定期之外的运营期内，转让股权依然需要经过政府同意。由上可知，项目公司的社会资本股东，除了要满足《公司法》第71条有限责任公司股权转让的规定之外，[②]还要接受锁定期、政府准许的层层限制，在一定程度上约束了社会资本方股东权利的行使。

对于股权转让的严格设置是源于对社会公共利益的维护，如果项目公司或其母公司股权结构发生变化，有可能导致不合适的主体成为PPP项目的实际控制人，从而影响项目的顺利运行。但是，社会资本需要通过转让股权增加融资吸引力或保持资本的灵活性，以便更好地实现资金价值。在项目公司成立后，许多社会资本主体会将部分股权转让给为本项目专门设立的信托或基金等金融工具进行资本

① 肖树伟、余慧华：《PPP项目股东协议内容设计若干法律问题初探——以某国家体育场项目为例》，http://www.civillaw.com.cn/bo/zlwz/?id=30487，最后访问时间：2017年8月11日。

② 《公司法》第71条：“有限责任公司的股东之间可以相互转让其全部或者部分股权。股东向股东以外的人转让股权，应当经其他股东过半数同意。”

金融资,一旦股权变更的限制过严,可能会加剧 PPP 项目融资难的问题,[①]引起社会资本方对项目的抵触情绪,打击包括社会资本方在内的更多投资人参与 PPP 项目的热情。笔者认为,《PPP 条例征求意见稿》第 26 条设定过于死板严苛,应当做出调整。第一,明确转让的条件。如第 26 条第一句规定,不能完全封锁在建设期内社会资本方的股权转让自由,可以设定严格的转让条件或例外情形。第二句中,应当细化“不影响公共服务提供的稳定性和持续性”的判断标准。第二,在项目准备阶段,政府已经通过了实施方案的审核,在合同的谈判与签署中,政府方也就股权转让事宜进行了充分的考虑。因而,股权转让应当更加注重 PPP 项目合同和公司章程的约定,而不是依靠法律的顶层设计作出强制性规定。

## 二、一票否决权条款争议

在我国现行的绝大多数 PPP 项目中,直接参股的政府方在项目公司持股比例一般控制在 5%以下,并且,政府不直接参与项目的经营管理。此举的目的一方面节约财政支出;另一方面将项目的运作彻底交由社会资本负责,防止政府方不必要的干涉。但是,在部分项目公司章程的条款中,设定政府方的股东在仅仅占有一小部分股权的某些情形下享有在股东会上的“一票否决权”。[②] 有学者认为,“一票否决权”与公司法上的“同股同权”和“资本多数决”是有所冲突的,该条款设立不尽合理。[③] 也有学者认为一票否决权是充分尊重公司股东意思自治的体现,只要在不违反法律法规的前提下均合理有效。我们认为,可以在章程中合理设置一票否决权条款。

### (一)一票否决权的合法性基础

我国《公司法》中虽然没有“一票否决权”的法律概念,但不影响它的合法设立。目前尚未有文件明确规定项目公司的类型和组织形式,但是我国现在运行的 PPP 项目公司基本为有限责任公司,原因有以下两点:第一,《财政部 PPP 合同指南》与《PPP 条例征求意见稿》明确指出为了公共产品和服务的安全以及投资主体的稳定,在一定期限内,对项目公司的股权变更有较为严格的限制,[④]这与股份有限责

① 刘飞、方帅:《“拨云见日”or“雾里看花”——〈基础设施和公共服务领域政府和社会资本合作条例(征求意见稿)〉要点解析》,http://mp.weixin.qq.com/s/SQaHgcODA25AbqpH2pKn9w,最后访问时间:2017 年 7 月 25 日。

② 一票否决权在我国公司领域的运用覆盖股东会、董事会、监事会,本段仅就 PPP 项目公司中常设的股东的一票否决权进行讨论。

③ 刘敬霞:《PPP 模式中应从规则层面切实保护民营企业产权和公共利益》,http://www.legaldaily.com.cn/Lawyer/content/2016-11/14/content_6886278.htm,最后访问时间:2016 年 12 月 2 日。

④ 参见《财政部 PPP 合同指南》(试行)第十节第 3 条及《基础设施和公共服务领域政府和社会资本合作条例(征求意见稿)》第 26 条。

任公司可以自由转让股份的特征不相符合。第二，与股份有限公司相比，有限责任公司的设立条件较为简易，有利于在确定社会资本之后，较为迅速地组建项目公司进行后续项目执行阶段的工作。众所周知，有限责任公司是典型的人合性与资合性的结合，与股份有限公司的彻底资合性不同，有限责任公司的股东关系较为紧密，更加强调“人合性”，公司章程当中留给股东意思自治的空间非常大。只要不存在违反其他法律法规的情况，公司自治原则受到《公司法》的充分保障。《公司法》第42条关于股东表决权的规定指出：“股东会会议由股东按照出资比例行使表决权；但是，公司章程另有规定的除外”，其中“另有规定”表现了公司法对股东自治的尊重，股东可以约定不按照出资比例行使表决权，亦是“一票否决权”的合法依据所在。

《公司法》对股份有限公司有“同股同权”的要求，[①]但也没有禁止股东使用一票否决权。一票否决权的支持方认为，公司法规定股份有限公司通过决议的条件是出席会议的股东半数以上赞成，公司章程可以更加缩紧通过决议的条件，约定必须出席会议的全体股东一致同意，实际上就是与某位股东拥有一票否决权达到同样的效果。但是，股份有限公司是以资合性为灵魂，同股同权的原则不能违背，并且，《公司法》第103条当中不存在第42条的但书条款。如果股份有限公司的股东可以行使一票否决权，那么第103条规定所谓的“半数通过”“三分之二以上通过”将没有意义。[②] 只要有一位股东反对决议，无论规定的通过标准是多少，都会由掌握一票否决权的某位股东“决定”最后的表决结果，股份有限公司的大量的公司事务将难以开展。因此，可以推断出法律并不允许股份有限公司的股东拥有一票否决权。

### （二）一票否决权的适用条件

有限责任公司的公司章程中，一票否决权的设立在我国现行法律框架下不存在法律障碍，但不意味着任何条款都可以适用一票否决权。在尊重自治原则的情形下，一票否决权的适用也应当遵循利益均衡原则，不能过度地赋予一方过多的特殊权利，才能保证股东之间为实现公司目标而共同努力。一票否决权设置的初衷在于防止社会资本方一味地追求经济利益而损害社会公共利益的行为，因而赋予政府方该权利以便加强对项目公司的监督，拥有制止社会资本方权力扩张的“工具”。然而，某些项目公司的公司章程中对一票否决权的设置不够完善，在实际操作中引发了一系列问题。例如公司章程有以下规定：第一，“由于本项目为可行性

---

① 参见《中华人民共和国公司法》第103条。

② 薛义忠：《“一票否决权”之中国境内民商领域适用》，http://www.renrendoc.com/p_83521480.html，最后访问时间：2017年6月26日。

缺口补贴项目，政府方在项目公司中保留一票否决权”；第二，“政府方保留重大事项的一票否决权”；第三，“政府方保留对有损政府部门或其实施机构/公共利益或公共安全事项享有一票否决权”。[①] 在第一条案例中，仅仅因为可行性缺口补贴是需要国家财政资金的支持，而赋予政府方在项目公司一票否决权，并且没有明确该权利的适用范围，使得政府方很大程度上掌握了项目公司实际的控制力，严重偏离了PPP模式的原则和初衷，社会资本方的合法利益也受到了极大威胁。第二条案例的规定在已经开始实行的项目公司章程中出现得较为普遍，但众多项目公司都忽略了对“重大事项”的范围界定，致使在PPP项目的运行过程中，究竟何为重大事项，何时政府可以行使一票否决权而产生争议。第四，第三条案例与第二条有相似之处，只是笼统且概括性地描述一票否决权的适用前提，没有作出详细的说明。

由前述探讨可得，一票否决权在PPP模式中的运用目前必须以项目公司是有限责任公司为前提，另外对其适用条件的约定也要经过周密的谋划。第一，应当确立必须以公共利益、公共安全的重大事项为适用范畴[②]，而不是维护任何一方的利益而适用。第二，尽量细化公共利益和重大事项的具体范围，以防在实践中因约定概念外延过大，导致当事人理解不一致而产生纠纷。例如：“对于项目公司在建设和运行期间涉及发电、供电、配电等危及城市电力系统稳定的重大安全问题，或关于公司法人治理结构调整的决策，代表政府方的股东有权在股东会上行使一票否决权。”“若项目公司增减注册资本，须全体股东一致同意，并征得政府方的同意和认可。”

---

① 胡立娜：《“一票否决权”的风险点》，https://mp.weixin.qq.com/s/vvzR8hrSTRqJxJMRR5Ykcg，最后访问时间：2017年7月1日。

② 肖明、罗元、万俊云：《PPP项目中“一票否决权”的运用及其法律风险》，http://www.zhongyinlawyer-hc.com/Mobile/News/info/id/401.html，最后访问：2017年6月26日。

# 第五章　PPP 模式社会资本方权益保护之制度构建

## 第一节　我国 PPP 模式立法现状介评

### 一、我国 PPP 模式之立法总结

#### （一）PPP 模式法律文件概览

1. 现行法律(见表 7)

表 7　PPP 模式法律文件

| 法律名称 | 适用领域 |
| --- | --- |
| 《民法典》 | PPP 项目合同及其他相关协议 |
| 《公司法》 | 项目公司 |
| 《招标投标法》 | 项目招投标 |
| 《政府采购法》 | 政府采购 |
| 《会计法》 | 项目财务处理 |
| 《行政诉讼法》 | 争议解决 |
| 《民事诉讼法》 | 争议解决 |
| 《保险法》 | 项目投保 |
| 《仲裁法》 | 争议解决 |
| 《价格法》 | 公共产品定价 |
| 《商业银行法》 | 项目融资 |

2. 部门规章(见表 8)

**表 8 PPP 模式部门规章**

| 规章名称 | 颁发部门 | 生效时间 |
|---|---|---|
| 《市政公用事业特许经营管理办法》(2015 年修正) | 住房和城乡建设部 | 2015 年 5 月 4 日 |
| 《基础设施和公用事业特许经营管理办法》 | 发改委、财政部、建设部、交通运输部、水利部、中国人民银行 | 2015 年 6 月 1 日 |

3. 征求意见稿(见表 9)

**表 9 PPP 模式征求意见稿**

| 名称 | 制定部门 | 发布部门 | 发布时间 | 生效后层级 |
|---|---|---|---|---|
| 《中华人民共和国政府和社会资本合作法》 | 财政部 | 财政部 | 2016 年 1 月 | 法律 |
| 《基础设施和公共服务领域政府和社会资本合作条例》 | 国务院法制办、发改委、财政部 | 国务院法制办 | 2017 年 7 月 | 行政法规 |

4. 司法解释(见表 10)

**表 10 PPP 模式司法解释**

| 名称 | 发布部门 | 实施日期 |
|---|---|---|
| 《最高人民法院关于审理行政协议案件若干问题的规定》 | 最高人民法院 | 2020 年 1 月 1 日 |

由上可见,我国目前并未出台 PPP 模式的专门法律,PPP 模式中各项环节分别由不同的部门法进行规制。PPP 模式规模体系庞杂,所涉领域繁多、主体之间法律关系复杂,在我国现有的法律环境下尽管对 PPP 模式的立法约束散落在不同的法律之中,但相应内容仍然是有法可依,有章可循的。

相比法律层面的分散性,部门规章就显得更加具有针对性和实效性,尤其是 2015 年由国务院常务会议讨论通过,六部委联合发布的《特许经营管理办法》,为 PPP 模式的法律制度构建增添了浓墨重彩的一笔。该办法对特许经营模式进行系统化的制度设计,初步勾勒出特许经营法律脉络,具有较高的实施效力。[①] 从具体

① 易芳、李德庭、赵冲:《基础设施和公用事业特许经营管理办法》评析及与《市政公用事业特许经营管理办法》,2015-06-07,http://mp.weixin.qq.com/s? __biz=MzA5MzYzMzYyNQ==&mid=208097356&idx=1&sn=1da0c35b5116925ebfc7eec9c990142f&mpshare=1&scene=23&srcid=1228fhKAQI88Mczwep0fUCn1#rd.,最后访问时间:2017 年 6 月 1 日。

条款可以看出，该办法明显加强了对社会投资者权益的保护。[①] 除法律和部门规章以外，我国主要通过发布国务院规范性文件[②]和国家各部委的规范性文件[③]对PPP项目的运行进行指导和推进，各规范文件中不仅对PPP整个项目流程进行了分类说明，还提供了项目通用合同指南，具有重大的实践意义。目前，在PPP项目合同磋商阶段，政府方和社会资本方的当事人多以部委公布的政策性文件中的合同指南为蓝本，经过充分协商之后完成PPP协议的订立。

### （二）我国PPP模式法律政策环境之综合评价

无论是国务院还是各部委甚至是地方政府，发布专门针对PPP模式的行政文件的时间主要集中在2014年之后，从而反映出我国中央政府及各级政府在近年来对PPP模式的重视程度和积极态度。但是，我国在PPP模式的探索方面仍然处于起步阶段，法律法规及相关配套制度的基础本身相对薄弱，无论是对公共利益还是对社会资本方均缺乏相应的法律保障。

第一，这表现在法律适用困难的问题上。PPP项目在不同环节适用不同的法律并无争议，然而在相同环节应当适用何种法律产生了多种声音。例如，本文第一章讨论过的政府方与社会资本方主体间的法律关系，囿于我国法律界并没有对此下定论，在现实的争议解决方式选择中，对于民行混合的案例，在《中华人民共和国民事诉讼法》（以下简称《民事诉讼法》与《行政诉讼法》）的适用方面在司法审判中引起不小争议。此外，如同本文第二章讨论过的《政府采购法》与《招标投标法》的适用混乱，PPP模式中同一类型可能同时适用于两项法律，但两项法律的规定又有所不同或是需要走两套申报程序从而降低了项目的运作效率。

---

① 《基础设施和公用事业特许经营管理办法》：第4条、第18条、第26条、第27条、第34条。

② 国务院规范性文件：《国务院关于鼓励支持和引导个体私营等非公有制经济发展的若干意见》（国发〔2005〕3号）、《国务院关于鼓励和引导民间投资健康发展的若干意见》（国发〔2010〕13号）、《国务院关于创新重点领域投融资机制鼓励社会投资的指导意见》（国发〔2014〕60号）、《国务院办公厅转发财政部发展改革委人民银行关于在公共服务领域推广政府和社会资本合作模式知道意见的通知》（国办发〔2015〕42号）、《中共中央国务院关于深化投融资体制改革的意见》（中发〔2016〕18号）等。

③ 部门规范性文件：《财政部关于推广运用政府和社会资本合作模式有关问题的通知》（财金〔2014〕76号）、《财政部关于政府和社会资本合作示范项目实施有关问题的通知》（财金〔2014〕112号）、《财政部关于印发政府和社会资本合作模式操作指南（试行）的通知》（财金〔2014〕113号）、《国家发改委关于开展政府和社会资本合作的指导意见》（发改投资〔2014〕2724号）、《财政部关于规范政府和社会资本合作合同管理工作的通知》（财金〔2014〕156号）、《财政部关于印发〈政府采购竞争性磋商采购方式管理暂行办法〉的通知》（财库〔2014〕214号）、《财政部关于印发〈政府和社会资本合作项目政府采购管理办法〉》（财库〔2014〕215号）、《财政部关于规范政府和社会资本合作（PPP）综合信息平台运行的通知》（财金〔2015〕166号）、《发改革证监会关于推进传统基础设施领域政府和社会资本合作（PPP）项目资产证券化相关工作的通知》（发改投资〔2016〕2698号）、《国家发改委关于鼓励民间资本参与政府和社会资本合作（PPP）项目的指导意见》（发改投资〔2017〕2059号）、《财政部关于推进政府和社会资本合作规范发展的实施意见》（财金〔2019〕10号）、《关于印发〈政府会计准则第10号——政府和社会资本合作项目合同〉应用指南的通知》（财会〔2020〕19号）等。

第二，部门规章的出台在PPP模式的立法进程中取得了很大的进步，然而仍然存在适用范围狭窄和与其他规范性文件规定不一致的弊端。首先，两份部门规章仅是针对国内的特许经营活动，众所周知，特许经营模式仅是PPP模式的一种，其余PPP模式的应用依然存在很大的法律空白。在特许经营适用范围的规定中，“新办法”与“旧办法”相比，在内涵和外延方面都有所扩大，[①]但是仍然存在范围的局限性。“新办法”适用范围包括能源、交通运输、水利、环境保护、市政工程五大领域的特许经营活动，除此之外的其他领域使用特许经营模式是否能够适用该办法，目前政府部门没有给出确切的答案。其次，部门规章在对主体范围、社会资本方的选择方式、争议解决方式等基本概念的规定中与各部门发布的政策性文件有所差异，尽管部分主管部门同时参与多份文件的定制，但各部委均没有对此类问题作出协调，在项目实践中对社会资本方造成了很大的困扰。

第三，作为PPP项目中起到主要指导作用的国务院及各部委规范性文件存在“纷纷籍籍”的现象。2014年至今，国务院和各部委的发文频率有目共睹，这一系列规范性文件无论是在某一特定领域还是对整个PPP模式的规范毋庸置疑均起到不可替代的作用。尤其是2016年至2017年，国务院及各部委关于PPP模式的发文速度更是有增无减，规制的对象范围也有所扩展，足以证明PPP市场热度的经久不息。但是各文件仍然存在缺乏协调性和统一性的问题，不仅是各文件之间还是与法律或部门规章之间均在PPP模式的基础问题上存在差异。由于缺乏PPP模式的主管部门，各部委之间通过频频发文展现出相互竞争之态势，争相成为PPP模式在我国的牵头机构。然而，各部委并没有抓住PPP模式法律困境的本质，并不是文件“多多益善”，而应重在文件法律层级的提高和各文件之间的协调。另外，规范性文件并不具有法律强制力，在其规定与上位法产生冲突时，必然会舍弃规范性文件中的规定。所以，我国目前PPP模式法律政策环境总体呈现法律位阶低，条款相互冲突，立法既有交叉又留空白的特征。不可否认，我国近几年在PPP模式上的摸索已经积累了大量的立法经验和实务经验，对继续推进立法工作的开展起到了促进作用，对社会资本方利益的保护也从无到有，从有到优的方向发展。

### （三）《最高人民法院关于审理行政协议案件若干问题的规定》之述评

正如国务院发展研究中心研究员何玉兴在“中国PPP法律论坛”中提到：“社会发展分为科技发展的加速期，社会文明的倒退期和阵痛期。三期叠加，导致了今天所有的问题，PPP合同纠纷问题和行政诉讼问题只是众多问题中的小小的浪花”。可以证明的是，PPP合同的法律性质在国家层面的确是PPP模式发展的主

① 参见《基础设施和公用事业特许经营管理办法》第2条与《市政公用事业特许经营管理办法》第2条。

要问题之一,该问题数年以来的悬而未决也时刻牵动着 PPP 产业的脉搏。2019 年 12 月,《行政协议司法解释》的发布无疑是近三年来我国在 PPP 模式立法进程上的“大动作”。在各种学说争议仍僵持不下之时,最高法“悄然”地将“政府与社会资本合作协议”纳入了行政案件的管辖范围,以先发制人之势,试图为争论已久的 PPP 合同性质问题“盖棺定论”。值得注意的是,最高法的司法解释中也为 PPP 协议的管辖范围留有余地,在条款中加上“符合本规定第一条规定”的定语予以限制,而不是将“政府与社会资本合作协议”直接列入“就下列行政协议提出行政诉讼的,人民法院应当依法受理”的序列。最高法如此动作不知是无奈之举,还是试探之举?但的确也可以看出国家层面已经急迫地想要对该问题作出明确的回应,为实务界操作提供有力的法律依据。然而,《行政协议司法解释》的出台并没有达到预期的效果,反而激发了学界和业界更为激烈的讨论,并且对该解释持批评和悲观态度的表决居多。

有学者指出,PPP 模式中有部分政府方漠视契约精神和诚实守信原则,而这“部分”在实践中不在少数。如果将 PPP 项目列为行政协议的范畴,“会给政府手中公共权力的任性,又打开一扇方便之门,有可能导致政府方与司法环节上滥用‘行政有益权’行为的更多出现,从而使社会资本方‘交易成本’剧增”。① PPP 创新机制的生命力就在于政府与社会资本的平等伙伴关系,这也是吸引民营资本积极参与 PPP 项目的最大亮点。如果将以双方以意思自治协商一致签订的 PPP 合同直接“一刀切”归属于行政协议,而不是以民法的规制为基础,即直接对 PPP 项目的核心根基“釜底抽薪”,PPP 模式在我国发展的可持续性是令人担忧的。《行政协议司法解释》的第一条看似是对“行政协议”的概念和构成要件进行陈述,第二条即是对我国现阶段典型行政协议的肯定式列举,最后以“其他行政协议”作为兜底条款。对于前述规定,王利明教授对其的评价为“认定标准的模糊性将不当扩张行政协议的范围”。除了兜底条款的开放性扩大了行政协议的范围,王教授还分别对该解释第一条所规定的主体标准、目的标准、是否具有行政法上的权利义务等三方面进行了剖析,发表了三个标准均难以成为行政协议认定标准的评论,并指出行政协议识别的关键因素在于“非市场行为性”。行政协议不同于一般的民事合同在于其本质不是一种交易的产物,而具有非市场性。② 因此,PPP 模式作为我国当今市场经济制度的一项创新机制,将 PPP 合同与非市场行为生硬的剥离,而将其纳入行政协议的范畴,可展现出该规定自身强烈的矛盾冲突以及明显的不合理性。另外,

---

① 贾康:《PPP 合同定性为“行政协议”将颠覆 PPP 创新根基》,《中国招标》,2020 年第 1 期,第 52 页。

② 王利明:《论行政协议的范围——兼评〈关于审理行政协议案件若干问题的规定〉第 1 条、第 2 条》,《环球法律评论》,2020 年第 1 期,第 7-12 页。

《行政协议司法解释》第16条规定,"在履行行政协议过程中,可能出现严重损害国家利益、社会公共利益的情形,被告作出变更、解除协议的行政行为后,原告请求撤销该行为,人民法院经审理认为该行为合法的,判决驳回原告诉讼请求……",该条规定为政府方在PPP项目的实行过程中单方面变更、解除协议提供了正当依据。原本是社会资本方最担心的问题之一,如今却由司法解释"坐实",不仅直接挫伤了社会资本方参与PPP项目的积极性,还助长了政府方在合同履行中不履约的行为。在实践中,国家层面对社会资本方利益保护的意识比较薄弱,原本就存在公私双方地位的悬殊,但该《行政协议司法解释》不但没有限制政府方的权力,反而赋予了其单方变更和解除合同的权利。并且,多年来在我国行政诉讼的司法实践中,持续呈现原告胜诉率低的特点。[①] "民告官"的初衷的确是保护相对人的一项权利救济机制,但其实际效果究竟如何是有目共睹的。在民事诉讼和行政诉讼都可以选择的情况下,大概率的结果是普通公众不愿意选择行政诉讼的救济方式。

有部分业界人士对《行政协议司法解释》的出台持支持态度,认为其较好地解决了行政协议的司法处理规则,这些规则符合行政协议的本质和特点,对促进包括PPP协议在内的其他协议的发展是有利的。该观点指出PPP合同中必定会包含行政和民事两种因素,但判断究竟是民事还是行政的性质依靠居于合同的核心和合同的主要影响因素。[②] 按照各种学说的标准对PPP合同的核心和主要影响因素可以轻松作出判断,但在实践中,行政庭和民事庭法官在识别此类问题时,在认定上存在差异,导致实践中判断PPP项目合同核心和主要影响因素时是存在实质差异的,[③]并不像"纸上谈兵"时那么简单明了地可以作出判断。还有部分业界人士认为《行政协议司法解释》并未从根本上将PPP合同性质直接定性为行政协议,认为该司法解释"既未明确将所有的PPP项目合同纳入行政协议案件的受案范围,又未对PPP项目合同的内涵与外延进行说明。因此,在现阶段的司法实践中不应该望文生义的认定PPP项目合同均属于行政协议,应当结合个案具体分析确定PPP项目合同的定性。"[④]并且,解释的出台并未因此增加解决PPP协议纠纷的困难程度,社会资本方应该在全面理解行政协议的概念和内涵的基础上,合理判断具体项目的PPP协议争议是否属于行政协议争议,选择恰当的争议解决方式以维护

---

① 邓峰:《PPP市场面临法律危机?》,《中国招标》,2020年第1期,第57-59页。

② 张志晓:《政府和社会资本合作PPP协议的法律性质再探讨——以公共利益的视角从法理层面探讨》,https://mp.weixin.qq.com/s/zN7btqwpAFUfz5UdX5z2Jg,访问时间:2020年11月23日。

③ 陈天昊:《行政协议的识别与边界》,《中国法学》,2019年第1期,第145-147页。

④ 上海市建纬律师事务所:《2019年度PPP争议解决观察报告(PPP争议解决热点问题:PPP项目合同的定性问题)》,https://pkulaw.com/lawfirmarticles/eacb716e57dffcec34d97166cd7cdcacbdfb.html,访问时间:2020年12月22日。

自身的合法权益。[①] 根据以上观点，我们可以认为《行政协议司法解释》只是“蜻蜓点水”式的将部分PPP项目合同纳入其规制范围，在实践中究竟如何定性个案中的PPP合同性质，还需要交由司法工作者甚至是社会资本方自己来判断。也就是说，在受理PPP协议纠纷前，法官还必须首先作出一轮判断，究竟该案件应当属于行政庭还是民事庭受理？如果判断有误是否还将涉及管辖权异议的系列问题。社会资本方不仅要拥有高水平的业务能力，还必须具备较高的法律素养，因为要对行政协议的概念和内涵如数家珍，可能在后期发生纠纷时要由社会资本方自己对PPP协议争议进行判断，选择恰当的争议解决方式。如果不具备以上能力，社会资本方是没有资格和能力承担PPP项目所包含的风险的。如此看来，这样的要求会极大地提高社会资本方参与PPP项目的门槛，也加大了如何判断候选企业是否真正具备以上能力的难度，尤其是对“行政协议”的理解。我国现阶段民营资本参与的积极性和数量本来就极其有限，我们不应该把更多的原本属于在法律层面应当解决的问题转移到普通的民营企业身上去。

对于以上多种观点的碰撞，笔者还有以下几点思考：首先，最高法行政庭副庭长梁凤云在最高法关于该解释的新闻发布会上答记者问时提到：“政府与社会资本合作协议一般情况下是以合同群的方式存在的，它在很多情况下表现为是行政协议，但是在个别的情况下又体现为民事合同。所以我们在司法解释里明确规定，对于符合本司法解释规定的行政协议定义的政府与社会资本合作协议、PPP协议是属于行政协议的范围……”既然是以“合同群”的方式存在，如何判断在很多情况下表现为是行政协议，而在个别情况下体现为民事合同？如前面某些观点所说PPP项目合同的性质要按照具体情况来定，那么“很多情况”和“个别情况”的判断依据如何而来？最高法似乎想要强势将绝大部分的PPP项目归入行政合同的范畴，但仅仅依靠几十字的条款很难将行政协议的内涵和外延定义清楚，也更难以界分政府与社会资本合作协议在哪些情况下表现的是行政协议而不是民事合同。虽然最高法想要下定义将PPP合同纳入行政协议的框架，但事实上造成了概念和认识上的实质性的紊乱和偏差。解释的出台提供了一套标准，让实务界自己去判断去套概念，但这份判断并没有减少纠纷解决的困难程度。最终，“老大难”还是没有解决，这些问题还是留给了司法裁判者，并未妥善地平衡公私双方的权利义务关系，反而稳固了政府方的强势地位。[②] 其次，行政协议在法律层面究竟如何定义，

① 曹珊：《审慎评价，积极应对——评最高院〈行政协议案件规定〉对PPP协议的影响》，http://mp.weixin.qq.com/s/z2b9qQdS7LabCgX7Y88I2A，访问时间：2020年12月11日。

② 肖华杰：《政府和社会资本合作（PPP）法律机制研究》，吉林大学博士论文，2020年9月，第14-15页。

它的内涵和外延是什么，行政协议和民事合同的区别是什么、适用规则有何不同，这一关于行政协议本身的系列问题在学界一直存在着较大的争议。根据《行政诉讼法》第 101 条[①]、《行政协议司法解释》第 25 条、第 27 条[②]等规定可以看出，行政诉讼中存在大量的"适用"或"参照"民事法律规定的条款，为何会有这样的现象存在，原因在于行政法律规定当中没有相对应的条款，因而需要民事诉讼规范的辅助。在这样的情况下，我们认为类似《行政协议司法解释》的规定仿佛是在"抢地盘"，将 PPP 合同在内的具有争议性的合同抢到行政案件的地盘内，但又没有这样一套完备的规则，还是得回归到民法来适用，这样绕弯式的规定是否有意义的确值得进一步商榷。按照《行政协议司法解释》第 25 条的规定，将案由分为两类：一是行政机关不履行或未按约履行行政协议的，二是行政机关变更、解除行政协议的，两类不同案由提起诉讼的诉讼时效参照的法律依据完全不同。但事实上，如果能在受理时区分两类案由的案件是简单的，但实践中往往存在两类原因都包含的案件，例如行政机关未按照约定履行协议并且单方面变更协议的情况，若是这样的复杂情况又应当适用何种法律规范呢？另外，值得注意的是，《行政诉讼法》对民事诉讼法的相关规定采用的是"适用"，而《行政协议司法解释》第 25 条采用的是"参照"，第 27 条采用的是"参照适用"，司法解释的用语为何不和法律保持一致，是否还存在非参照适用的情形？这一系列问题目前也没有得到官方的解释。[③] 再次，《行政诉讼法》第 26 条规定，行政协议约定仲裁条款的，人民法院应当确认该条款无效。一方面又将 PPP 协议纳入行政协议的范畴；另一方面又明确禁止在行政协议中约定仲裁条款，这不仅与几年前各部委出台的 PPP 模式相关的规范性文件支持依靠仲裁方式解决 PPP 项目的纠纷的规定完全相悖，又使那些正在运行中的 PPP 项目投资方陷入困扰，已经在履行的项目合同中的仲裁条款因此而失效。

最高法行政庭庭长黄永维在发布会上指出："始终坚持以保障民营经济和社会资本合作方的合法权益为重要职责是本次起草行政协议司法解释的基本原则之

---

① 《行政诉讼法》第 101 条：人民法院审理行政案件，关于期间、送达、财产保全、开庭审理、调解、中止诉讼、终结诉讼、简易程序、执行等，以及人民检察院对行政案件受理、审理、裁判、执行的监督，本法没有规定的，适用《中华人民共和国民事诉讼法》的相关规定。

② 《行政协议司法解释》第 25 条：公民、法人或者其他组织对行政机关不依法履行、未按照约定履行行政协议提起诉讼的，诉讼时效参照民事法律规范确定；对行政机关变更、解除行政协议等行政行为提起诉讼的，起诉期限依照行政诉讼法及其司法解释确定。第 27 条：人民法院审理行政协议案件，应当适用行政诉讼法的规定；行政诉讼法没有规定的，参照适用民事诉讼法的规定。人民法院审理行政协议案件，可以参照适用民事法律规范关于民事合同的相关规定。

③ 章剑生：《行政诉讼中民事诉讼规范之"适用"——基于〈行政诉讼法〉第 101 条展开的分析》，《行政法学研究》，2021 年第 1 期，第 70 页。

一……通过对政府与社会资本合作协议的审理，将有利于保障社会资本方参与公私合作的积极性和安全感，有利于营造公平竞争环境，有利于非公有制经济健康发展。"[①]由此可以看出，最高法出台司法解释的初衷很美好，也看出了国家层面已经对PPP模式中社会资本方合法权益保护问题的重视。但根据以上多种观点的碰撞和分析，很难让已经处于PPP项目运行中的社会资本方或即将要参与PPP项目的私营企业感到宽心，反而陷入了一丝不惑和不安之中。有趣的是，仅在《行政协议司法解释》出台3个月之后，财政部办公厅《关于印发污水处理和垃圾处理领域PPP项目合同示范文本的通知》（财办金〔2020〕10号）第9条"争议解决"中，仍然将仲裁列为争议解决的方式之一。

## 二、PPP立法共识之展现

2020年12月在北京召开的"第二届中国PPP法律论坛"上，财政部PPP中心主任焦小平先生作了题为《加快PPP条例立法进程，加强改革发展事业法治保障》的主题演讲，他指出，对于PPP模式的发展，"顶层制度设计事关发展全局，出台PPP条例是当前破除制约PPP改革发展体制机制障碍的最关键举措。……我国制定一部高水准高质量PPP条例的条件和时机已基本成熟。"[②]当下，无论是政府立场，还是在学术界与实务界，通过立法完善来改进PPP模式中社会资本方权益保护的呼声占据了主流地位，呼吁我国尽快制定统一的PPP立法。据不完全统计，在已发表的CSSCI和中文核心期刊的有关PPP模式的文章中，高达90%的学者认为有单独制定PPP法或特许经营法的必要，并对此作出了较为充分的论证。以高阶层的法律来弥补PPP模式上位法的缺位，统揽PPP模式在我国无序、分散的法律法规，已经成为社会各界的共识。

这其中，两份征求意见稿是该项共识的集中表现。2016年1月财政部率先发布了《中华人民共和国政府和社会资本合作法（征求意见稿）》。该文件强调了鼓励和引导社会资本参与公共产品和服务的提供的立法目的，明确了财政部门负责指导协调、监督管理PPP工作的主导地位。

2017年，发改委牵头联合国务院法制办、财政部等11个部委成立立法组，力推特许经营法，争取尽快形成《中国基础设施和公用事业特许经营法（草案征求意见稿）》送审稿，按照立法程序上报国务院。随后在7月的国务院常务会议上，发改委和财政部分别提请了"特许经营立法"和"PPP立法"的意见，李克强总理在会议

① 《最高人民法院关于审理行政协议案件若干问题的规定》新闻发布会：https://www.chinacourt.org/article/subjectdetail/id/MzAwNMgxNoABAA.shtml，访问时间：2020年12月22日。

② 北京市惠诚律师事务所：《第二届中国PPP法律论坛在京成功召开》，http://www.cpppc.org/PPPyw/999680.jhtml，最后访问时间：2021年1月1日。

上明确提出要求由国务院法制办牵头,加快推进 PPP 模式相关立法进程。[①] 同年 7 月,国务院法制办公布了联合国家发改委、财政部共同起草的《PPP 条例征求意见稿》及其说明全文,进一步推进了我国 PPP 立法的进程。从制定主体和条例级别来看,正式发行后的条例将以行政法规的形式成为我国 PPP 领域效力级别最高的法律文件。该文件从总则、合作项目的发起、合作项目的实施、监督管理、争议解决和法律责任六大板块,较为全面和有条理地对 PPP 模式进行了分类阐述,对部分核心概念作出了重新的定义,对实践中长期存在的部分争议作出了有力回应,对部分核心问题作出了详细的阐释。

由此可见,我国政府和学界基本达成了推进单一 PPP 立法的共识,PPP 立法进程也在紧锣密鼓的推进。将 PPP 领域立法合二为一,在法律层面推出专门规制 PPP 模式的立法,能够切实解决上述规章政策法律层级低、基本规定矛盾的问题,为社会资本方提供了坚实的法律保障,对稳定社会资本方的投资信心和调动其参与 PPP 项目的积极性具有强大的助推力。"但指望一部法律解决所有问题,包括法律冲突,是不切实际的空想。对于 PPP 条例,我们也不宜保有过高期待,依据条例启动成体系立法工作,是相对现实的考量。"[②]除具体明确 PPP 立法的关键内容,加强配套体系和政府能力的建设至关重要。

## 第二节　PPP 立法模式选择及比较考察

### 一、PPP 立法之利弊分析

立法是投资者保护最为直接和具有强制力的方式,目前,许多国家的 PPP 模式相关的法律制度薄弱或者过于分散,以至于无法向社会资本方提供足够的安全保障和投资激励。在证券市场的投资者保护研究中,学者们肯定了法律制度对投资者利益保护的重要作用,依靠健全的法制、有效的证券监督与控制,才能从根本上保护投资者的合法权益。[③] 同时,法律制度的完善程度对证券市场的稳定和繁荣呈正相关关系。立法路径最为典型的理论是 LLSV 理论[④],"他们认为,对外部

---

① 陈益刊:《李克强定调 PPP 领域两法合一　国务院法制办牵头》,http://www.yicai.com/news/5040365.html,最后访问时间:2017 年 1 月 1 日。

② 刘世坚:《中国 PPP 发展之主要问题与新年展望》,《君合法律评论》,http://www.junhe.com/lega/_updates/572,2016-12-19,最后访问时间:2017 年 1 月 1 日。

③ 魏成龙、郭璐:《融资偏好视角下中小投资者利益保护研究》,企业管理出版社,2013 年版,第 44-45 页。

④ 拉波塔、洛配兹·西拉内斯、安德烈·施莱弗和罗伯特·维什尼四位美国学者(学界简称 LLSV 组合)共同开创的"法律与金融"的理论,1998 年,四位学者采用 3 个一级指标、17 项二级指标实证考察了 49 个国家和地区保护立法、执法效率与法律起源的关系,认为必须完善投资者保护的法律框架。

投资者的法律保护程度会决定一国证券市场的强弱，而不同法系渊源或法律传统对外部投资者的保护存在系统性差异。”[①]关注立法规范的优势与不足，是对 PPP 模式进行理性立法的认识前提。

### （一）立法规范路径的功能优势

1. 有利于 PPP 市场的公平和统一

法律承载着一个国家的立国理想，也构筑着一个国家的治国大厦。[②] 党的十八大以来，以习近平同志为总书记的党中央坚持和拓展中国特色社会主义法治道路，确立了全面推进依法治国的总目标，坚持依法治国、依法执政、依法行政共同推进，开创了建设中国特色社会主义法制体系、建设社会主义法治国家的新局面。短短几年，全面依法治国在中国特色社会主义制度中发挥显著优势，奠定了其在国家治理体系和治理能力现代化建设中的战略地位。随着依法治国、依法执政、依法行政的共同推进，人民对法律的效能寄予厚望，希望通过立法全面规制国家经济、社会、文化、生态文明建设等方方面面。由此，在 PPP 模式如火如荼地开展时，国家计划利用统一立法稳定 PPP 市场秩序。本章第一节所述，我国 PPP 模式当前呈现无专门立法，法律政策分散无序，基础条款相互矛盾，文件法律层级较低的现状。立法的统一原则是指一个国家全部法律之间的相互一致和相互协调，表现在法律体系内部结构必须统一。[③] 因此，通过立法一方面可以统一 PPP 模式法律政策混乱无序的局面，通过上位法的保驾护航，促使 PPP 项目能够在政府方与社会资本方合作中行稳致远。另一方面，公平公正是法律的灵魂，是法律的生命线。[④] 对于我国目前将国企划为社会资本方范围的情况，难免在项目实施中享有一定的“特殊照顾”，极不利于市场的公平竞争和 PPP 模式真正意义的实现。通过立法囊括所有社会主体，每一个在法律框架内活动的主体都必须平等、无条件地遵守法律规定，任何企业甚至是政府都不得有超越法律的特权。此外，公开、公平、公正是政府与市场力求实现的最大价值，法律可以为其提供坚实可靠的保障，从而促进社会资本方的权益保护。[⑤]

---

① 缪因知：《法律与证券市场关系研究的一项进路——LLSV 理论及其批判》，《北方法学》，2010 年 1 期，第 144-145 页。

② 韩大元：《从“法制中国”迈向“法治中国”》，《法制日报》，2012 年 8 月 6 日。http://www.legaldaily.com.cn/index_article/content/2012-08/06/content_3750563.htm? node=5954.

③ 卓泽渊主编：《法理学》，法律出版社，1998 年版，第 317 页。

④ 刘俊海：《立法不公是最大的不公正》，http://www.mzyfz.com/cms/benwangzhuanfang/xinweizhongxin/zuixinbaodao/html/1040/2015-04-17/content-1119434.html，最后访问时间：2016 年 9 月 10 日。

⑤ 赵万一主编：《证券市场投资者利益保护法律制度研究》，法律出版社 2013 年版，第 78 页。

2. 法律权威性和强制性的维护作用

法是由国家强制力保证实施的社会规范。法律权威受到社会普遍维护，任何组织和个人都不能凌驾于法律之上，法律对社会生活各个领域、对任何组织和个人都能进行有效规范和管理。① 由于PPP项目几乎为大型的基础设施和公共服务建设，紧密关系国民的生活质量和安全，亟须通过法律的威慑力对公共利益进行高效的保护。目前，我国政府出台的PPP模式规范性文件给社会以应接不暇之势，然而由于法律层级较低，只起到普遍的指导作用，并没有法律的强制力。在现实PPP项目操作中，合作主体可以选择按照规定行事，但即使抛开规定也无大碍。由于基础法律法规的缺失，部门法和单行法体系不完善，部分规定冲突矛盾，导致行业监管缺位。在经济利益的驱动下，PPP模式合作方容易钻法律监管的漏洞，造成市场失灵的现象，导致国有资产的流失，公私双方所承担的风险也随之增加。面对强劲的合作对手，社会资本方由于缺乏对自身利益的法律保障而对PPP投资望而却步。因此，要通过完善PPP立法，填补现有的法律漏洞，对危害社会公共利益、破坏市场公平等违法行为进行惩处。另外，在法律中强制规定保护社会资本方条款，凭借法律的权威性能够大大促进社会资本方对PPP模式的信任。例如巴西PPP法中规定，“如果当事人没有履行合同义务，将强制性给对方提供赔偿；如果合同在约定期限之前终止执行，应当在合同中列出所需要的赔偿款的标准。本条款旨在防止政府随意违约毁约后，拖欠企业工程款、物资采购款，仍不对社会资本方予以补偿的等情况，导致企业和社会资本方财产权受损。”通过表明强制性赔偿标准，降低社会资本方投资前对政府信用的疑虑，为其提供项目失败后的经济保障。法律明确指出要在项目合同中规定项目收益分享原则，政府或公共部门在财政条件变化中所获得的经济收益应当与社会资本方分享。有法律的明确规定使得PPP项目的合同订立、履行有法可依和有章可循。

3. 有利于法治国家、法治政府、法治社会的一体化构建

法律是治国之重器，良法是善治之前提。为了实现全面依法治国的总目标，建设中国特色社会主义法治体系，必须坚持立法先行，发挥立法的引领和推动作用。在完善中国特色社会主义法律体系的过程中，加强重点领域立法，提高立法的针对性、及时性、前瞻性、系统性和可操作性是当前我国法治工作实践的主要任务之一。完善社会主义市场经济法律制度，推动市场经济法制化建设是加强重点领域立法的重要组成部分。PPP模式是市场经济的新型产物，与传统公共服务治理模式

① 韩德强：《正确认识和把握法治社会建设——学习习近平总书记系列重要讲话体会之二十三》，《前线》，2013年第12期，第98页。

不同,它的发展速度迅速,所涉领域也愈来愈广阔。源于PPP模式的特质,国家、政府、社会与公众在PPP项目中的关系似乎比其他经济模式更加紧密。PPP项目主要涉及基础设施建设与公共服务领域,关乎民生福祉,如何保证PPP项目在多元主体下的顺利运行,如何确保社会资本方与公众的利益不受侵犯,完备的法治保障始终应当处于第一位阶。现阶段,一方面,我们要大力发展PPP模式,充分盘活民营资本,助力社会事业改革发展,并为市场经济的繁荣添砖加瓦。另一方面,我国PPP模式相关立法的薄弱滞后,使得政府与社会资本合作一直在徘徊中前行,尤其是对私营资本保护的欠缺,一定程度上阻碍了PPP模式的发展。项目实践的飞速扩张值得欣喜,但立法进度也需要提速,不能只满足于保持立法现状。

加强PPP领域的立法建设,既是完善市场经济法制化的具体措施,又是深入推进依法行政,加快建设法治政府的具体表现。由于政府在PPP模式中的多重角色冲突,再加上缺乏PPP模式的立法规制,在项目实践中可能存在政府方法治意识淡薄的情况,如政府方利用其优势地位滥用介入权、监督权,或是"新官不理旧账"等。正因为在PPP项目实践中存在大量上述问题,国家不得不多次发文予以制止此类不规范的政府行为。[①] 但是,由于缺乏立法依据,国家发文多停留在规范性文件上,并不具有法律的强制力。一方面造成政府方自身的违约成本较低;另一方面在对社会资本方进行必要约束和管制时又"无法可依",极不利于法治政府建设的全面推进。因此,就目前的情况来看,最有效的方式即是推动政府多项职能和责任的法定化,通过立法来消除或削弱由角色冲突带来的矛盾,从而保证政府能够在法治轨道上与社会资本方开展合作。另外,通过立法强化对行政权力的制约和监督,能够有效阻断各类利益输送、暗箱操作等腐败行为的发生。[②] 这既是对PPP模式中"平等合作"的保障,又为社会资本方自我保护与自我救济提供了立法依据。政府方不再高高在上,而是降低姿态限缩权力,接受全社会的有效监督。因此,应将制定专属PPP条例提上日程,加快完善PPP模式相关配套机制,为推进法治国家、法治政府、法治社会的一体化建设先立先行。

### (二) 立法规范路径的局限性

#### 1. 先进性与滞后性的矛盾

法律是社会需求的产物,法律反应一定的社会客观物质基础。[③] 随着社会的

---

① 王春业:《论政府与社会资本合作(PPP)的行政法介入》,《社会科学战线》,2020年第11期,第217页。

② 潘平、江帆:《破局——PPP模式风险与政府风险应对策略》,法律出版社2018年版,第12页。

③ 汪全胜:《论立法成本》,《理论与改革》,2001年第6期,第74页。

发展,立法的价值取向也呈现一种动态的发展过程,法律在当代的基本使命决定于社会经济发展的主题。[①] 经济发展方式转变对立法、行政执法提出新要求和新期待,仅在 2019 年和 2020 年,我国总共修改或发布的法律数据为 30 部和 19 部,《中华人民共和国民法典》《中华人民共和国外商投资法》《中华人民共和国专利法》《中华人民共和国基本医疗卫生与健康促进法》等法律一一亮相,立法内容根据社会物质生活条件的发展得以拓展,充分体现了法律的先进性和科学性。近年来,我国 PPP 项目呈燎原之势发展,充分展现了时代发展的需要。从 2014 年我国重推 PPP 模式开始,至今已经经历了 6 年实践的磨炼,多数学者认为我们迎来了 PPP 立法的好时机。将项目实操中已经遇到的问题进行梳理、归类,反馈到相应的立法条文中,结合国内外 PPP 法律现有的理论研究,尽快出台我国专属的 PPP 法律,既是时代的产物,满足了 PPP 模式这项经济改革活动的法律需求,又是法律先进性的体现。然而,PPP 法的立法对象是动态的经济活动,面对瞬息万变的国内外市场环境,法律无法预先包容后续市场的变化。法律不能朝令夕改,这就不可避免地出现规则真空,呈现出一定的不适应性和滞后性。[②] 法律的创立并非一个瞬时的行为,而是一个长期的过程。[③] 在众多社会调整方法中,[④]法律是成本较高的一种。不难想象,当我国的立法者们为 PPP 法的出台呕心沥血,有朝一日当 PPP 法终于千呼万唤始出来时,而我国的 PPP 热潮已然褪去,国家在发展战略、公共政策、经济改革方面作出了新的调整,迎来了新的经济改革模式,我们是否需要再一次针对新模式重新立法?是否造成了极大的立法资源浪费?

2. 立法者与项目合作者的冲突

毫无疑问,我国政府在法律制定的全过程中扮演着重要角色。尽管我国法律是由全国人民代表大会和其常委会行使制定、修改并颁布,全国人大保留了独立的立法权,但从本质上来讲法律是为统治阶级服务,是以国家意志的形式出现的。法律实证主义认为"一项法律的轮廓是政治家、利益团体、投票人和管理者之间私下自利交易的结果。"[⑤]国务院作为国家机关有权向全国人大提出法律案,并应当同时提出法律草案文本及其说明。PPP 模式在我国的推广和实践一直是国务院下属的各部委在具体负责,因此特许经营法和 PPP 法分别由发改委及财政部负责起草,由国务院法制办审查修改,最后报全国人大及其常委会审议。一方面,政府强

---

① 刘瑞瑞:《立法成本的法经济学分析》,《经济纵横》,2006 年第 8 期,第 65 页。

② 张文显主编:《法理学》(第四版),高等教育出版社 2011 年版,第 50-51 页。

③ [德]韦伯:《经济与社会》,杭聪译,北京出版社 2008 年版,第 127 页。

④ 除法律之外,政策、纪律、规章、道德、民约、公约、宗教规范及其他社会规范,还有经济、行政、思想教育等手段。

⑤ [加]布莱恩·R.柴芬斯:《公司法:理论、结构和运作》,法律出版社 1999 年版,第 193 页。

调自身在 PPP 项目中处于合作者地位,应当与社会资本方保持平等的法律地位。另一方面,政府又贯穿于规范 PPP 项目法律的整个制定过程,并负责前期准备的重要工作。尽管全国人大及其常委会保留立法权隔断了政府对法条和内容直接控制,但毕竟最终的法律是建立在由政府递交的法案基础上。立法过程中,法律不可避免地受到政府意志的影响,政府难免会在起草或修改法案时站在自身的角度考虑各项因素,制度的天平也会向公共部门的利益所倾斜。这好比政府在 PPP 项目中既是"导演"又是"演员",在自导自演的项目中仍然声称可以与其他利益主体平起平坐。另外,法律是社会的行为规则,必然要承担一定的社会公共事务的职能。[①] 由于 PPP 模式关乎公共利益,重大基础设施和公共服务的法律政策确有体现政府意志的必要。因此,PPP 法出台后包括政府部门和社会资本方在内的所有参与主体都必须严格遵守。如果条款内容令社会资本方或其他第三方参与人明显感到双方主体权利与责任不对等,与合作对象政府部门的地位悬殊越来越大,但又不得不遵守 PPP 法的时候,也许会导致项目主体之间利益矛盾的激化,最终不利于 PPP 模式的长远发展。

## 二、国际组织 PPP 立法例及启示

### (一)《联合国国际贸易法委员会私人融资基础设施项目法律指南》

联合国国际贸易法委员会(以下简称 UNCITRAL)于 2000 年出版了《私人融资基础设施项目立法指南》(以下简称《UNCITRAL 法律指南》),旨在协助各国建立有利于私人投资公共基础设施的法律框架,实现鼓励私人参与基础设施项目的愿望及保障国家公共利益的平衡。该指南分为(a)一般立法和体制框架;(b)项目风险和政府支持;(c)社会资本方的选择;(d)基础设施建设和运行的立法框架和项目协议;(e)项目协议的期限、延长和终止、争议解决;(f)其他的法律相关领域六大部分,从具体内容来看,对我国的发改委发布的《政府和社会资本合作项目通用合同指南》(2014 年版)与财政部发布的《PPP 项目合同指南(试行)》起到了重要的指导作用。

2003 年,UNCITRAL 继续在《私人融资基础设施项目示范立法条文》(以下简称《UNCITRAL 示范立法条文》)中列出了对立法语言的建议,作为《UNCITRAL 法律指南》的补充。全文分为立法建议和立法规定示范两大部分,立法建议中以一般立法和体制框架、项目风险和政府支持为主要内容,在《UNCITRAL 法律指南》的基础上分别对一般规定,选择条件,特许经营协议的内容和实施、期限、延长和终

① 卓泽渊主编:《法理学》,法律出版社 1998 年版,第 73 页。

止以及争议解决几部分内容赋予新的扩展。在支持特许经营协议修改的条款中，条文指出当经济、财政条件发生变化或具有普遍约束力的法律变化造成特许经营公司履约成本大大增加，但实际业绩却远不如预期价值，而这些经济、财政、立法或监管变化又是(a)合同订立后发生；(b)不受特许公司控制；(c)特许公司无法在特许权合同签署时预估到这些因素而经谈判或避免或克服其后果的，应当在特许经营合同中约定制定修订的程序。由此可知，该条款是从特许经营公司即社会资本方权益保护的角度，总结了制约 PPP 项目发展的外部因素，并详细指明特许经营公司在何种条件从可以进行合同的修订程序。但是，保护社会资本方利益的最直接载体仍然是特许经营合同。在争端解决的条款中，我国政策性文件中仅简单表明可以通过协商、调解、仲裁或诉讼作为争议解决方式，并且仲裁和诉讼的适用性与其他法律法规的规定有所出入。条文认为该部分应当分为合同当事人和特许公司的争议、涉及客户或用户的基础设施争议和其他争端，此规定使得争议解决条款显得更加系统化并且具有充分的涵盖性。

《UNCITRAL 法律指南》与《UNCITRAL 示范立法条文》的出台对各成员国和其他国际组织的 PPP 法律制度建设产生了十分重要而积极的影响，根据官方对 58 个目标国家(这 58 个国家的 PPP 立法代表了世界 PPP 法律的 80%)的权威调查，这些国家的 PPP 立法在较高程度上反映了上述两项重要 PPP 规范的内容。从具体内容来看，以上两项法律文件对我国的《发改委 PPP 合同指南》与《财政部 PPP 合同指南》起到了重要的指导作用。

**（二）欧洲复兴开发银行现代特许经营法的核心原则**

欧洲复兴开发银行（以下简称 EBRD)投资的主要对象是中东欧国家的私营企业和这些国家的基础设施，以调动个人及企业的积极性，促使他们向民主政体和市场经济过度。EBRD 寻求在有效的法律和监管框架的基础上建立健全的投资环境，促进公司治理，包括良好的管理实践，坚决反对腐败行为，公开信息以及明确统一的会计和审计实践。2006 年，EBRD 发布了《现代特许经营法的核心原则》(以下简称 MCL)，作为各成员国 PPP 法或特许经营法的法律指导文件，这些原则更多地说明了要实现的结果，而不是实现他们的过程。EBRD 充分理解特许经营立法和内容将因各司法管辖区而有所不同，实际上必须适应其所经营国家的各种法律传统。

公布的十条核心原则，对社会资本方保护提供了强有力的政策支持。MCL 提出应当在政府批准的决议(总统令/法令)或同等文件中，明确私营部门的参与政策，这既是 PPP 法或特许经营法的基本准则，又在法律层面为社会资本方的加入提供了最基础的制度保障，然而很多国家并没有将私营部门的准入机制上升到国家法律层面予以确定。其次,该原则认为法律应允许特许经营协议具有可谈判性和灵活性,这点与《UNCITRAL 示范立法条文》的内容相呼应。订约当事人和项目公司都不应受到不必要的法律或监管限制,限制他们同意双方之间分配风险的能力。众所周知,我国 PPP 项目建设经营期限最多可长达 30 年,若使最初订立的合同内容能够囊括后续几十年的情势变化,几乎是不可能的。尤其是合同的不完备性将增大社会资本方所承担的风险,因而,在我国法律中可以通过表明特许经营协议的特殊性,约定一个适当的期限进行合同内容的"再谈判",授予合同当事人对特许经营协议的调整权利。最后,MCL 认可了特许经营活动的可仲裁性,通过国际仲裁和执行仲裁裁决,获得适当的违约制裁。同样,这对解决我国 PPP 协议法律性质和争议解决方式有所启示。

## 三、大陆法系国家典型立法例及启示

迄今为止,PPP 模式已经得到了世界多国的青睐,无论是在发达国家还是在发展中国家,为其国家基础设施及公共服务的建设中作出了巨大的贡献。源于 PPP 模式的特殊性,政府可能出于多种原因决定颁布 PPP 法或特许经营法,例如为了在部门法之前优先考虑 PPP 项目的制定、采购和审查环节,或为了建立明确的公私合作制度框架。"相似的法律未必就有相同的效果。"[①]本节将通过对国际组织、大陆法系、英美法系主要国家的立法现状分析,比较和借鉴国际上 PPP 法律制度研究的优秀成果。纵观世界 PPP 市场,各国 PPP 模式发展程度参差不齐,立法路径在现实中的回应也形态各异。已经颁布 PPP 专项立法的国家也不少,例如孟加拉国(PPP Law 2015)、克罗地亚(Public-Private Partnership Law,2012)、埃及(Egypt Public Private Partnership Law-No. 67, 2010)、科威特(Laws and Regulations on Public Private Partnerships)、葡萄牙(2012 PPP Law)、塞尔维亚(Law on Public Private Partnership and Concession)等,其他部分国家的 PPP 方案也正在草拟过程中。法国在法律体系、行政体制和国有经济比例上,是目前为止与中国最近似的。法国政府于 2004 年出台了第一部 PPP 模式公私合作合同行政法规,并指出 PPP 合同属于典型的行政合同。随后,在 2008 年颁布了 PPP 模式公私合作法律。[②] 不同法系、不同国情造就不同的法律环境,每个国家法律渊源的区别导致了各国对投资者保护程度的差异,PPP 模式的规范及社会资本方保护究竟适用于何种路径,均需分国家分情况具体研究。

---

① [法]孟德斯鸠:《论法的精神》(下卷),许明龙译,商务印书馆 2012 年版,第 685 页。

② 转引自徐琳:《法国公私合作(PPP 模式)法律问题研究》,《行政法学研究》,2016 年第 3 期,第 117 页。

## （一）法国《PPP模式公私合作合同法律》

法国是目前世界范围内为数不多的主要通过立法规范PPP模式的发达国家，对于我国推进PPP立法进程具有重要的借鉴意义。法国PPP模式主要由特许经营和合伙合同两大板块组成，其他PPP模式的运用较少。2004年，法国政府出台了第一部PPP模式公私合作合同行政法规，①确定了“伙伴关系合同”的定义及使用范围，规范了“伙伴关系合同”的采购程序，尤其是“竞争性磋商”制度，界定了公共机构签订伙伴关系合同的权限，同时规定了与“伙伴关系合同”相关的其他内容，如项目周期、风险共享、私人伙伴支付、争端解决机制等。②

2008年，法国国民议会颁布了《PPP模式公私合作合同法律》。③ 法律法规均是以“伙伴关系合同”为规范对象，对合同中的合作关系、设计领域、期限、风险、盈利模式、投资模式等作出了清晰的定义。④ 首先在法案第1条第一款就表明伙伴关系合同是由国家或国营实体委托第三方所签订的行政合同。多年来，法国主要使用两种类型的PPP模式：(1)特许经营协议，用于实施重大基础设施项目如运河、高速公路、配水系统和收费桥梁；(2)伙伴关系合同，与英国PFI合同类似，是由政府付费，而非使用者付费的。两类合同在法国法律体系下均属于行政合同的范畴，源于法国行政法比较发达，现有行政合同、行政法院体系及相应制度非常成熟，而且公私界限也非常明确。长期以来的公法传统，形成了公共部门之间、公共部门与私人部门之间以行政合同形式进行规制的格局。⑤ 法国没有为PPP模式发行的国家担保，但是地方政府可以在特许经营合同或合伙合同下规定为项目公司提供保证贷款。⑥

## （二）巴西《公私合作法》

巴西作为南美洲的第一大国，是大陆法系发展中国家的代表。相比发达国家，发展中国家由于政治和法律制度普遍落后，法律体系薄弱，司法体制不健全，往往更倾向于立法加强对市场经济行为的规制。纵观已经出台PPP法的国家当中，发展中国家占总总数的85%。由于巴西国内的市场交易具有不确定性和复杂性，基

① Ordonnance n° 2004—559 du 17 juin 2004 sur les contrats de partenariat.

② 裴俊巍、王洁：《法国PPP中的伙伴关系合同》，《中国政府采购》，2016年第7期，第39页。

③ Loi n° 2008-735 du 28 juillet 2008 relative aux contrats de partenariat (Law No. 2008—735 of 28 July 2008 on partnership contracts).

④ 转引自徐琳：《法国公私合作（PPP模式）法律问题研究》，《行政法学研究》，2016年第3期，第117页。

⑤ 王丛虎：《两大法系下的PPP与特许经营》《中国政府采购报》，http://www.ccgp.gov.cn/ppp/llyj/201608/t20160816_7187204.htm，2016年8月16日，2016年10月12日。

⑥ Bruno Werneck and Mário Saadi: “the Public-Private Partnership Law Review”, Law Business Research Ltd, chapter 7 France, pp: 82-83.

础设施项目融资困难，而且在许多情况下，必须依靠资金实力强大的赞助商支持来维持主要基础设施交易。除开政府面临严重的债务危机，法律和监管的缺失同样减缓了政府的投资速度，许多私有化受到合宪性的挑战，部分外国投资人纷纷退出巴西或者避免进一步的投资。再加上，巴西过去执行的特许经营法严格限制政府为特许经营活动提供补贴或保证，严重制约了社会资本方在 PPP 模式的财政选择①。2002 年，巴西新总统卢拉·达席尔瓦承诺将带领其政府更加关注经济私有化建设，并颁布新的立法为 PPP 模式提供更优的法律框架。历时 3 年，巴西政府正式颁布《投标和 PPP 项目合同法》(Brazil Law for Bidding and Contracting of PPP Projects)和《PPP 法》，②由法律的适用性和范围、PPP 合同(概念和原则、合作活动、特别规定、付费机制、保证)、招标程序、一般规定和最后规定五大板块组成，该法为巴西国内新一轮私有化和私营部门基础设施的投资奠定了坚实的法律基础。

纵观巴西 PPP 法，其中包括许多保护私人投资者利益的条款，笔者认为对我国的借鉴意义主要有以下几点：第一，只规定了通过招投标方式选择社会资本方，相比我国政府提出的五种方式，巴西 PPP 法的规定虽然略显单一，但通过法律形式专门确定使得选择程序更加高效而利于执行。法案要求专门在 PPP 协议中明确 PPP 招标程序，并说明招标过程应当遵守的规定，最后列举出标书应当符合的标准。第二，PPP 项目的产权属于国家公共部门，在 PPP 项目完成后，无论是否进行补偿，政府或公共部门都应当保留不动产或其他资产的所有权，除非合同另有规定。该法没有将 PPP 模式具体分类，统一规定项目产权归政府所有。将时间节点定义在 PPP 项目完成之后，换句话说，该法也没有交代在项目完成之前所有权是归私营部门还是公共部门，这也是巴西政府在法律层面或合同签订时应当完善的问题。第三，如果当事人没有履行合同义务，将强制性给对方提供赔偿；如果合同在约定期限之前终止执行，应当在合同中列出所需要的赔偿款的标准。本条款旨在防止政府随意违约毁约后，拖欠企业工程款、物资采购款，仍不对社会资本方予以补偿的等情况，导致企业和社会资本方财产权受损。通过表明强制性赔偿标准，降低社会资本方投资前对政府信用的疑虑，为其提供项目失败后的经济保障。第四，应当在项目合同规定中明确项目收益分享原则，政府或公共部门在财政条件变化中所获得的经济收益应当与社会资本方分享。政府公共部门与私人部门在 PPP 模式中属于平等法律地位的当事人，因此除合同规定的社会投资人回报渠道以外，

① Jacques Cook："Spotlight on Brazil：Brazil Launches New PPP Projects"，PPP Resources IP3's Public-Private Partnership Information Series，March 2006，pp. 1-4.

② See BRAZIL'S PUBLIC-PRIVATE PARTNERSHIP LAW：Law No. 11，079 of December 2004.

巴西PPP法将政府基于PPP模式建设运行产生的财政条件的变化所获得的经济收益，也列为与社会投资人共享的范围。另外，巴西总统卢拉倡议建立一个信托基金以保障PPP协议中私人投资者的利益。

有巴西学者指出，除了通过法律对社会投资人予以保护以外，政府应当加强在特许经营活动财政、管理、运作等方面的能力培训，这样才能彻底确保法律发挥最大效力。巴西PPP法仅有8页，许多关键问题并未涉及，尤其是对争议解决方式的规定没有出现在任何条款中。由于巴西法院审判效率低下，投资者一般对法院系统解决法律纠纷持怀疑态度，政府如果不加快改善审判程序，争议解决方式仍然会存在问题。另外，应当制定标准化的法律文件以促进起草和谈判特许经营合同。笔者认为，巴西PPP法鉴于出台年限较早，国内法治能力建设较弱，总体呈现规定较为单一的局面，仍然存在多项可完善之处。但不可否认的是，巴西PPP法为同样属于大陆法系发展中国家的中国提供了宝贵的立法和实践经验。

## 四、英美法系国家典型立法例及启示

英美法系国家PPP模式管理概览见表11。

**表11　英美法系国家PPP模式管理概览**

| 国家 | 管理/支持机构 | 法律层面 | 法律条文 |
|---|---|---|---|
| 英国 | 1. 财政部PPP工作组<br>2. 英国合作伙伴关系工作组(Partnership UK)<br>3. 基础设施局IUK(Infrastructure UK)<br>4. 国家审计署(The National Audit Office) | 国家无专门立法，颁布政策、指南为主。 | 1. PFI:《应对投资风险》(2003)<br>2.《强化长期伙伴关系》(2006)<br>3.《基于长期价值的基础设施采购》(2008)<br>4.《公私合作新办法》(New Approach to Public-Private Partnership)<br>5.《PF2标准化合同》(2012) |
| 加拿大 | 1. 加拿大PPP中心(PPP Canada)<br>2. 加拿大PPP委员会(The Canadian Council for Public-Private Partnerships,CCPPP)<br>3. 加拿大PPP基金(P3 Canada Fund) | 政策、指南 | 《对应公共部门成本——加拿大最佳实践指引》;《PPP公共部门物有所值评估指引》 |
| 澳大利亚 | 澳大利亚基础设施局(Infrastructure Australia,IAU) | 无专门立法，国家颁布政策、指南，各州在此基础上制定本州的PPP指南 | 《维多利亚州合作方法》(2000);《合同管理方法》(2003);《国家PPP指南(National Public Private Partnership Guidelines)》(2008—2013) |
| 美国 | | 无联邦立法，州立法 | 华盛顿特区、波多黎各颁布了PPP法;弗吉尼亚州:《公私交通法》 |

### （一）英国PPP法律政策框架

世界公认PPP“最佳实践”的英国政府没有专门的PPP法律，“是以政府采购法和行政合同法[①]为上位法，通过《PF2标准合同》（*Standardization of PF2 Contracts*）（从效力上看应为部门规章）和操作指南（从效力上看应为政策）的方式对PPP项目进行规范。”[②]其中，由英国财政部颁发的《PF2标准合同》发挥重要作用，为PPP项目的运行规范指导。全文共分为34章，分别从介绍、保证和标准化、合同结构、公共股东及股东安排、服务、灵活性与变化、付款服务、终止、财政、信息和透明度等多个方面全方位制定PPP项目的标准合同范式，以保证项目操作流程的统一化和规范化。对于PPP项目主要是通过财政部颁布规范性文件进行管理，如在PFI阶段有《应对投资风险》《强化长期伙伴关系》和《基于长期价值的基础设施采购》等政策文件，而在PF2阶段则有《PPP的新方式》。[③] 此外还有以下通用法律可以规范PPP行为：《公共合同法》《公用事业单位合同法》《政府采购法》。更具体的，还有《关于公私协作的新指引：公共部门参股PF2项目的条款磋商》、《PFI/PPP采购和合同管理指引》《PFI/PPP金融指引》等细项规范性文件。因此总体来说，英国通过现有法律、政策和指南的制度框架已清晰地界定了PPP的整体概念，规范了PPP模式的操作流程，也明确规定了争议解决方法。

### （二）加拿大PPP政策环境和组织保障

加拿大政府自20世纪90年代开始对PPP进行立法管理，至今联邦、省、地方三级政府都有各自的法律及管理政策，已形成三级政府间相互独立且特色鲜明的分工。加拿大联邦政府对PPP规范条文主要在《加拿大战略性基础设施基金法》等法律内。而各地方政府也有各自对PPP的规范政策，例如不列颠哥伦比亚对交通运输、健康公共服务中的PPP运用主要在《交通投资法》《交通运输投资修正案》《健康部门合作协议法案》等几部法案中进行规范。总体来说，联邦政府主要承担一些全国性公共服务的供给，包括国防、交通运输基础设施、邮政服务等。地方政府理论上应该是大部分省内公共服务的提供者，然而省级政府独立提供的公共服务较少，多数是与联邦政府和城市政府合作共同提供公共产品，于是省级政府更多地承担政策制定者和大部分资金提供者的作用，而地方政府则是具体政策的实施者。

2008年，加拿大通过立法委员会命令，创立了国家层级的PPP中心（P3

---

① 英国的《公共设施合同法》（2009）和《公共合同法》（2015）。

② 莫莉：《英国PPP/PFI项目融资法律的演进及其对中国的借鉴意义》，《国际商务研究》，2016年第5期，第62页。

③ 王增忠主编：《公私合作制（PPP）的理论与实践》，同济大学出版社2015年版，第140页。

Canada)，旨在为公共基础设施的建设实现更高的价值。该中心作为一个国有公司，拥有独立的董事会，通过财政部长向议会作出报告。PPP 中心的职责如下：为政府方股东、行业人士提供 PPP 的教学研讨会；学习和分析国家和地方的资本计划，挖掘和识别潜在的 PPP 项目；组织和支持项目公司股东学习，为其提供 PPP 项目指南或其他研究工具。[①]

同时，加拿大政府还设立了总额 1.2 亿美元的"加拿大 PPP 基金"(The P3 Canada Fund)，为 PPP 项目的建设、翻新或者原材料提升提供资金支持。在以往的实践中，PPP 基金曾给予某项目总投资额 25％的资金支持。该基金的申请主体包括地方级政府、附带条件的公共部门及私营部门，为 PPP 项目的融资提供了优质的资金平台。

### （三）澳大利亚

澳大利亚于 20 世纪 80 年代开始在基础设施建设领域中运用 PPP 模式，投资者成立一个专门的项目公司，同政府就项目设计、融资、建设和运营等方面协商签订项目协议。澳大利亚 PPP 模式的发展水平位于世界范围内的顶尖级，其 PPP 法律框架主要以特别立法和政策指南为基础。该特别立法并不是指专门的 PPP 立法，而是政府有时为了某个重大项目的实施能够拥有更多的法律保障，能够排除公众对政府在 PPP 项目中某项特殊权利或义务豁免的质疑等情况专门制定的一项特别法律。最典型的是维多利亚州议会在 2004 年颁布的《东部连接线项目法案》、新南威尔士州议会于 1987 年颁布的《悉尼港隧道法案》。[②] 此外，所有 PPP 项目在建设与运营管理阶段，在适用商法与合同法的同时，积极利用海湾保护法、政府铁路法等相关法律，法律框架完善且公开透明。[③]

政策指南方面，通过政府颁发《国家 PPP 指南概述》和《国家 PPP 政策框架》，具体分州进行 PPP 项目的治理和规范，各州也会针对本辖区的 PPP 项目内出台相应的 PPP 政策。其中，维多利亚州在 PPP 模式的应用上较为突出，主要是通过颁布政策、指南、建议注释和技术注释对本州的 PPP 项目进行指导，[④]例如：《维多利亚州合作方法》《合同管理方法》等。在主管机构方面，澳大利亚基础设施局

---

① PUBLIC-PRIVATE PARTNERSHIPS A GUIDE FOR MUNICIPALITIES，The Canadian Council for Public-Private Partnerships，November 2011，p. 58.

② 李亢：《从分散到统一：澳大利亚公私伙伴关系制度及启示》，《理论月刊》，2010 年第 1 期，第 155 页。

③ 梁晴雪、胡昊、谢忻玥：《国内外典型 PPP 项目案例研究及启示》，《建筑经济》，2015 年第 8 期，第 26-30 页。

④ 黄腾、柯永建、李湛湛等：《中外 PPP 模式的政府管理比较分析》，《项目管理技术》，2009 年第 1 期，第 10 页。

(Infrastructure Australia,简称 IAU)是全国性的 PPP 主管机构,负责全国政府基础设施建设的需求分析、政策制定和推广[①](见图 2)。

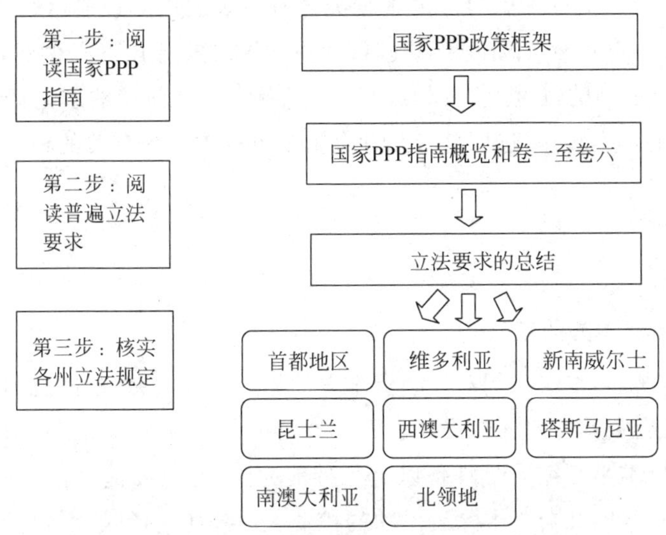


**图 2 澳大利亚国家 PPP 指南的适用框架**

英美法系国家作为 PPP 模式的先驱,为世界各国的 PPP 发展提供了诸多成功经验。由上述归纳可得,这些国家主要通过发布 PPP 政策指南以及统一的主管机构对国内 PPP 项目进行规制,很少为 PPP 出台专门立法。因此,我国在 PPP 法制建设及社会资本方权益保护的路径寻找中,首先应当确立统一的主管机构,统一机构内的各项准则。其次,应当注重对合同指南等核心 PPP 法律文件的细化,以及根据实际状况对部分文件定期进行修改。

## 第三节 《PPP 条例征求意见稿》之热点话题评析

由国务院法制办牵头,联合国家发改委和财政部共同制定的《PPP 条例征求意见稿》在万众瞩目中顺利公布。业界普遍认为,该条例的发布意味着 PPP 立法取得了实质性进展,在 PPP 立法道路上具有里程碑意义。尽管该条例的内容引发社会各界的各种评论,但总体来讲,该条例是我国 PPP 模式截至目前所有文件当中最全面的统领性文件,有新意也有突破,条例内容亦是可圈可点。与财政部 2016 年公布的《PPP 法意见稿》相同,《PPP 条例征求意见稿》的发布展现了我国政府和公众对 PPP 模式顶层法律结构有所建树的期许。从 PPP 法到 PPP 条例,法律层

① 张奇:《公私合作(PPP)项目决策与评估》,经济科学出版社 2016 年版,第 32 页。

级有所下降，说明了政府已经认识到就我国目前而言，在短时期内出台PPP法不仅有很大难度，而且不切合实际情况。因此，制定PPP条例应当是我国政府深思熟虑的结果。对征求意见稿的评论有赞美也有质疑之声。目前，社会各界各抒己见，为PPP条例的完善积极献策，共同目的在于尽快推出PPP条例的正式出台，促进PPP模式在法制的轨道上“茁壮成长”。笔者将结合前述的理论研究和业界探讨，按照条例的基本顺序，选取部分与社会资本方权益保护有关的核心话题进行逐一评析。

## 一、总则

### （一）社会资本方的定义[①]

如第一章所述，本次条例对社会资本方的界定有较大突破，但也因此引发了一些争议。对社会资本方定义的修改表面上外延扩大，实则内涵缩小，由此引发第一个疑问，社会资本是必须同时具备以上三种能力，还是只要拥有任一种能力即可？在实际操作中，我国社会资本除了单独的投资人以外还包括联合体投资人，联合体投资人当中是需要每一个联合体成员都需要具备以上三种能力还是需要整体能力集合能够符合规定的三种能力即可？

笔者认为，首先，如果是三种能力均需具备，是对社会资本方的较高要求，并且能够有力杜绝社会资本方只投资不运营变相变成BT项目的现象发生。另外，金融机构和地方融资平台因不具备建设、运营能力，也被排除单独成为社会资本方的候选单位。[②] 但是，在我国目前的实际情况下同时具备投资、建设、运营能力的企业并不多，而且要求民营企业或其他非法人企业能够同时拥有三种能力的主体更是少之又少。因此，按照如此严格的解释可能不利于PPP模式中社会资本主体的多元化，对能力和实力不顶尖的企业没有给予任何机会。此外，如果要求社会资本方单独具备三种能力，是否意味着PPP项目中不再需要承包商、运营商这类的参与主体？其次，现阶段应当明确按照整体能力划分，要求每一个联合体成员满足三种能力又结合在一起作为社会资本方的条件过于严格，在目前我国的PPP模式中难以实现。只要联合体成员各展所长，各尽其职，作为整体的社会资本方能够完成投资、建设、运营的全过程，就应当列入PPP项目的社会资本方范围之中。

有学者提出本次定义只字未提项目公司，这与我国的实际情况存在较大差异。现实中，我国大部分PPP项目都是由社会资本组建成立的项目公司作为PPP项目

① 参见《PPP条例征求意见稿》第2条。

② 郭友用：《基础设施和公共服务领域政府和社会资本合作条例（征求意见稿）十二个热点话题解读与评价》，http://mp.weixin.qq.com/s/tG3217xDG8dvWKjlpNO3vQ，最后访问时间：2017年7月25日。

合同的签约方。条例第 2 条指出社会资本方由政府采用竞争性方式确立后，双方即签订协议。事实上，项目公司是社会资本方中标后才能组建的，不但参与订立合同并且也负责 PPP 项目的投资、建设、运营。依此规定，很难保证项目公司作为社会资本方是否适格的问题。尽管条例第十四条对项目公司作出了规定，但与第 2 条规定之间缺乏连续性和统一性，应当作出适当修改。[①]

### （二）主管部门的缺位[②]

长期以来，由于我国政府各部门的职责差异，PPP 模式主管部门一直处于空缺状态。国务院各部门政出多门、交叉管理的情形时常使得社会资本无所适从。尤其是国家发改委和财政部在 PPP 领域的“争抢”状态，极不利于对社会资本方的利益保护及整个 PPP 模式的顺利发展。条例第七条指出国务院各部门在各自职责的范围内负责 PPP 项目的指导和监督，并共同制定 PPP 模式的综合性管理措施，存在以下三个问题：第一，正是因为 PPP 项目的各项事务牵涉多部门的职责，导致存在交叉指导和监管的问题，条例仍然没有从根本上正视和处理该问题。第二，“综合性管理措施”所指何物？条例的用语应当简洁而精确，防止语焉不详导致法律适用的难题。第三，仍然没有明确是否设立和确立我国 PPP 模式的主管机构。值得注意的是，规定指出由国务院负责协调、解决 PPP 项目中的重大问题，是否表明我国有意将国务院确立为 PPP 模式的主管部门？假设答案是肯定的，涉及土地、税收、会计特别是国家发改委和财政部等部委之间的协调并非易事。条例规定的过于简单，几乎没有涉及实质性的协调方案。另外，国务院作为最高国家行政机关，等级高，事务繁杂，令其直接成为 PPP 模式的主管机构并不合适。应当把具体职权下放到专门的主管部门，专人专用，国务院负责协助工作，更加有助于提高协调和解决 PPP 项目中重大问题的效率。

### （三）PPP 模式的基本原则[③]

与“财政部 113 号文”相比，本次条例所确立的基本原则缺少了对“风险分担”的规定；与《特许经营管理办法》相比，缺少了“保护社会资本合法权益，兼顾经营性和公益性平衡”的规定，却增加了“坚持公共利益优先”原则。不知立法者对于此处改变出于何种考虑，但明显展现出对社会资本方利益保护的弱化，特别是公共利益优先原则，可能会成为政府方解决和处理 PPP 项目中任何问题的“尚方宝剑”，

---

① 参考刘志坚律师对条例第 2 条的修改意见：“本条例所称基础设施和公共服务领域政府和社会资本合作（以下简称政府和社会资本合作），是指政府采用竞争性方式选择社会资本方，政府与社会资本方或其设立的项目公司订立协议明确各自的权利和义务，由社会资本方或其设立的项目公司负责提供符合相关质量和效率要求的公共服务，并通过使用者付费、政府付费、政府提供补助等方式获得合理收益的活动。”

② 参见《PPP 条例征求意见稿》第 7 条。

③ 参见《PPP 条例征求意见稿》第 5 条。

并不利于本条其他原则的实现，尤其是对社会资本方权益保护的实现。坚持公共利益优先的原则固然重要，但不能打破与社会资本方的平衡关系。一是在我国社会资本参与率较低的情况下，应当考虑将体现保护社会资本方权益的原则列入其中。二是 PPP 模式的本质在于公私双方的合作，强调地位平等、利益平等，因此应当在原则中同样体现出对公私双方的平等保护。

## 二、合作项目的发起

### （一）实施方案的编制与评估①

该条例第 11 条指出有关主管部门在拟定项目实施方案时须开展“必要性、合理性评估”和“财政承受能力评估”（涉及政府财政支出）。首先，将实施方案的编制主体从项目的实施机构修改为有关主管部门，将编制权力上收，赋予了主管部门更多的职责。

其次，必要性、合理性评估具体包含哪些内容，为何以其取代之前在各大规范性文件中“盛行”的物有所值评价？“财政部 113 号文”第 8、9、12 条，明确指出在项目识别阶段，应当开展物有所值评价和财政承受能力论证，通过验证的，相较于传统采购方式，该项目更加适合以 PPP 模式开展，实施方案才能报上级审核。笔者认为本次修改有以下原因：第一，我国物有所值评价体系处于探索阶段，业界普遍反映对该评价的运用多流于形式，实际作用十分有限。物有所值评价在国外发展得较为成熟，英国、澳大利亚、加拿大、美国等政府均发布了完整的物有所值评价程序和指南。我国财政部于 2015 年也发布了《PPP 物有所值评价指引（试行）》，但如其前言所述，由于实践中缺乏充足数据，假设太多，导致评价方法不够完善。因此，在物有所值评价体系自身并不完善稳固的前提下，由必要性、合理性评估将其代替，但并没有禁止对物有所值方法的继续沿用，应当为合理之举。第二，PPP 模式的前期评估方法不仅仅局限于物有所值评价，条例之所以作此修改，意在鼓励学界和业界寻求更为优质且适合我国 PPP 模式的项目评估方法。此外，该条款仍然展现出我国重在 PPP 项目的事前评估，欠缺对事中、事后评估的考量和引入。

### （二）实施方案的联合评审②

该条例第 12 条提出对实施方案进行联合评审，正式确立了联合评审制度。联合评审由“可会同……建立联审机制”修改为“应当组织……进行联合评审”，充分

① 参见《PPP 条例征求意见稿》第 11 条。

② 参见《PPP 条例征求意见稿》第 12、22 条。

展现了政府对联合评审的重视，将其列为项目通过的必经程序。再如条例第22条提出，行政审批中不需要重复审查联合评审中对实施方案已经出具审查意见的事项，简化了PPP项目的行政前置程序，实为重要突破。但是实际上对行政审批程序的要求多为法律规定，皆高于条例的法律层级，具体如何改革前置程序的任务仍然任重而道远。另有不足的是，条例第12条最后一句规定审核同意实施方案后，应当确定政府的实施机构，但其实PPP项目的实施机构应该在之前的实施方案编制中早已确立，与这里的实施方案获批后确定形成矛盾。在此处再一次谈到实施机构的确立，不知是政府有意提出强调，还是用语不够简洁精练。

## 三、合作项目的实施

### （一）竞争性磋商

该条例第13条指出"通过招标、竞争性谈判等竞争性方式选择社会资本方"，省略了对竞争性磋商和单一来源采购两项采购方式的明示，那么这两项采购方式能否在社会资本方的选择过程中继续采用？"法律法规对特定基础设施和公共服务项目选择社会资本方的方式有规定的，按照其规定"，应当为单一来源采购留下了可采用的空间，但竞争性磋商只是停留在部门的规范性文件中，可采用性仍然不明。特别是近几年来，竞争性磋商在财政部的推广下受到PPP领域的足够重视，财政部也专门出台财库〔2014〕214号文对竞争性磋商进行详细规定。但条例的本次省略表明政府现阶段更倾向将PPP模式的竞争性方式确定为我国现有法律框架中已经明确的采购方式，而不是花费时间为竞争性磋商寻找法律准据。竞争性磋商虽然以"综合评分法"号称为更高效、更全面的采购方式，但由于缺乏法律法规的明文规定，也没有针对政府在采购行为的约束和监督机制，在实践中容易引发不公平竞争的现象。

### （二）社会资本对项目公司承担连带责任[①]

该条例第15条提到项目公司的合作项目协议应当载明社会资本方对项目协议履行的担保责任。用词"应当"示意此规定为法定要求，合作项目协议中必须包含社会资本方对项目协议履行的担保责任。笔者认为，首先，社会资本是否就项目公司对协议的履行承担担保责任应当属于协议内容磋商的范围，而不是协议中的必备条款，更不应当是立法层面的强制性规定。如果在协商一致的情况下，综合社会资本的风险承受能力和具体项目中的各方面因素，社会资本有能力为项目公司的合同履行担保，法律法规可以给予支持。其次，要求社会资本方对项目公司履行

---

① 参见《PPP条例征求意见稿》第15条。

项目协议承担连带责任，是地方政府近期比较多见的不合理诉求之一。[①] 笔者根据财政部 PPP 中心公布的多份不同领域的 PPP 项目合同，发现都包含类似“鉴于社会资本为项目公司实际控制人，故应为项目公司的一切行为承担连带责任”的条款，其中部分项目还是国家或省级的示范项目。设立项目公司的目的之一就是为了实现对股东的有限追索，有利于保护各方股东的权益。但如此设计将社会资本股东从有限追索变为无限追索，而其他股东仍然保持有限追索的状态，实则是极不公平的一项约定。不仅加大了社会资本参与 PPP 项目的风险，还违背了私法中的公平原则，建议在合同谈判和条例制定中尽量不要使用该条款。

### （三）社会资本方回报的局限[②]

该条例第 17 条明确规定，“社会资本方的收益根据合作项目运营的绩效进行调整”，首次在法律文件中明确了社会资本方的收益来源是值得肯定的。但随后在条例第 31 条中指出“县级以上人民政府有关部门应当定期对合作项目建设、运营等情况进行检测分析和绩效评价，建立根据绩效评价结果对价格或财政补助进行调整机制”，两条款中所提到的绩效是否为同一评价体系？如果答案是肯定的，因为绩效评价由县级以上政府有关部门执行和完成，评价结果又与社会资本方的收益挂钩，那么是否意味着社会资本方的收益决定权实际上掌握在人民政府有关部门的手中？现实中，政府的有关部门普遍会直接或间接地成为 PPP 项目的政府方，与社会资本方展开项目合作。当事人一方决定另一方的投资回报取得，明显是欠妥的，因而，关于绩效评价的规定应当作出全面的修改。

### （四）政府违约未列入合同可提前终止[③]情形

该条例第 27 条提到提前终止协议的三种情形当中包含因社会资本方严重违约，危害公共利益的情形，但没有赋予社会资本方当政府方严重违约，损害了社会资本的合法权益时，社会资本可以提前解除合同的权利。尽管根据《民法典》合同编第 563 条，政府方当事人具有规定情形之一，社会投资方也可以解除合同，条例第 27 条也提出提前终止协议的情形可以根据 PPP 协议自行约定，但是鉴于在合同谈判中社会资本方往往处于弱势地位，以及 PPP 模式的平等原则、公平原则，应当将政府方的违约同样设置为 PPP 条例中提前终止协议的法定条件，加强对政府方的行为约束和对社会资本方合法权益的保护。

---

① 刘志坚：《P3 带路评：〈基础设施和公共服务领域政府和社会资本合作条例（征求意见稿）〉》，http://mp.weixin.qq.com/s/IETJBWnCAbG7qk6sjJRPVw，最后访问时间：2017 年 7 月 25 日。

② 参见《PPP 条例征求意见稿》第 17 条、第 37 条。

③ 参见《PPP 条例征求意见稿》第 27 条。

## 四、监督管理[①]

该条例在监督管理这一章的规定主要表现在对政府方行为监督条款的缺失。较为明显得偏重于对社会资本方的监管，然而没有明确设置对政府行为的监管规定。条例第 34 条指出社会公众有权对社会资本方在项目中的行为举报、投诉，但没有提出如何对政府方在项目发起和实施的过程进行监督。第 35 条提到对社会资本方等 PPP 项目参与人的失信行为进行记录，统一纳入信用信息共享交换平台，但是，依然没有将政府方纳入失信行为的被监督主体中。总体而言，本次条例的制定对 PPP 模式的平等合作原则、诚实守信原则和重诺履约原则落实得比较到位。过去，无论是在学界讨论，还是政府发文当中，加强对政府方行为监管的议题都得到了多方的重视和支持。但是在本次条例的监督管理部分，仍然缺失政府方失信和违约行为监督的具体条款。因此，除了将政府方的失信行为纳入公众监督的对象和统一的信息同享平台以外，还可以建立我国 PPP 模式参与方的正面清单，充分激励政府方和社会资本方内在约束，形成良性的竞争体系，提高社会资本参与 PPP 模式的积极性。

## 五、争议解决[②]

争议解决独立成章，足以显示立法者对这一部分的足够重视。该条例第 38 条、39 条、40 条明确了 PPP 协议履行发生争议可以由协商、专家建议、仲裁或者诉讼的四种形式解决，与财政部和发改委的法律文件中所提出的争议解决方式基本一致。尤其是仲裁在 PPP 项目中的可适用首次获得立法的确认，似乎立法者偏向于肯定 PPP 项目合同的民商事属性。但是，立法者选择“避重就轻”，依然没有界定 PPP 项目合同的性质，而是通过不同情况的分别描述，指出究竟该适用何种争议解决方式。条例第 40 条巧妙地提到“可以依法申请仲裁或向人民法院提起诉讼”，包含两层含义：第一，“依法”二字表明，如果所面对的争议纠纷是法律规定不得仲裁的情形，那就不能采用仲裁方式。《中华人民共和国仲裁法》第 3 条指出“依法应当由行政机关处理的行政争议”不能仲裁，行政争议在 PPP 模式中的范围也比较模糊，因此在具体的判定和适用上仍然存在一定困难。

第二，该条例在针对提起诉讼的规定显得较为中立，依然没有指出发生争议后究竟是提起民事诉讼还是行政诉讼。该条例第 41 条是“出新意于法度之中”，在《行政诉讼法》及其司法解释将特许经营协议、符合特定条件下的 PPP 协议的纠纷

---

① 参见《PPP 条例征求意见稿》第 34、35 条。

② 参见《PPP 条例征求意见稿》第 38、39、40 条。

纳入行政救济的范围之后，规定就政府有关部门作出的与项目实施和监督管理有关的具体行政行为产生的争议纳入行政复议和行政诉讼的客体范围。首先，具体行政行为的主体是政府有关部门，而不是 PPP 项目中的政府方。政府有关部门的概念范围极其宽泛，不仅包括中央政府有关部门，也包括地方政府有关部门。政府有关部门可能会直接作为项目的政府主体，或是其授权的实施机构作为政府方，也可能做出具体行政行为的政府有关部门与合同方不是同一个部门。其次，如果与 PPP 项目主体有直接或间接联系的政府有关部门，作出的具体行政行为应当如何判断？PPP 项目合作的本质是建立在平等法律地位上的民商事交易行为，项目主体的具体行政行为始发节点应当是何处？如果将政府方的监督管理权等单方面权利归位具体行政行为，一方面不符合 PPP 模式交易的本质；另一方面不符合 PPP 模式的平等原则。

## 六、法律责任[①]

《PPP 条例征求意见稿》在本部分主要体现出缺少对政府方责任的确认。第 20 条和第 45 条对政府守信践诺机制的建设加以条款肯定，是继《产权保护意见》后，立法者以较高层级的法律文件再次强调政府换届、部门调整和负责人变更等理由不能影响政府方在 PPP 项目中的承诺和其他约定的履行。第 43、44、45 条明确指出政府方违反条例规定的部分情况下，追责问责具体追究到领导人员和直接责任人身上，加大了政府方的违约成本和对政府方履约责任的监督力度，有利于督促政府方的严格履约。然而，唯一的遗憾是此次条例所规定的政府方应当受到处分的情形还不够完善，部分情形是在实践中政府方普遍都会履行，而另外一些应当提及和制约的情形，并没有纳入此次范围内，因此给人一种“不痛不痒”和“好刀未用在刀刃上”的感觉。例如，条例第 43 条提到政府不得排斥或限制非公有制社会资本方参与 PPP 项目，但在实践中此种情形非常少，通常是因为非公有制社会资本方自身能力有限，而无法达到竞标人的基本标准。条例第 44、45 条规定的多为政府方程序上的违约。实际上 PPP 在我国发展至今，不仅有多份上位法的护航，也有多份 PPP 模式的法律文件支持，PPP 模式的固定流程已经执行得较为成熟。比如，未对项目开展前期认证评估、未向社会公布实施方案、未与选定的社会资本方签订合作协议的类似情况在实践中多数不会发生。而条例除了应准确地总结出政府方在实践中真正容易违约的情形，还应当注重针对政府方承担违约责任的适用

① 参见《PPP 条例征求意见稿》第 43、44、45 条。

程序和标准予以明确说明。[①]

## 第四节　完善 PPP 模式社会资本方权益保护法制的构想

### 一、社会资本方利益保护公法路径的完善

PPP 模式从本质上来讲是一项金融创新，法律对其能起到的首要功能是对其作出必要限制，防止其超出必要限度，此种限制首先是通过公法路径来完成。近年来，尽管 PPP 模式立法层面的空白仍然有待填补，但我国出台的其他相关法律法规对 PPP 模式的发展均产生了积极影响。根据 2019 年国务院发布的《政府投资条例》的规定，采用政府付费方式的 PPP 项目将被纳入该条例的监管范围。尽管不是所有的 PPP 项目都纳入该条例的规制范围，但相比大多 PPP 模式是依靠规范性文件来运行，该条例在法律位阶上属于行政法规，如果 PPP 项目的公私双方在项目运行过程中违反了条例的规定，可能会造成被法院认定为无效合同的法律后果。另外，尽管 2019 年公布的《优化营商环境条例》也不是 PPP 专属立法，但是近年来直接对保障社会资本方利益有所贡献的行政法规，为社会资本方日后参与 PPP 项目创造了稳定、公平、透明、可预期的良好环境。该条例专章规定了“市场主体保护”“政务服务”“法治保障”等关乎社会资本方利益的内容，尤其是第六章法治保障中对政府和有关部门及其工作人员违法情形的详细列举，能够有效防范政府失信的风险，为社会资本方提供了向政府方追究责任的法律依据。[②] 因此，我们可以欣喜地看到，越来越多的法律位阶较高的制度规范涉及 PPP 项目的个别环节，上述行政法规的出台即是社会资本方利益保护公法路径的展现，如何进一步完善对社会资本方利益的保护机制，应当如本文第二章所述，关键在于对 PPP 模式中政府权力和政府行为的控制和约束。

#### （一）PPP 条例的修改与完善

1. 确立统一的 PPP 主管机构

主管机构是 PPP 模式发展的龙头部门，统筹整个 PPP 项目过程的伙伴选择、审查、监管以及各部门之间的协调工作。世界银行指出，“从国际经验看，政府在履行 PPP 职能时，普遍存在招标采购动力不足、部门间协调不够、专业技能缺失、交

---

① 宿辉：《〈PPP 条例（征求意见稿）〉的 10 个纯法律问题》，http://www.ccgp.gov.cn/ppp/llyj/201708/t20170803_8624080.htm，最后访问时间：2017 年 7 月 30 日。

② 上海市建纬律师事务所：《2019 年度 PPP 争议解决观察报告（PPP 政策与争议解决）》，https://pkulaw.com/lawfirmarticles/eacb716e57dffcec5dd1d24163d68163bdfb.html，最后访问时间：2020 年 12 月 22 日。

易成本过高、相关信息不全等机制性失效问题,需要建立 PPP 中心予以弥补。”[①]在 PPP 模式运行成熟的西方国家,均存在国家级或地方级的 PPP 主管机构,尽管各国 PPP 主管机构的权限范围有所不同,但对整个国家和地区的 PPP 项目起到了管理和服务的作用。例如,澳大利亚政府明确其财政部门是 PPP 模式专有的规则制定者、议程设定者和项目评估者,见图 3。[②] 英国政府确立起财政部为 PPP 模式的主管机构,财政部下属的英国基础设施局(IUK)全面负责 PPP 工作,主要负责 PFI 交易的批准工作和为公共管理部门提供专业管理,见图 4。

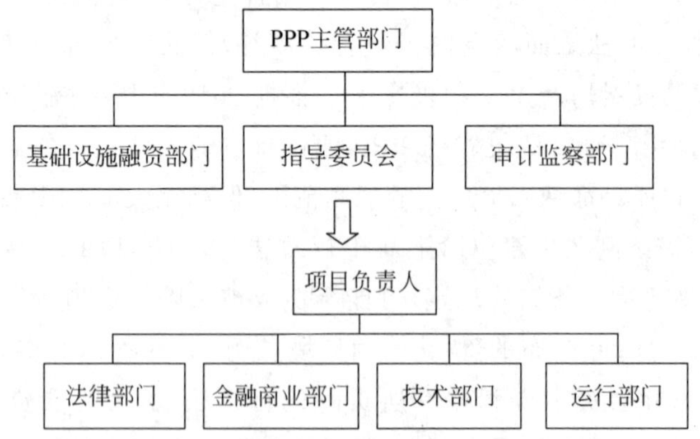


**图 3　澳大利亚新南威尔士 PPP 项目管理机构框架**

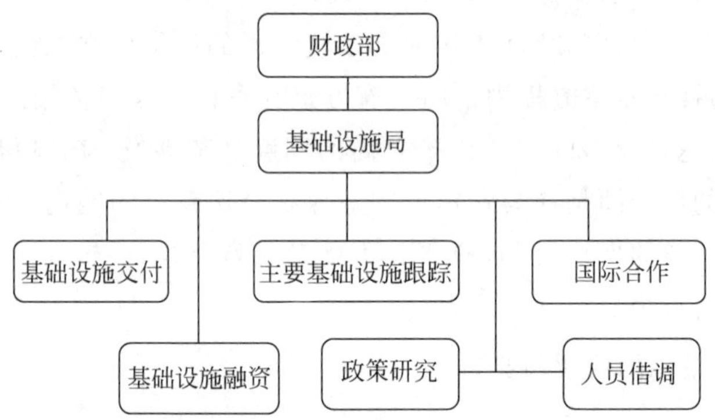


**图 4　英国 PPP 管理机构基础设施局组织框架**

如前文所述,现阶段,除发改委和财政部争相牵头 PPP 项目之外,我国暂无 PPP 主管机构。财政部虽然早在 2014 年设立了 PPP 中心,介绍表明该中心主要

---

① 中国清洁发展机制基金管理中心:《国外 PPP 中心概览》,http://www.ccgp.gov.cn/ppp/gj/201506/t20150611_5409154.htm,最后访问时间,2017 年 5 月 1 日。

② Linda M. English,University of Sydney:“Public Private Partnerships in Australia:An Overview of Their Nature,Purpose,Incidence and Oversight,” The University of New South Wales law journal. Vol 29 (3),January 2006,p. 254. http://www.researchgate.net/publication/265200070.

承担“PPP 相关的政策研究、咨询培训、能力建设、融资支持、信息统计和国际交流等工作”，[①]但在近三年的 PPP 项目实践中，PPP 中心所发挥的作用有限：一是因为 PPP 中心的建立缺乏权威性，仅是单一部门的内部设置。不能与其他部门达成统一认识，成为统领全局的 PPP 主管机构。二是 PPP 中心的职责总体偏向于辅助性工作，除了制定 PPP 相关指引、指南以外，主要是提供咨询培训、信息公开、统计类的服务，对 PPP 项目有一定的指导作用。但作为主管机构，更重要的是负责组织实施、审批、监督、协调等核心工作，PPP 中心对此并无涉及。在《PPP 条例征求意见稿》中仍然没有明确主管部门，仅仅提出由国务院负责 PPP 项目中重大问题的协调工作以及国务院各部门在职责范围内负责 PPP 项目的指导和监督。诚然，条例的规定并没有改变我国目前多头监管、政出多门的现状，国务院负责协调工作可操作性也很低。

为提升 PPP 项目交易和运作效率，保障社会资本方的利益，我国应当在中央层面设置 PPP 主管机构，根据我国 PPP 模式的发展现状，主管机构应当具备以下特征：第一，相对独立。PPP 主管机构的重要职能是与其他部门保持沟通，协调各个部门之间的关系。如果该机构能够处于某一独立的法律地位，保持客观中立的态度，有利于其开展 PPP 项目中的各项协调工作。第二，有法定明确的职责细则。通过《PPP 条例》确定和细化 PPP 主管机构应当承担的职责，有利于该机构在 PPP 项目中的积极作为，也有利于社会资本方和公众对其工作情况展开监督。第三，具有一定的决策权力，例如，负责项目的审核，通过专业方法的判断，决定项目是否适用 PPP 模式。[②] 第四，具有一定的专业性；目前我国政府各职能部门对 PPP 模式的指导能力有限，很大原因是受制于政府部门的负责 PPP 项目的工作人员的专业范围和专业水平。在《PPP 案例征求意见稿》中，通篇只在争议解决部分关于因项目协议中的专业技术问题发生纠纷，提到聘请专家和专业机构的意见。笔者认为，PPP 主管机构需要安排专业水平高、业务能力强的工作人员，可以采用专任的形式，也可以采用聘请专家担任委员的形式等。

2. 民间自提制度的设立

《UNCITRAL 法律指南》中提到采用民间自提制度（UNPs）成功率较高的两种情况：第一，社会资本发起项目的实施方案中包含的新概念或新技术可以满足基础设施或公共服务的需要。第二，社会资本发起的是政府尚未考虑过的基础设

① 财政部政府和社会资本合作中心：http://www.cpppc.org/gywm.jhtml，最后访问时间：2017 年 5 月 1 日。

② 关于 PPP 主管机构在立项和审批中应当重点考虑的四个方面问题，参见王守清教授和刘婷博士《PPP 项目监管：国内外经验和政策建议》第四（二）部分。

施或公共服务发展的潜在项目。科技革命让我国全面开启科技时代,不少社会资本已经掌握许多工程、工艺、设计等尖端技术,也拥有可提高项目产出的能力。另外,目前我国政府财政负债率不减,PPP项目的前期调研和实施方案的编制需要花费大量的人力、财力。如此看来,民间自提不仅能够弥补PPP项目在专业人才和专业技术上的短缺,还能够为减少财政支出贡献力量,应当成为我国大力发展的制度之一。

"财政部113号文"第6条第二款指出社会资本可以向财政部门推荐潜在的PPP项目,但必须以项目建议书的方式发起。财政部发布的《PPP法意见稿》第十五条、第十九条,明确给予"社会资本自提及其相应补偿"的立法确认。然而,在《PPP条例征求意见稿》第九条提到的合作项目的发起中,明显没有开放民间自提,仅仅是授予公民、法人和其他组织对PPP项目发起享有建议权,而不是发起权。民间自提是调动社会资本积极性的关键条款,在他国的PPP模式中也得到了成功的应用,条例应当增加允许民间自提的条款。在我国目前社会资本参与率较低的情况下,把发起项目的主动权放在社会资本手里,往往比靠迎合政府发起项目更加有推动力。

总的来说,如果要将民间自提制度引入我国,必须从以下四个方面做出全面的准备工作:第一,搭建必备的法律框架。创建针对民间自提及与其相关的跟进机制的政策法规等,并与国家其他法律法规相协调。要与国际组织(例如联合国国际贸易法委员会)提供的关于民间自提的法律框架保持一致。就目前的情况来看,在《PPP条例征求意见稿》的修改中加入民间自提的条款是较为适切的立法措施。第二,信息共享的透明度控制。相比于公开招标,民间自提的方式面临更多的公平性挑战,政府应当建立一套完整的民间自提程序,并向全社会公开。政府应当明确在整个项目招标过程中,什么信息可以共享,什么信息无法保证透明度,尤其是要注意原始投标人的信息保护。第三,能力建设。一方面,要提高社会资本方挖掘和提供优秀PPP项目的能力;另一方面,政府也需要培养自身的评标能力,尤其是在民间自提以及奖励系统和瑞士挑战模式的应用之后。第四,时限批准。无论是原始投标人,还是其他竞标者,对于他们的准备时间和评标时间都必须有严格的限制和把握。

3. 争议解决方式的再明确[①]

(1) 境外争议解决机制简介

争议解决是目前我国PPP模式实务界所关注的焦点,也是社会资本方利益保

① 本段讨论的争议解决方式仅指因政府方与社会资本方之间发生的纠纷而适用的方式,不包括公众与政府方或社会资本方之间、项目公司股东之间、社会资本方与其他第三方参与主体之间的纠纷而申请的争议解决方式。

护的主要且重要的手段。从世界范围来看，争议解决方式大体包含协商、仲裁和诉讼三种模式。英国《PF2 标准化合同(草案)》第 34 条第二款，明确了争议解决方式的程序，具体分为三个步骤：相互协商、专家决议、仲裁或诉讼。巴西针对 PPP 模式主要分为仲裁和诉讼两种争议解决方式，对两种方式的适用有较为严格的规定。[①] 中国香港在《公营部门与私营机构合作的简易指引》(第二版)中明确指出争议解决方式包括以下七类：基准分析、协商、专家决议、调解、判决裁定、仲裁、诉讼。

如前所述，法国 PPP 合同被明确定性为行政合同，因其产生的纠纷属于行政法院的受案范围。但是现如今法国行政法院案件繁多，时常处于满负荷的状态。因此，法国越来越倾向于适用非传统纠纷解决机制即非诉讼类的调解机制，一是能够较为迅速地解决纠纷，二是能够提前预防法律风险。在法律法规的支持下，法国 PPP 模式合同中必须设定“预防和调解争端程序条款”，可以选择以下四种程序方式：行政复议前置程序；和解协议程序；诉讼外调解程序和仲裁程序。[②] 尽管法国 PPP 合同的公法属性是毋庸置疑的，但在如今的实践中大量运用私法手段解决 PPP 模式的纠纷，由此可见，私法救济手段在 PPP 模式争议解决中发挥愈发重要的作用。

(2) 我国 PPP 模式争议解决方式的现状总结

如前所述，《PPP 条例征求意见稿》单立成章，将争议解决问题重新进行梳理和规定，针对 PPP 项目协议的争议可以通过包括协商、专家建议、仲裁、诉讼的方式解决，而对于政府有关部门作出的 PPP 项目相关的具体行政行为采用的是行政复议或行政诉讼方式解决，但仍然存在本章第一节所提到的一些尚未解决的问题，需要在条例中进一步明确。其一，仲裁虽然被列入 PPP 协议纠纷解决的方式范围，但仍然存在“被行政”的风险。根据《仲裁法》可知，仲裁的受案范围是平等的民事主体之间的财产权益类纠纷。条例中将申请仲裁之前加以“依法”二字，表明并非所有项目协议发生的争议都可以申请仲裁。多数学者认为，项目合同履行期间设计建设、运营、维护、移交等产生的纠纷是平等主体间的财产权益纠纷，属于仲裁的受案范围；但涉及行政管理领域的纠纷，则不能纳入仲裁的受案范围。[③] 其二，《PPP 条例征求意见稿》通篇未提“特许经营”，但学界和业界基本将特许经营纳入 PPP 模式的范畴。纵观《行政诉讼法》及其司法解释的规定，对特许经营协议的纠纷可以提起行政复议和行政诉讼，那么特许经营是否能够适用条例中所提到的仲裁？见表 12。

---

① See Welber Barral and Adam Haas, "Public-Private Partnership (PPP) in Brazil," The international lawyer, Vol. 41, No. 3, 2007, pp. 970-972.

② 徐琳：《法国公私合作(PPP 模式)法律问题研究》，《行政法学研究》，2016 年第 3 期，第 123 页。

③ 丁保河：《中国 PPP 立法研究》，法律出版社 2016 年版，第 265-266 页。

**表 12 学界对 PPP 模式争议解决方式的意见归纳**

| 仲　裁 | 民事诉讼 | 行政复议/诉讼 |
|---|---|---|
| PPP 项目合同中属于平等主体间合同纠纷和其他财产权益纠纷 | 1. 除特许经营外,公私双方当事人因合同产生的纠纷<br>2. 特许经营合同中,政府方对社会资本方不履行约定义务的行为可提起民事诉讼 | 1. PPP 项目合同中政府方作出与项目的实施和监督有关的具体行政行为<br>2. 特许经营合同中,社会资本方对政府方不履行约定义务的行为可提起行政复议或诉讼<br>3. 行政机关为了实现行政管理或者公共服务目标,与公民、法人或者其他组织协商订立的具有行政法上权利义务内容的政府与社会资本合作协议 |

(3) PPP 模式争议解决方式调整建议

笔者认为,争议解决方式的确定是以主体之间的法律关系为基础,而法律关系的确定又是要首先明确 PPP 模式各个阶段的法律主体。目前,关键是要以法律法规明确政府方的范围,以及厘清政府有关部门和代表政府的实施机构的关系。"财政部 113 号文"中政府方即 PPP 项目合同政府一方的签约主体也可以是政府或政府授权机构;"发改委 2724 号文"指出行业管理部门、事业单位、行业运营公司或其他相关机构可以作为政府的实施机构;《特许经营管理办法》指出"县级以上人民政府应当授权有关部门或单位作为实施机构负责特许经营项目有关实施工作"。遗憾的是,本次《PPP 条例征求意见稿》当中对合同签署的政府一方只字未提,再加上法律法规并没有对政府方代表的外延作出明确的规范,导致实践中的混乱,因而政府方的范围尤其需要重新规范。根据现有的 PPP 模式法律文件整理出各个阶段具体的行政主体如下:

识别阶段:项目发起和筛选的主体是县级以上人民政府的主管部门;前期评估的主体是主管部门会同发改委、财政部等有关部门。

准备阶段:实施方案的编制主体是主管部门;实施方案审核主体是本级人民政府。

采购阶段:选择社会资本方的主体是实施机构;谈判和签署合同的主体也是实施机构。

项目执行:监督检测、绩效评价的主体是县级以上人民政府有关部门。

项目移交:对设施设备及其他财产检查评估、性能测试的主体是实施机构。

实践中,主管部门、政府、实施机构很大可能存在主体交叉重复的现象,例如,财政部国家示范 PPP 项目"北京兴延高速公路 PPP 项目"中,政府方代表为北京市交通委员会(以下简称"北京交委"),北京交委既是 PPP 模式的实施机构又是政府主管部门。"云南省红河州泸西县中医医院迁建及扩建 PPP 项目"中,政府方代表为泸西县卫生局,该卫生局既是PPP模式的实施机构又是人民政府的有关部门。但根据目前PPP模式国内发展的现状,我们暂时无法将主体交叉重复的现象彻底剥离,因此,笔者认为,我国应当秉持PPP模式平等协商、重诺履约等基本原则,可以借鉴德国两阶段理论,通过阶段的划分,对行政主体进行简单的隔断,从而确定准确的争议解决方式。

第一阶段:在合同签订之前(识别阶段、准备阶段)政府有关部门所作出的行为统一界定为行政行为,因为项目的筛选和评估、实施方案的编制和审核,以及社会资本方的选择均是行政主体所作出的单方行为,是行政职权履行的表现,并且具有强制性。尽管《PPP条例征求意见稿》规定,实施方案的拟定应当征求潜在社会资本方的意见,但社会资本方仅仅拥有建议权,最终的方案拟定还是由行政主体自主作出。因此,在这一阶段因为政府主体的行政行为引起的纠纷均可以适用行政复议和行政诉讼的争议解决方式。

第二阶段:合同签订之后(执行阶段、移交阶段)的政府行为分为两类:第一,政府方基于PPP项目合同而产生的行为统一认定为合同权利,包括政府方在这一阶段对社会资本方的监督管理和绩效评价皆纳入PPP项目合同中,成为政府方的权利和义务的表现。应当注意的是,政府方不仅是《PPP条例征求意见稿》中所提到的实施机构,只要是合同签署方的所有政府或其有关部门,都属于政府方的范围。另外,还应当注意政府部门主体重合时,法定监督职权与合同监督权利的区分,具体参见第三章第三节中“监管权契约化之内容识别”的详细分析。在执行阶段和移交阶段,因为政府方包括监督管理和绩效评价在内的合同中权利义务的履行发生争议,社会资本方可以申请协商、仲裁、民事诉讼的争议解决方式。相反,政府方也可以针对社会资本方的合同行为申请以上三种民事救济途径。此种安排不仅有利于保持同一法律关系适用争议解决方式的统一性,还能够根据我国的司法现状,选择更加全面而有效的民事救济方式来解决PPP模式中的各项争议。第二,除开合同的签署方政府方以外,其他政府有关部门在此阶段作出的定期监测和绩效评价等行为可以认定为政府的行政行为,针对这些政府单方行为引发的纠纷可以通过行政救济途径解决。由于合同的相对性,其他政府有关部门不属于合同的当事人,不能将其转化为合同的规制对象。因此,条例第22条的主体“政府有关部门”的规定就不太准确,如果政府有关部门不是合同的签约主体,那合同中所约定的政府承诺和保障,是否能够真正约束到政府有关部门?

综上,我国法律法规已有规定将特许经营协议列入行政复议和行政诉讼的范围,为了使条例不和现有法律法规有所冲突,特许经营协议的争议解决方式可以不改变，但事实上不符合PPP模式的平等原则，[①]也不符合政府利用市场机制大力发展基础设施和公共服务建设的理念本质。当前我国改革的目标是国家治理现代化，基于共治理念，形成多元主体之间的平等、互动关系，因此，在PPP模式的立法中应当遵循民法原则。[②] 根据《行政诉讼法》及其司法解释关于受案范围条款描述，人民法院应当受理就特许经营协议提起的行政诉讼，意在鼓励社会资本方或公众加强对政府行为的监督，勇于维护自身的合法权益，并没有否认针对特许经营协议不能申请民事救济方式。在《特许经营管理办法》第六章"争议解决"部分，只提到"特许经营者认为行政机关的具体行政行为侵犯其合法权益的，有陈述、申辩的权利，并可以依法提起行政复议或行政诉讼"，然而特许经营主体之间还存在许多其他行为，办法中并没有予以明确。因此，立法者在日后应当对特许经营协议的性质、争议解决问题作出进一步的修改和完善。

### （二）政府权力清单和责任清单

在《特许经营管理办法》和《PPP条例征求意见稿》中，我国行政机关上至国务院，下至县级以上人民政府有关部门，均需在PPP项目的不同阶段行使各自的行政权力。由此可见，PPP模式中政府权力体系庞大，交错复杂。在上述两份法规中，对行政权力的规定也较为笼统，在实践中，由于PPP模式法律体系的不完善，存在政出多门、政策打架的问题，从而导致部分权力的交叉重复，见表13。

**表13　政府行政权力在法律法规中的安排**

| 部　　门 | 特许经营管理办法 | PPP条例(征求意见稿) |
|---|---|---|
| 国务院 | | 协调和解决PPP工作中重大问题 |
| 国务院有关部门 | 规章政策制定、监督管理 | 负责PPP项目的指导和监督 |
| 县级以上政府 | 统筹政策措施、组织协调特许经营项目实施和监督管理 | 组织领导和统筹协调PPP工作 |
| 县级以上政府有关部门 | 负责特许经营项目实施和监督管理工作 | 组织实施和监督管理本地区PPP项目 |

#### 1. 权责清单的必要性

在我国，权力清单是一项立法活动或准立法活动，具有法律效力。[③] 权力清单制度在我国已经推行了多年，通过法律规定对政府及其相关部门的权力进行梳理，以清单的形式向社会公布。其主要目的如下：其一，明确行政权力的边界，对其进

---

① 孙洁：《PPP在立法时应切合实际、博采众长》，《中国政府采购》，2017年第6期，第36页。

② 刘尚希、陈少强、谭静等：《〈政府与社会资本合作条例〉立法的基本思路》，《财政研究》，2016年第10期，第15页。

③ 林孝文：《地方政府权力清单法律效力研究》，《政治与法律》，2015年第7期，第65页。

行规范和约束。权力清单应当对权力行使的类型、范围、程序等进行罗列和说明。其二，实行权力公开，不仅各级政府能够明晰自身的权责所在，“知道自己该干什么不该干什么，自己能干什么不能干什么”，还能将其清单公之于众，将行政权力暴露在公众的视野下，有利于全社会对权力行使进行监督。

行政权力的行使在一定程度上贯穿了 PPP 项目全生命周期，如果没有明确的制度规范和约束，很有可能打破公私双方的平等地位。因此，保护社会资本方利益公法路径的核心在于对政府权力的规范和限制，除了立法之外，公法路径还应增设 PPP 模式中政府权力清单和责任清单，原因如下：第一，权责清单是建设法治政府和服务型政府的有效措施，不仅是政府内部管理的体现，也有利于平衡政府和市场关系，充分释放 PPP 市场的活力。[①] 第二，相比《PPP 条例征求意见稿》的纲领性功能，政府权责清单更加全面具体，针对性强，主要是为约束和监督政府行政权力而设立，为保护社会资本方利益可以起到很大的积极作用。第三，政府权责清单的制定相对灵活、高效。从目前我国对权力清单的编制来看，一般是由地方政府机关直接负责，编制程序也相对简单。[②] 在日新月异的 PPP 模式发展过程中，政府权责清单更加适合为社会资本方提供保障措施。

另外，遵循权责相称原则，权力的存在就应当匹配相应的责任，建立权力清单的同时不能忽略对责任清单的设置。在现有条件下，政府部门之所以在 PPP 项目中缺乏契约精神或过度使用公权力，很大程度上是因为缺乏完善的政府部门问责机制。不仅要从立法上进一步细化政府和官员的权责，例如《PPP 条例征求意见稿》中争议解决方式和监督管理部分的制定，还需要通过其他法律文件设计出明确的失职状态下的后果。我们可以通过责任清单将责任方式、问责主体、问责程序、监督方式予以明确，这是建立和完善政府问责机制的重要手段。责任清单可以单独设立，也可以与权力清单合并设立，共同组成权责清单。

2. PPP 模式权责清单的构建

目前，我国国务院各部门及某些省市地方政府的权责清单制度已经发展得较为成熟，例如在其政府的门户网站，公众都可以轻易地搜索出权力清单和责任清单的专属页面。清单大多按照部门或行政权力的类别分类制定，点击进入均可以查看权责清单的详细信息。“云南省各级政府部门权力清单和责任清单”对清单的详细信息设置得较为全面，其中包括“行使主体”“设定依据”“审批涉及行业领域分

---

① 刘同君、李晶晶：《法治政府视野下的权力清单制度分析》，《法学杂志》，2015 年第 10 期，第 63-65 页。

② 例如，重庆市权力清单编制分为四步：动员培训，部门清理，权项处置论证，市委市政府审定和公布权力清单。

类”“承诺时限”“追责情形”“追责依据”“监督方式”“救济途径”。事实上，在现有的政府权责清单的框架中，已经包含部分PPP模式中的权力要素。例如，云南省发改委权责清单的行政许可部分，包含“依法必须招标的基建工程、特许经营项目招标方式和招标范围的核准”“企业、事业单位、社会团体等投资建设的固定资产投资项目核准”等。笔者认为，在PPP模式中建立权责清单不必另起炉灶，就现有的各省市权责清单的基础上，将PPP模式中各项权力和责任进行分类，再明确其行使主体，将PPP模式下不同权力和责任归类到现有的部门类别中，权责清单的详细信息同样也可以按照现有的基础框架一一拟定。PPP模式权责清单的制定重点在于以下两点：

其一，对交叉和分散的权力进行梳理和归纳，对无法律依据的权力进行清理，对模糊的权力行使范围重新界定。首先，早在2014年，财政部和发改委分别就PPP项目的实施发文，“发改委2724号文”与“财政部113号文”就PPP模式的项目识别到最终的项目移交都有各自一套体系，暂且不论条文之间的冲突，从针对同一客体存在两套法令足以看出我国部委设置重复、职能界限划分的不清晰等不良现象。其次，根据《PPP条例征求意见稿》规定，国务院各部门均有制定PPP模式综合性管理措施的权力；在PPP项目的前期准备阶段，各部委在各自职能的范围下各尽其职，进行评估和审批工作；在PPP项目的建设运营阶段，各部委负责项目的指导和监督工作。但在PPP条例中各项职权和职权主体规定较为宏观，缺乏细则，难免会存在职能界限划分不清晰的模糊地带。因此，PPP模式权责清单的关键之处在于彻底梳理各个部门究竟掌握哪些职权，不能拥有哪些职权，并达成统一认识后以清单的形式加以明确。此外，若我国能够尽快建立PPP模式的主管机构，应当在国务院部门权责清单中增加PPP模式主管机构这一部门类别，再分别编制其详细信息，注意主管机构和其他职能部门之间的权力分配，避免交叉重复的情况。

其二，在完善权力清单的基础上，确保责任清单中监督和救济渠道的通畅。众所周知，为防止权力滥用和异化，最行之有效的方式是加强监督，加强对政府权力的监督也是社会资本方保护自身利益的好办法。目前，我国政府的权责清单基本能做到向社会公开，为发挥群众监督提供了良好的平台。多数政府的权责清单中对追责机制设置得比较完善，但也存在个别政府注重权力清单的编制，但明显对责任清单的设置较为敷衍。在较为完善的追责机制中，监督方式主要包括投诉、举报等，救济途径还是依靠行政复议和行政诉讼。各级政府各部门应当确保监督方式和救济途径的通畅，不能造成拒绝监督、逃避监督等清单内容和实际操作不符的后果。

### （三）法律清理与配套机制的完善

现阶段，我国PPP立法有“两个冲突”：第一，PPP模式的实施与我国现行法律法规之间的冲突；第二，现有PPP规范文件存在适用冲突问题。除了对现有法律框架进行调整以外，另外一条有效途径即是定期或者专项对PPP相关法律规范进行清理，理顺PPP规范文件关系，清除项目实施壁垒。[①]《PPP条例征求意见稿》仅仅在第四条提出为支持PPP模式，国家要制定和完善相应各方面的政策措施。此条款明显只是表明了政府对PPP模式的支持态度，但并无实质性的改革力度。由此可见，PPP模式的法律清理及配套机制的完善存在相当大的难度，君合律师事务所刘世坚律师认为，“包括土地、国有资产、税收、担保等问题的争议冲突难点，倘若现阶段暂时无法解决，但应当在条例中对这些问题留有余地，引而不发，但不能不引。”[②]

最后，与国外资本多数掌握在私营企业手中的情况不同，我国当下主要是以“国”字头企业作为PPP项目的社会资本方，这是我国国情所致。在现阶段，我国也没有必要为了引进纯粹的私营部门而像其他国家例如德国一样引用“地方性原则”的歧视性方式，为选择非公企业设立有利条件。真正的调动非公企业的投资热情，是需要依靠完备的法律制度建设和提供有利于非公企业实力提升的政策来共同完成的。

## 二、社会资本方利益保护私法路径的完善

一方面，PPP模式中社会资本方利益的保护需要立法，但就目前我国的现状来看，我国采取的是“追求最大公约数，在现有公示的基础上进行框架性立法”，很难保证对社会资本方利益最大力度的维护。另一方面，成熟的金融创新模式应当依靠社会自我调解，节制法律的干预。[③] 中央财经大学曹国富教授提到：“最好的PPP法也许不需要法，需要的是发现和设计市场机制。PPP交易结构、合同捆绑，这个合同包本身就有市场机制，要么发现，要么设计好，让它自动去运行，项目设计、交易结构非常重要。”因而，无论是交易结构还是项目设计，或是框架性立法之外的保障措施，最终都是通过PPP项目合同的谈判和磋商，落实到公私双方权利义务的私法配置上。

---

① 周兰萍：《PPP的法律性质何在》，《施工企业管理》，2014年第9期，第47页。

② 刘世坚：《关于〈PPP条例（征求意见稿）〉的几点意见》，http://mp. weixin. qq. com/s/ONtCwhMMoBfXwhWSLNZjmQ，最后访问时间：2017年8月17日。

③ 郭道晖：《立法的效益与效率》，《法学研究》，1996年第2期，第63页。

### （一）以完善合同条款设置为中心——制定统一的合同指南

在 PPP 模式发展成熟的国家，多数都拥有本国的一套 PPP 合同指南。我国国家发改委和财政部分别于 2014 年发布各自的合同指南，客观来讲，对于还不熟悉 PPP 模式的业界和公众，起到了一定的指导和规范作用。但由于编制时间仓促，再加上部门利益导向，以致两份指南中存在矛盾冲突和规制空白的地方，给社会资本方带来了极大的不便。2019 年，财政部发布了《政府会计准则第 10 号——政府和社会资本合作项目合同》，从总则、PPP 项目资产确认、PPP 项目资产的计量、PPP 项目净资产的确认和计量、列报等六个章节为 PPP 项目合同制定了专属的会计准则，也为我们在 PPP 项目合同的法律层面制定专属准则和统一的合同指南起到了促进作用。

契约意识的淡薄也是我国政府和社会资本存在的共同问题，但事实上合同才是保护双方当事人利益，分配规避风险的最佳手段之一。私法合同的条款内容是“当事人之间的法”，一经合同成立，不得违反合同的约定，除特别法定缘由以外，当事人应当承担相应的违约责任。在我国 PPP 模式法律框架不健全的情况下，公共产品与服务项目通常前期投资额高，回报周期长，影响项目的因素多，收益不确定性大，设计合同条款一方面要保障公共利益的实现，更应当通过合同设计保障社会资本方的利益。现有合同指南的不足与当事人合同意识的欠缺，亟须编制全国统一的合同指南，并在实践中发挥示范作用，强化合同在 PPP 项目中的保障功能。在现有的合同指南基本内容的基础上，笔者根据 PPP 项目的现实需要，主要提出增加合约监管模式和合同再谈判机制两项条款进行详细探讨。

1. 合约监管模式的正式启用

通过监管者和被监管企业订立合同的方式，将双方的责任、权利、义务以及相应的事项都在事前进行详细的规定，这是一种对双向的约束机制。英国和新加坡的合同监管主要目的在于合理使用公共资金，表现如下：其一，规范监管者的自由裁量权，行政机关的财政支出必须保持公开和透明。对于公共项目，用合同规定明确、公开具体的项目指标，较为严格地规定监管者的职权仅是执行合同，基本没有自由裁量权。其二，实施有效的监督机制，一是加强政府内部监督，合同谈判与合同签订职能分设，监管者分别由不同部门或不同岗位担任，避免了暗箱操作，同时又将政府的监管责任进行有效分配；二是政府对合同项目的监督，能够以此管控和治理企业的行为。监管者必须从选择合作伙伴开始，直到招标程序、合同订立、执行过程和业绩评估全过程，通过合同所确立的监督控制权和责任条款，监督社会资本方的经营行为。[①]

① 余晖、秦虹主编：《公私合作中的中国试验》，上海人民出版社 2005 年版，第 114-115 页。

若通过法律法规解决现有规定中的交叉监管、监管缺位、单方监管等问题，既要经过长时间的法理推演，又要协调当前各监管部门之间的关系与工作，时间成本和精力成本的投入并不一定能换来 PPP 项目良好的治理效果。由此，应当将政府监管权条款化，写入 PPP 项目合同中，转化为政府的权利义务。一方面可以将法律法规没有明确的政府监管写入 PPP 协议中，迅速弥补现行规定政府监管的不足，约定相应的违约责任承担处理方式，充分发挥合同的法律效力；另一方面通过合同磋商将政府权力条款化，将监督的理念转化为监督条款，监管内容将不再虚无缥缈，可以避免政府方行使监督权时以公共利益维护之名对监督权随意解读，充分保障了社会资本方的利益。另外，还可以节约凭借立法调整监管问题的时间和精力，通过监管权合同化跟上 PPP 项目迅速发展的节奏。

2. 合同再谈判机制的建立

几乎不可能起草一份合同就预见在 PPP 合同的整个 10 年至 30 年内将发生的所有条件和变化。当条件改变时(并且它们总是会改变)，需要有一种机制，通过该机制，可以采用各方都可接受的方式修改伙伴关系协议。在外部环境发生变化时，在不违背合同原则的条件下适应修改，而不拘泥于实际环境不适宜的条款限制，充分发挥合同的柔性作用。虽然 PPP 项目合同不能预测这些新的变化将是什么，但它可以就双方将通过何种一般机制进行沟通，讨论和就合同修改达成合理的一致意见。没有这些重新谈判机制和争议解决技术，PPP 合同就有被终止和取消的风险，这对政府、私人承包商和公众来说是非常昂贵的。具体合同内容不能止于一篇静态和固化的范本，应当设计能够调整变化的条款。对于 PPP 项目而言，再谈判是项目实施的一个重要环节，笔者认为，用合同条款将其确定下来是较为有效的一项手段。有学者研究了 20 世纪 90 年代阿根廷、巴西、墨西哥等拉美和加勒比海地区主要国家的 PPP 项目情况，其再谈判的比例达到 54.5%。由于我国的社会经济条件不断变化，处于快速发展的进程中，多项发展因素呈现运动态势。如果政府与社会投资方不能避免短视行为，将 PPP 项目合同设计得过于死板，再加上 PPP 项目的规模大、工期长，动态因素层出不穷，不仅会拖延 PPP 项目的运行效率，还不利于 PPP 项目的长远发展。

《PPP 条例征求意见稿》第 38 条提到的签订“补充协议”，其内涵与再谈判机制有所相似，但其实法律并不一定需要对补充协议进行强制性规定。只要设立全面的再谈判机制，当事人通过再次谈判对争议内容或所面临的新情况达成一致，只需要在原本合同的基础上作出条款的修改即可。再谈判机制的目标是尽快使双方意见统一，从而使合同便于使用，因此无须重新拟定补充协议。因此，在 PPP 项目合同非原则性的条目中，应当考虑协商安排弹性较大的框架性条款，有助于合同当事人随着社会经济及其他条件的变化灵活地实施项目事宜。另外，应当通过立法明确再谈判的具体范围，并非所有内容都是可以进行再谈判的。

### （二）PPP项目合同当事人权利义务的配置思路

在私法路径的层面，是以《民法典》和《中华人民共和国公司法》（以下简称《公司法》）为主要法律依据而展开保护对策的研究。《公司法》主要是针对设立项目公司的社会资本方和其余股东之间的利益磋商，而《民法典》合同编才是PPP项目所有主体自我保护的根本落脚点。权利义务的配置是合同约定的关键，本段就基于社会资本方利益保护的角度，对政府方和社会资本方在PPP模式的一般权利义务、分阶段的权利义务进行简要罗列。

诚然，项目合同以及股东协议等其他合同的磋商与谈判，在现有法律法规的合法框架下，只要当事人之间协商一致，与其余普通交易合同的订立并无太大差别。在专业人员的配合下，当事人都能具备拟定PPP体系合同的能力。PPP体系合同的订立、履行、变更、终止等一系列问题都包含在合同法的规制之内。包括PPP项目中普遍存在的建设工程合同、技术合同、融资租赁合同等专项合同的规定，在合同法中都有明确的交代。但是，现阶段，我国PPP项目合同呈现以下几类问题：其一，项目主体的契约意识淡薄，对合同的谈判与拟定不够重视，从而导致合同内容约定不全、效力欠缺。其二，合同中普遍对政府方权利赋予过多，所需担负的义务过少；对社会资本方权利赋予过少，需要履行的义务过多，在合同的拟定上加深了社会资本方的弱势地位。因此，在双方权利义务的配置问题上，首先，要基于合同法原则，当事人在法律地位平等的基础上，遵循公平原则、合同自由原则确定各方的权利义务。其次，根据《民法典》的规定，当事人在合同生效以后都必须遵守诚实信用原则和依合同履行义务原则，尤其是政府方不能利用其权势地位，擅自变更或解除合同。在现有的多数PPP项目合同中，对当事人权利义务的分配都比较分散，缺乏层次性，建议按照当事人权利义务的分配为结构，进行合同的磋商与拟定。有学者指出，“PPP合同可以采用‘条款单列’分立、分置、和分治行政内容和民商内容……凡涉及法定监管内容，可以适用行政法规则和程序，而设计财产交易的内容，可以适用民法规则和程序。”[①]笔者在上述讨论中，将PPP项目合同的签订作为划分主体间法律关系的主要分界点。因此，以下关于当事人之间民事权利义务的讨论仅针对合同签订之后建设运营阶段、移交阶段以及具有概括性的一般权利义务。

---

① 周林军、童小平、钟韵等著：《PPP项目难点及风险控制研究——实务案例解析暨重庆的探索》，西南师范大学出版社，2016年版，第253页。

1. 一般权利义务

政府方权利：

(1) 政府方享有选择和授予社会资本方在合同期限内独家的包括融资、设计、建设、运营和维护权利。

(2) 享有组织统筹和协调管辖范围内PPP项目的权利。

(3) 全程参与项目监管，对工程的建设、运营、维护等全过程行使监管权利。

(4) 在特定情形下直接介入项目实施的权利。

(5) 项目在运营期届满具备正常使用功能的情况下组织项目移交，收回项目的权利。

政府方义务：

(1) 负责办理项目前期立项报批等相关工作(包括但不限于完成可行性研究、环境影响测评、水土保持方案、固定资产投资项目节能评估等)，以及协助社会资本方办理立项、工商注册、报建、综合开发等与项目建设相关的行政审批手续。

(2) 保证社会资本方获得的项目地块不存在任何权利瑕疵及第三方权利主张。

(3) 政府方的任何变更并不构成其合同义务的变化，政府方变更后(行政区调整、政府换届、负责人变更等)，其全部合同权利、义务应有承继单位或由其上级单位承担。

(4) 唯一性条款：政府方保证社会资本方获得PPP项目权利的排他性，有义务防止在一定范围内对其他竞争性项目的授权。

(5) 按照合同约定，按时承担付费和补助义务。

(6) 承担法律变更、行政审批等宏观层面的风险，其余具体风险的分担与社会资本方在合同中明确约定。

(7) 在不违反法律法规的前提下，社会资本方为PPP项目建设进行融资，政府应当予以必要协助。

(8) 信息公开：除涉密的信息之外，政府方应当公开项目发起、选择社会资本方、PPP项目合同、绩效监测、中期评估、合同重大变更或终止以及监管情况和结果等信息。

社会资本方权利：

(1) 享有PPP项目的投资、融资、建设、运营维护的权利，经营主导权利不受非法干预，政府方不得对社会资本方独立自主建设和经营进行干涉。

(2) 获取合理收益的权利。

(3) 获取政府方协助的权利。

(4) 在未违约的情形下,因政府方介入造成社会资本方损失而获得补偿的权利。

(5) 在政府方严重违约情况下终止合同的权利。

(6) 认为政府方侵犯其合法权益的情况下,申请救济的权利。

社会资本方义务:

(1) 负责完成项目前期准备工作(设计、勘查、融资、购买保险等)。

(2) 保证项目所提供的基础设施建设或公共服务的持续性、安全性。

(3) 承担项目融资、设计、建设和运营维护的相关风险。

固然,公私双方在PPP项目中的一般权利和义务远远不止这些,在当事人协商一致的基础上可以设立更多的权利和义务。目前,我国国家PPP示范项目的项目合同都比较完善,也比较注重当事人权利义务的设置。然而,笔者在进行案件资料的搜集中发现,多数非示范项目(尤其是二三线城市)的PPP项目合同,当事人在合同拟定的过程中明显过于草率,或是迫于政府的压力没有实现在合同的谈判中真正的平等地位和协商自由。并且,社会资本方没有认识到权利义务的安排是保障自身合法权益的最直接和高效的方法。在上述权利义务的分配中,主要是要注重对政府方监管权和介入权的转换,明确政府方的监管和介入都是其享有的权利,而不是行政行为。既然享有权利,就也要承担合法履行权利的义务。社会资本方应当充分运用民事救济手段保护自身合法权益,并加强对政府方权利义务的监督。另外,关于风险分担也是PPP项目合同设计的重中之重,我国多位学者对PPP项目中的风险进行了详细的总结和分类,并且也存在风险分担原则的多种说法。但是,此类探讨都只是起到指导、参考的作用,对风险分担的设计还是要靠当事人在合同谈判和磋商中依据项目的实际情况而最终确立。

2. 建设运营阶段

政府方权利:

(1) 单方面终止PPP项目合同的权利。

(2) 负责中期评估、绩效评价的权利。

(3) 按照合同约定,对项目工程质量和项目运营状况进行监控的权利。

政府方义务:

(1) 在进行监督检查时,必须符合法定程序和要求,不得影响PPP项目的正常实施。

(2) 政府方原因终止合同后向社会资本方的补偿义务。

社会资本方权利:

(1) 在项目期限内独占性适用特定土地及各类附着物、设施设备进行实施项目为目的的活动。

(2) 有权与第三方签订工程承包合同、运营服务合同、材料和服务供应等合同。

社会资本方义务：

(1) 项目所涉资产不得用于实施项目以外的用途。

(2) 上报义务：按时向社会资本方提交项目进展情况的报告，内容由合同具体约定。

(3) 合同变更内容涉及财政支出、价格调整，须报相关部门审核同意并履行规定程序。

3. 项目移交阶段

政府方权利：

(1) 合同期满，政府方享有对设施、设备或其他财产状况进行检查评估的权利。

(2) 因社会资本方原因导致项目财产价值减损，可以要求社会资本方给予经济补偿。

政府方义务：政府方在行使检查评估权利的过程中，必须遵守法律法规或合同约定，不得滥用权利。

社会资本方权利：

(1) 项目期满重新选择社会资本方的，同等条件下享有优先被选择权。

(2) 享有对政府方权利行使的监督和申请救济的权利。

社会资本方义务：

(1) 保证移交项目(资产、经营维护权等)的质量完整性并处于良好运营状况。

(2) 将妥善保管的项目资料移交政府相关部门。

针对以上两个阶段，具体不同项目的PPP项目合同可以设计出更细致的权利义务分配条款。社会资本方在按约履行自身权利义务的基础上，关键在于加强对政府方权利义务行使的有效监督以及使用民事救济手段维护自身的合法权益。司法制度的功能主要包括对公私合作关系利益争端的民事裁决和政府部门侵权行为的纠正，[①]因此，加强司法机构的独立性，提升司法规范化水平以及完善司法责任制亦是PPP模式发展中的协同举措。当然，在解决纠纷时，司法或准司法解决途径应作为双方当事人的兜底选择。

---

① 王增忠主编：《公私合作制(PPP)的理论与实践》，同济大学出版社2015年版，第42页。

# 结　　语

PPP在我国的“重整”之路已有六年多，从最初的政府积极推进，到如今各类项目呈井喷式发展，截至2020年11月末，全国累计签约PPP项目金额高达19万亿元，其中处于项目执行阶段的约11万亿元。[①] 从《特许经营管理办法》的“初来乍到”，到《PPP条例征求意见稿》的“掀起高潮”，再到最高法《行政协议司法解释》的“一石激起千层浪”，在此过程中，我们看到的不仅有我国政府对经济体制改革的决心，也有社会各界对我国PPP发展前景的质疑和担忧。改革开放以来，国有经济实力日益壮大，民营企业也已经完成了原始积累，拥有不俗的资金实力及强劲的发展势头。但不能否认的是，我国仍然是以公有制经济为主体的国家，公私主体在合作地位及整体实力中的差距依然存在。再者，多层次的PPP法律体系尚未建立，现行法律文件之间对PPP的规定存在冲突，是社会资本方缺乏“安全感”的重要原因之一。为了改变社会资本主体面向PPP大门望洋兴叹的现状，为我国PPP发展注入持久的动力，加强对社会资本权益的法律保护刻不容缓。

行笔此处，本文以社会资本方权益保护为研究对象，按照理论研究、比较法研究、路径分析、制度构建的写作思路，对论题进行了较为详细的讨论。但是，PPP本身作为一项经济体制改革和创新的工具，其各项因素目前均处于不断变化之中，本文对PPP及其社会资本方权益保护的研究仅仅是一个开始，还需要社会各界加强对该论题的深入研究和不断完善。这是一个以经济制度为原型开展的法律议题，正如开篇所提，我们生活于一个法律服务于经济的社会，完善PPP法制建设仅仅是外在动力的加强，只有真正做到强化政府方和社会资本方内部建设，公私双方在项目合作中继承中华优良传统的端木遗风，才是真正推动PPP发展的内在动力。

---

① 王盈盈、甘甜、郭栋等：《从项目管理到公共管理：PPP研究述评与展望》，《管理现代化》，2020年第6期，第67页。

# 参 考 文 献

## 一、中文类参考文献

### （一）著作类

1. ［英］A. C. L. 戴维斯. 社会责任合同治理的公法探析. 杨明译. 北京：中国人民大学出版社，2015.
2. ［美］本杰明·卡多佐. 司法过程的性质. 苏力译. 北京：商务印书馆，1998.
3. ［美］丹尼尔. F. 史普博. 管制与市场. 上海：上海三联书店、上海人民出版社，1999.
4. 丁保河. 中国 PPP 立法研究. 北京：法律出版社，2016.
5. 韩世远. 合同法总论（第三版）. 北京：法律出版社，2011.
6. 韩忠谟. 法学绪论. 北京：北京大学出版社，2009.
7. 何春丽. 基础设施公私合作（含跨国 PPP）的法律保障. 北京：法律出版社，2015.
8. 贺林波、李燕凌. 公共服务视野下的公法精神. 北京：人民出版社，2013.
9. 胡建淼、江利红. 行政法学. 北京：中国人民大学出版社，2010.
10. ［加］布莱恩·R. 柴芬斯. 公司法：理论、结构和运作. 北京：法律出版社，1999.
11. 姜明安主编. 行政法与行政诉讼法（第 2 版）. 北京：法律出版社，2006.
12. 金诺律师事务所. 政府和社会资本合作（PPP）全流程指引. 北京：法律出版社，2015.
13. ［英］科林·斯科特. 规制、治理与法律：前沿问题研究. 安永康译. 北京：清华大学出版社，2018.
14. ［瑞］昆诺·谢德乐、伊莎贝拉·普鲁勒. 新公共管理. 中国高级人事管理官员培训中心组织译. 北京：党建读物出版社，2006.
15. 刘俊海. 现代公司法（第三版）下册. 北京：法律出版社，2015.
16. 罗豪才等. 现代行政法的平衡理论（第三辑）. 北京：北京大学出版社，2008.
17. 罗豪才. 行政法平衡理论讲演录. 北京：北京大学出版社，2011.
18. ［德］马克斯·韦伯. 经济与社会（上卷）. 林荣远译. 北京：商务印书馆，1997.
19. ［德］马克斯·韦伯. 经济与社会（下卷）. 林荣远译. 北京：商务印书馆，1997.
20. ［法］孟德斯鸠. 论法的精神（下卷）. 许明龙译. 北京：商务印书馆，2012.
21. 潘萍、江帆. 破局——PPP 模式风险与政府风险应对策略. 北京：法律出版社，2018.
22. ［法］让·里韦罗、让·瓦利纳. 法国行政法. 鲁仁译. 北京：商务印书馆，2008.

23. 孙晓洁. 商事合同法律规制与风险防范. 北京：中国检察出版社，2015.
24. [德]韦伯. 经济与社会. 杭聪译. 北京：北京出版社. 2008.
25. 魏成龙、郭璐. 融资偏好视角下中小投资者利益保护研究. 北京：企业管理出版社，2013.
26. [德]汉斯・J. 沃尔夫、奥托・巴霍夫、罗尔夫・施托贝尔. 行政法. 高家伟译. 北京：商务印书馆，2015.
27. 王增忠主编. 公私合作制(PPP)的理论与实践. 上海：同济大学出版社，2015.
28. 熊文钊主编. 公法原理. 北京：北京大学出版社，2009.
29. [法]雅克・盖斯旦、吉勒・古博. 法国民法总论. 陈鹏等译. 北京：法律出版社，2004.
30. 杨解君. 行政契约与政府信息公开——2001 年海峡两岸行政法学术研讨会实录. 南京：东南大学出版社，2002.
31. 叶必丰主编. 行政法与行政诉讼法(第四版). 北京：中国人民大学出版社，2014.
32. 于立深. 契约方法论——以公法哲学为背景的思考. 北京：北京大学出版社，2007.
33. 余晖、秦虹主编. 公私合作制中的中国试验. 上海：上海人民出版社，2005.
34. 张奇. 公私合作(PPP)项目决策与评估. 北京：经济科学出版社，2016.
35. 张文显主编. 法理学(第四版). 北京：高等教育出版社，2011.
36. 张玉敏主编. 民法. 北京：高等教育出版社，2007.
37. 赵万一、刘云生主编. 民法的伦理分析(第二版). 北京：法律出版社，2012.
38. 赵万一主编. 证券市场投资者利益保护法律制度研究. 北京：法律出版社，2013.
39. 中国基础设施产业政府监管体制改革课题组. 中国基础设施产业政府监管体制改革研究报告. 北京：中国财政经济出版社，2002.
40. 周兰萍主编. PPP 项目运作实务. 北京：法律出版社，2016.
41. 周林军、童小平、钟韵等著. PPP 项目难点及风险控制研究——实务案例解析暨重庆的探索. 重庆：西南师范大学出版社，2016.
42. [美]朱迪・弗里曼. 合作治理与新行政法. 毕洪海、陈标冲译. 北京：商务印书馆，2010.
43. 卓泽渊主编. 法理学. 北京：法律出版社，1998.

### (二) 论文类(含学位论文)

1. 柏莹：政府和社会资本合作(PPP)项目监管机制法律研究. 华东政法大学硕士论文，2015 年 3 月.
2. 曹兴权. 认真对待商法的强制性：多维视角的诠释. 甘肃政法学院学报，2004 年第 5 期.
3. 陈少强、刘薇. "PPP 立法——地方政府视角"专题研讨会纪要. 财政科学，2016 年第 6 期.
4. 陈天昊. 行政协议的识别与边界. 中国法学，2019 年第 1 期.
5. 陈婉玲. 基础设施产业 PPP 模式独立监管研究. 上海财经大学学报，2015 年第 6 期.
6. 陈晓. 论我国 PPP(公私合营)模式的法律框架. 中国政法大学硕士论文，2010 年 3 月.
7. 陈又新. 政府采购行为的法律性质——基于对"两阶段理论"的借鉴. 行政法学研究，2015 年第 3 期.
8. 陈召净、王坤. 公共利益的概念、特征及界定. 产业与科技论坛，2008 年第 7 卷第 10 期.
9. 陈阵香、陈乃新. PPP 特许经营协议的法律性质. 法学，2015 年第 11 期.
10. 陈治东. 关于 BOT 项目的风险分析及政府保证的法律问题. 法学，1995 年第 10 期.
11. 陈凯明. 公私合作中政府介入权的性质及其规制. 莆田学院学报，2016 年第 3 期.
12. 邓峰. PPP 市场面临法律危机? 中国招标，2020 年第 1 期.
13. 邓峰. PPP 的制度困境和出路. 财经，2016 年刊.
14. 邓敏贞. 公用事业公司合作合同的法律属性与规制路径——基于经济法视野的考察. 现代法

学，2012 年第 3 期.
15. 邓小鹏、申立银、李启明等. 基于行政法学角度的 PPP 合同属性研究. 建筑经济，2007 年第 1 期.
16. 段绪柱. 公私合作制中的政府角色冲突及其消解. 行政论坛，2012 年第 4 期.
17. 方勔. 我国 PPP 项目合同标准化研究. 华东政法大学硕士论文，2016 年 3 月.
18. 付大学、段杰. PPP 合同争议解决之行政裁决路径. 天津法学，2020 年第 4 期.
19. 韩德强. 正确认识和把握法治社会建设——学习习近平总书记系列重要讲话体会之二十三. 前线，2013 年第 12 期.
20. 郭道晖. 立法的效益与效率. 法学研究，1996 年第 2 期.
21. 胡改蓉. PPP 模式中公私利益的冲突与协调. 法学，2015 年第 11 期.
22. 胡敏洁. 论政府购买公共服务合同中的公法责任. 中国法学，2016 年第 4 期.
23. 胡税根、徐靖芮. 我国政府权力清单制度的建设与完善. 中共天津市委党校学报，2015 年第 1 期.
24. 黄腾、柯永建、李湛湛等. 中外 PPP 模式的政府管理比较分析. 项目管理技术，2009 年第 1 期.
25. 季雪颖. PPP 项目竞争性磋商政府采购机制研究. 华东政法大学硕士论文，2016 年 4 月.
26. 贾康、孙洁. 公立医院改革中采用 PPP 管理模式提高绩效水平的探讨. 国家行政学院学报，2010 年第 5 期.
27. 贾康. PPP 合同定性为“行政协议”将颠覆 PPP 创新根基. 中国招标，2020 年第 1 期.
28. 江苏省高级人民法院民一庭课题组. 政府与社会资本合作(PPP)的法律疑难问题研究. 法律适用，2017 年第 17 期.
29. 姜昕. 公法上比例原则研究. 吉林大学博士论文，2005 年 6 月.
30. 蒋大兴. 论私法的公共性维度——公共性私法行为的四维体系. 政法论坛，2016 年第 6 期.
31. 蒋国洲. 上市公司中小投资者保护研究. 四川大学博士论文，2005 年 3 月 30 日.
32. 李传军. 管理主义政府模式的终结——从管理行政到服务行政. 中国人民大学博士论文，2003 年 4 月.
33. 李开孟. 正确界定 PPP 模式中的社会资本主体资格. 中国投资，2015 年第 12 期.
34. 李亢. 从分散到统一：澳大利亚公私伙伴关系制度及启示. 理论月刊，2010 年第 1 期.
35. 李建国. 中国证券市场信息不对称研究. 财贸经济，2001 年第 12 期，第 44-45 页.
36. 李连祺、董惠江. 企业社会责任与公司捐赠法律问题研究. 中国商法年刊，2009 年第 1 期.
37. 李陆昕. 论 PPP 模式中政府部门和私营部门的权利义务配置. 华东政法大学硕士论文，2013 年 4 月.
38. 李霞. 公司合作合同：法律性质与权责配置——以基础设施与公用事业领域为中心. 华东政法大学学报，2015 年第 3 期.
39. 梁晴雪. 胡昊. 谢忻明. 国内外典型 PPP 项目案例研究及启示. 建筑经济，2015 年第 8 期.
40. 梁怡. 现代契约理论：传承、融合与发展. 上海证券报，2007 年 9 月 17 日版.
41. 林明锵. 台湾 BOT 的制度缺陷与修法建议. 月旦裁判时报，2015 年第 36 期.
42. 林孝文. 地方政府权力清单法律效力研究. 政治与法律，2015 年第 7 期，第 65 页.
43. 刘同君、李晶晶. 法治政府视野下的权力清单制度分析. 法学杂志，2015 年第 10 期，第 63-65 页.
44. 刘婧湜、王守清. PPP 项目特许经营者选择研究——基于《招标投标法》与《政府采购法》的适用性比较. 建筑经济，2015 年第 7 期.

45. 刘敬霞. PPP模式中应从规则层面切实保护民营企业产权和公共利益. http://www.legaldaily.com.cn/Lawyer/content/2016—11/14/content_6886278. htm?node=83411. 最后访问时间：2016年12月2日.
46. 刘俊宇. PPP模式下的私人企业利益保护. 企业改革与管理，2015年第24期.
47. 刘凯湘. 论民法的性质与理念. 法学论坛，2000年第1期.
48. 刘梦祺. 我国公立医院PPP模式的运用及其法律对策分析. 中华医学杂志，2016年第38期.
49. 刘瑞瑞. 立法成本的法经济学分析. 经济纵横，2006年第8期.
50. 刘尚希、陈少强、谭静等.《政府与社会资本合作条例》立法的基本思路. 财政研究，2016年第10期，第15页.
51. 刘世坚. 中国PPP发展之主要问题与新年展望. 君合法律评论，2016-12-19.
52. 刘薇. PPP模式理论阐释及其现实例证. 改革，2015年第1期.
53. 柳经纬. 意思自治与法律行为制度. 华东政法学院学报，2006年第5期.
54. 孟国碧. 论BOT方式中政府保证的若干法律问题. 河北法学，2006年第1期.
55. 缪因知. 法律与证券市场关系研究的一项进路——LLSV理论及其批判. 北方法学，2010年第1期.
56. 莫莉. 英国PPP/PFI项目融资法律的演进及其对中国的借鉴意义. 国际商务研究，2016年第5期.
57. 慕亚平、赵康. BOT的法律问题与我国BOT立法. 法学研究，1998年第2期.
58. 欧纯智、贾康. 政府与社会资本合作对新公共管理范式的超越——基于公共服务供给治理视角的反思. 学术界，2018年第12期.
59. 裴俊巍、王洁. 法国PPP中的伙伴关系合同. 中国政府采购，2016年第7期.
60. 沈玮. BOT中政府保证的相关法律问题. 现代法学，2001年第2期.
61. 盛学军. 政府监管权的法律定位. 社会科学研究，2006年第1期.
62. 苏志强. 从完全契约到不完全契约——不完全契约成因分析. 山西农业大学学报(社会科学版)，2013年第9期.
63. 孙洁. PPP在立法时应切合实际、博采众长. 中国政府采购，2017年第6期.
64. 谈建俊、莫纪平. BOT相关法律问题研究. 河北法学，2000年第4期.
65. 谭敬慧. 政府PPP项目七大法律难题(上). 中国政府采购报，2016年1月15日.
66. 谭敬慧. 政府PPP项目七大法律难题(下). 中国政府采购报，2016年1月19日.
67. 汪全胜. 论立法成本. 理论与改革，2001年第6期.
68. 王成栋. 论行政法的效率原则. 行政法学研究，2006年第2期.
69. 王春业. 论政府与社会资本合作(PPP)的行政法介入. 社会科学战线，2020年第11期.
70. 王灏. PPP的定义和分类研究. 都市快轨交通，2004年第5期.
71. 王克稳. 政府业务委托外包的行政法认识. 中国法学，2011年第4期.
72. 王锴. 政府采购中的双阶理论的运用. 云南行政学院学报，2010年第5期.
73. 王利明. 论行政协议的范围——兼评《关于审理行政协议案件若干问题的规定》第1条、第2条. 环球法律评论，2020年第1期.
74. 王守清、刘婷. PPP项目监管：国内外经验和政策建议. 地方财政研究，2014年第9期.
75. 王盈盈、甘甜、郭栋等. 从项目管理到公共管理：PPP研究述评与展望. 管理现代化，2020年第6期.
76. 吴渊. PPP立法：理清性质和确保回报是关键. 中国经济导报，2015年12月16日.
77. 肖华杰. 政府和社会资本合作(PPP)法律机制研究. 吉林大学博士论文，2020年9月.

78. 邢钢.PPP 项目中政府介入权法律问题研究.比较法研究,2018 年第 2 期.
79. 徐琳.法国公私合作(PPP 模式)法律问题研究.行政法学研究,2016 年第 3 期.
80. 徐琳.我国公共服务立法的思想——法国经验点评.行政与法,2014 年第 5 期.
81. 徐向东.PPP 项目实践的十大法律问题.东方早报,2014 年 12 月 2 日,第 9 版.
82. 严益州.德国行政法上的双阶理论.环球法律评论,2015 年第 1 期.
83. 杨海坤.变化与回应：公私合作的行政法研究.苏州大学博士论文,2010 年 3 月.
84. 杨瑞龙、聂辉华.不完全契约理论：一个综述.经济研究,2006 年第 2 期.
85. 杨小君.契约对行政职权法定原则的影响及其正当规则.中国法学,2007 年第 5 期.
86. 杨志壮.公司法规范体系中的私法责任与公法责任.齐鲁学刊,2013 年第 3 期.
87. 易继明.禁止权利滥用原则在知识产权领域中的适用.中国法学,2013 年第 4 期.
89. 尹少成.PPP 协议的法律性质及其救济——以德国双阶理论为视角.政法论坛,2019 年第 1 期.
90. 应松年.行政合同不容忽视.法制日报,1997 年 6 月 9 日,第 1 版.
91. 于安.我国 PPP 合同的几个主要问题.中国法律评论,2017 年第 1 期.
92. 于安.我国实行 PPP 制度的基本法律问题.国家检察官学院学报,2017 年第 2 期.
93. 虞青松.公私合作下公用事业收费权的配置研究.上海交通大学博士论文,2012 年 9 月.
94. 喻文光.PPP 规制中的立法问题研究——基于法政策学的视角.当代法学,2016 年第 2 期.
95. 湛中乐、刘书燃.PPP 协议中的法律问题辨析.法学,2007 年第 3 期.
96. 张守文.PPP 的公共性及其经济法解析.法学,2015 年第 11 期.
97. 章剑生.行政诉讼中民事诉讼规范之“适用”——基于《行政诉讼法》第 101 条展开的分析.行政法学研究,2021 年第 1 期.
98. 郑雅方.论我国 PPP 协议中公私法律关系的界分.行政法学研究,2017 年第 6 期.
99. 郑泽川、宗和.PPP 带给建筑企业的机遇与风险.建筑,2015 年第 15 期.
100. 周兰萍.PPP 的法律性质何在.施工企业管理,2014 年第 9 期.
101. 周正祥、张秀芳、张平.新常态下 PPP 模式应用存在的问题及对策.中国软科学,2015 年第 9 期.
102. 朱慈蕴、李响玲.基础设施特许经营与政府监管.月旦财经法杂志,2009 年第 16 期.
103. 朱蕾、袁竞峰、杜静.基于 PPP 合同行政属性的政府介入权研究.建筑经济,2007 年 10 月.

## (三) 其他类

1. 北京市惠诚律师事务所.第二届中国 PPP 法律论坛在京成功召开,2020 年 12 月 28 日.http://www.cpppc.org/PPPyw/999680.jhtml.
2. 曹珊.审慎评价.积极应对——评最高院〈行政协议案件规定〉对 PPP 协议的影响,2019 年 12 月 12 日.http://mp.weixin.qq.com/s/z2b9qQdS7La bCgX7Y88I2A.
3. 陈益刊.李克强定调 PPP 领域两法合一 国务院法制办牵头.第一财经日报,2016 年 7 月 9 日.http://www.yicai.com/news/5040365.html.
4. 韩大元.从“法制中国”迈向“法治中国”.法制日报,2012 年 8 月 6 日、2016 年 10 月 16 日.
5. 郭友用.基础设施和公共服务领域政府和社会资本合作条例(征求意见稿)十二个热点话题解读与评价,2017 年 7 月 25 日.http://mp.weixin.qq.com/s/tG3217xDG8dvWKjlpNO3vQ.
6. 郭远洋.PPP 项目操作手册(完整版),2015 年 12 月 15 日.http://ww.ccgp.gov.cn/ppp/llyj/201512/t20151215_ 6324231.htm.
7. 胡立娜.“一票否决权”的风险点,2017 年 5 月 15 日.https://mp.weixin.qq.com/s/vvzR8hrSTRqJxJMRR5YkCg.

8. 纪鑫华.从"不完全契约理论"来看 PPP 合同的不完全性及如何改善",2017 年 1 月 1 日. http://www.cpppc.org/PPPsj/994397.jhtml.
9. 井敏.如何确保国有企业有效参与 PPP 模式——以广深港高速铁路香港段建设为例",2016 年 3 月 7 日. http://ex.cssn.cn/dzyx/dzyx_xyzs/201603/t20160307_2900448.shtml.
10. 李兵.PPP 项目法律实务研究系列之四:PPP 项目社会资本投资回报的合理性、合规性及机制设计",2016 年 6 月 16 日. https://mp.weixin.qq.com/s/rjoV6BORX0Ji1MlJQCfywQ.
11. 李菡君.财政部同世界银行 PPP 定义比较 PPP 那些事之十,2016 年 12 月 19 日. http://www.law-lib.com/lw/lw_view.asp?no=26060.
12. 刘飞、方帅."拨云见日"or"雾里看花"——《基础设施和公共服务领域政府和社会资本作条例(征求意见稿)》要点解析,2017 年 7 月 25 日. https://mp.weixin.qq.com/s/SQaHgcODA25AbqpH2pKn9w.
13. 刘敬霞.PPP 模式中应从规则层面切实保护民营企业产权和公共利益,2016 年 11 月 14 日. http://www.legaldaily.com.cn/Lawyer/content/2016-11/14/content_6886278.htm.
14. 刘俊海.立法不公是最大的不公正,2015 年 4 月 17 日. http://www.mzyfz.com/cms/benwangzhuanfang/xinwenzhongxin/zuixinbaodao/html/1040/2015-04-17/content-1119434.html.
15. 刘志坚.P3 带路评.基础设施和公共服务领域政府和社会资本合作条例(征求意见稿)》,2017 年 7 月 23 日. http://mp.weixin.qq.com/s/IETJBWnCAbG7qk6sjJRPVw.
16. 刘世坚.关于《PPP 条例(征求意见稿)》的几点意见. http://mp.weixin.qq.com/s/ONtCwhMMoBfXwhWSLNZjmQ.
17. 上海市建纬律师事务所.2019 年度 PPP 争议解决观察报告(PPP 项目的争议解决概述),2020 年 8 月 24 日. https://pkulaw.com/lawfirmarticles/0fdae4aaac7ab7a20ed2e1e8a2bba9dabdfb.html.
18. 上海市建纬律师事务所.2019 年度 PPP 争议解决观察报告(PPP 争议解决热点问题:PPP 项目合同的定性问题),2020 年 8 月 24 日. https://pkulaw.com/lawfirmarticles/eacb716e57dffcec34d97166cd7cdcacbdfb.html.
19. 上海市建纬律师事务所.2019 年下半年 PPP 政策观察报告(国家篇——PPP 高质量发展). https://www.pkulaw.com/lawfirmarticles/eacb716e57dffcec6ba1b0663a91440fbdfb.html. 2020 年 12 月 22 日.
20. 上海市建纬律师事务所.2019 年下半年 PPP 政策观察报告(开篇). https://pkulaw.com/lawfirmarticles/db8c19b18fbcf6800d9c648d09cc92f1bdfb.html. 2020 年 12 月 22 日.
21. 上海市建纬律师事务所.2019 年度 PPP 争议解决观察报告(PPP 政策与争议解决),2020 年 8 月 24 日. https://pkulaw.com/lawfirmarticles/eacb716e57dffcec5dd1d24163d68163bdfb.html.
22. 上交所.证券市场的各种风险类型.中国证监会,2015 年 2 月 26 日. http://www.csrc.gov.cn/pub/newsite/tzzbh1/tbtzzjy/tbfxff/201502/t20150226_269110.html.
23. 宿辉.《PPP 条例(征求意见稿)》的 10 个纯法律问题,2017 年 8 月 3 日. http://www.ccgp.gov.cn/ppp/llyj/201708/t20170803_8624080.htm.
24. 谭浩俊.地方政府信用评级一举多赢.上海证券报,2014 年 6 月 16 日,第 7 版.
25. 王守清.特许经营的内涵及其与 PPP 的联系与区别. http://blog.sina.com.cn/s/blog_6231df790102wqwj.html. 2016 年 7 月 9 日.
26. 王树海.为什么说 BT 不属于 PPP?2017 年 6 月 1 日. http://www.pppcenter.org.cn/xydt/mtbd/201511/084748HsG.html.
27. 王丛虎.两大法系下的 PPP 与特许经营.中国政府采购报. http://www.ccgp.gov.cn/ppp/llyj/201608/t20160816_7187204.htm. 2016 年 8 月 16 日.

28. 肖树伟、余慧华. PPP 项目股东协议内容涉及若干法律问题初探——以某国家体育场项目为例,2016 年 4 月 7 日. http://www.civillaw.com.cn/bo/zlwz/?id=30487.

29. 肖明、罗元、万俊云. PPP 项目中"一票否决权"的运用及其法律风险,2017 年 3 月 31 日. http://www.zhongyinlawyer-nc.com/Mobile/News/info/id/401.html.

30. 新浪财经. 重庆市长黄奇帆撰文：城市管理者要心中有"数",2014 年 5 月 29 日. http://finance.sina.com.cn/review/hgds/20140529/114319264502.shtml.

31. 薛义忠."一票否决权"之中国境内民商领域适用,2014 年 7 月 5 日. https://www.renrendoc.com/p-83521480.html.

32. 易芳、李德庭、赵冲.《基础设施和公用事业特许经营管理办法》评析及与《市政公用事业特许经营管理办法》",2015-06-07. http://mp.weixin.qq.com/s?__biz=MzA5MzYzMzYyNQ==&mid=208097356&idx=1&sn=1da0c35b5116925ebfc7eec9c990142f&mpshare=1&scene=23&srcid=1228fhKAQI88Mczwep0fUCn1#rd.

33. 张继峰. PPP 与特许经营的关系之考,2017 年 7 月 11 日. http://mp.weixin.qq.com/s/zrN69flrnWtop_azPrlxxQ.

34. 张志晓. 政府和社会资本合作模式(PPP)中的几个法律问题,2015 年 4 月 24 日. http://lawyer.ruc.edu.cn/lswz/8b2bacb18f1b466081d70b71671d9e4c.htm.

35. 张志晓. 政府和社会资本合作 PPP 协议的法律性质再探讨——以公共利益的视角从法理层面探讨,2020 年 2 月 16 日. https://mp.weixin.qq.com/s/zN7btqwpAFUfz5UdX5z2Jg.

36. 中国清洁发展机制基金管理中心. 国外 PPP 中心概览,2015 年 6 月 11 日. http://www.ccgp.gov.cn/ppp/gj/201506/t20150611_5409154.htm.

37. 周林军. 中国 PPP 热潮下的冷思考：七个重要问题待解,2017 年 2 月 4 日. http://finance.qq.com/a/20170204/029955.htm.

38.《最高人民法院关于审理行政协议案件若干问题的规定》新闻发布会：2019 年 12 月 10 日. https://www.chinacourt.org/article/subjectdetail/id/MzAwNMgxNoABAA.shtml.

39. 最高人民法院(2014)民二终字第 40 号民事裁决书.

40. 最高人民法院(2015)民一终字第 244 号民事裁决书.

## 二、外文类参考文献

1. Australian Government Department of Infrastructure and regional Development, "National Public Private Partnership Policy Framework,"October.

2. Bruno Werneck and Mário Saadi: "the Public-Private Partnership Law Review", Law Business Research Ltd, chapter 7 France.

3. Coase, Ronald, 1937, "The Nature of the Fi rm", Economica, p. 391.

4. EBRD: "Core Principles for a Modern Concession Law (MCL)".

5. Eggleston, Karen, Eric A. Posner, and Ri chard Zeckhauser, 2000, "Simplicity and Complexity in Contracts", Working Paper.

6. European Bank for reconstruction and development, Concession/PPP Laws Assessment 2011 Cover Analysis Report, WS0101. 14263639. 1WS0101. 14321938. 1, M.

7. Hart, O. and J. Moore, 2005, "On the Design of Hierarchies: Coordination versus S… ion", Journal of Political Economy, forthcoming.

… SURY: Standardisation of PFI Contracts Version 4, March 2007.

… k: "Spotlight on Brazil: Brazil Launches New PPP Projects", PPP Resources IP3's

Public-Private Partnership Information Series, March.

10. Linda M. English, University of Sydney: "Public Private Partnerships in Australia: An Overview of Their Nature, Purpose, Incidence and Oversight".
11. Loi n 2008-735 du 28 juillet 2008 relative aux contrats de partenariat (Law No. 2008-735 of 28 July 2008 on partnership contracts).
12. Ordonnance n° 2004—559 du 17 juin 2004 sur les contrats de partenariat.
13. PPP Canada: http://www.p3canada.ca/en/about-p3s/frequently-asked-questions/.
14. PUBLIC-PRIVATE PARTNERSHIPS A GUIDE FOR MUNICIPALITIES, The Canadian Council for Public-Private Partnerships, November 2011, p. 58.
15. Publiv-Private Infrastructure Advisory Facility (PPIAF): "Unsolicited Proposals-An Exception to Public Initiation of Infrastructure PPPs An Anal.
16. Regulation of Sectors Regulatory Issues Impacting PPPs, http://worldbank.org/public-private-partnership/legislation-regulation/regulatory# regulaito.
17. Robert Krc *, "Overview of the PPP System in Moldova," 10 Eur. Procurement & Pub. Private Partnership L. Rev. 2015.
18. Sandeep Verma. Government Obligations In Public-Private Partnership contracts. Journal of Public Procurement. VOL. 10. ISSUE 4 WINTER 2010.
19. See BRAZIL'S PUBLIC-PRIVATE PARTNERSHIP LAW: Law No. 11,079 of December 2004.
20. South Africa National Treasury PPP Unit: "Standardised Public-Private Partnership provision (Standardisation)", 11 march 2004.
21. The European Bank for Reconstruction and Development (EBRD): Core principles for a modern concession law (MCL). Jan. 2006.
22. UNCITRAL Model Legislative Provisions on Privately Financed Infrastructure Projects: Model provision.
23. welber Barral and Adam Haas, "Public-Private Partnership (PPP) in Brazil", The International lawyer. Vol. 41, No. 3, 2007.
24. Wikipedia: Private sector, https://en.wikipedia.org/wiki/Private_sector.
25. World bank group Public-Private-Partnership in infrastructure resource center: Regulation of ulatory# regulaiton_is_an_end, 2016-07-10.

# 后　　记

**2017 年 9 月**

曾经无数次幻想此刻的心情，或心潮澎湃，或百感交集？三年的博士求学生涯，说来漫长，其实匆匆。然而，此刻的心境平静如水却又充满着感激之情。

感谢我的第一导师李燕老师，从每周的学习汇报开始，让我在自由的学习环境中始终抓紧那一根“弦”。博士三年不仅是对学术科研能力的培养，更是对法学基础知识的查漏补缺，对法律实务的参与和关注。回想从博士论文选题开始，以 PPP 为主题的法学论文寥寥可数，但李老师凭借对法学前沿论题的精准把握，指导和鼓励我尝试这一论题的写作。起初自己的内心难免会有些胆怯，但在论文的完成过程中，我越发感受到这一论题的确存在诸多值得深入探讨之处，自己也发自内心地对 PPP 产生了极大的兴趣，不禁更加感激于李老师当初的“英明决策”。在学业指导方面，大到论文的逻辑结构和内容框架，小到对标题的遣词造句，李老师不放过任何细节，对论文提出高标准的修改意见。在人生指导方面，从精力管理到职业规划的指导，再到对生活和人生的探讨，无一不体现出老师对学生的关怀备至。

感谢我的第二导师赵万一老师，先生德高望重，能够成为先生的弟子是我莫大的荣幸。一直认为自己才疏学浅，与同门师兄师姐存在较大差距。先生对我学业的悉心指导令我备受鼓舞，不仅展现在对法学术语的拿捏，而且表现在对论题前景的准确把握。先生对做学问的态度，令我深刻感受到严谨求实、天道酬勤的真理所在。尤其是先生的那句“这是你们绝大多数人的人生当中唯一的一篇博士论文，所以无论如何你们一定要认真对待它”，正是这一份神圣感，激励着我在数个想要放弃的时刻，重新燃起内心的斗志。

感谢曹兴权老师在论文完成过程中给予我莫大的指点和帮助。无论是从框架[illegible]建，论文深度的挖掘，还是对标点符号的斟酌，曹老师都给予了我极为重[illegible]建议。在老师给予的书面意见中，我能深刻体会到人文社会科学的浩大和魅力，也以此而激励自己向更高的目标不断努力奋进。

感谢商法教研室的石慧荣老师、侯东德老师在开题和预答辩时给予我的宝贵意见，能够提醒我站在第三人的角度全面看待和考虑论文中的任何细节。

感谢我的挚友钟宇涓、杨明炬、蔡璇，彼此分别相识于襁褓之年、豆蔻之年和桃李之年，从未想过有朝一日你们会为我的博士论文助上一臂之力，你们的陪伴和支持是我人生中巨大的财富。

最后，感谢我的父母，二十多年的成长之路，最疼爱我的是我的父母，对我最严格的也是我的父母。感谢你们的关爱和鞭策，让我实现了人生中许多的"不可能"。千言万语只能化为一句：成为你们的女儿，是我今生最大的幸运。

**2021 年 1 月**

不知不觉，博士毕业一晃三年已久，当我再一次翻开自己的博士论文时，一股亲切又热烈的感动扑面而来。回想起三年前自己坐在书桌前奋斗的一个个日日夜夜，在论文写作中遇到的又突破的每一个节点，在致谢部分一字一句的情真意切，如今看来，都是流淌在生命长河中温暖而又美好的时光。在三年的时间里，我国 PPP 模式立法研究取得了重大进展，我也一直关注着该领域的立法动向和研究成果，时不时也会动笔记录下对一些问题的看法。借此出版机会，再一次系统地对全文上下进行了仔细地修改和整理。尤为感叹的是在 PPP 模式研究领域，还有那么多"老学者"在坚守，令人欣慰的是也有越来越多的青年学者加入到该领域的学术研究中。无论是国家层面频发的相关法律政策，还是陡增的学术论文的发表量，均可以明显看出 PPP 模式热潮并没有褪去，它已从星星之火发展到备受国家关注的重点发展领域，承载着社会各界的期待。PPP 模式的制度变迁也让我意识到：做学问是不能着急的，做学问是有意义的，做学问是要持久的。一项制度的诞生可能凝聚着几千人几万人甚至几代人的智慧和汗水，我也愿意为此而继续奋斗，望有朝一日为祖国的法治建设贡献出自己的一份微薄之力。

回望过去的 2020 年，的确是极不平凡的一年。在这一年我们格外尊重每一滴眼泪，也格外崇敬每一份职业的无私奉献。从年初的"宅在家里也是为国家做贡献"，到火神山、雷神山的"关门大吉"，再到万物复苏重获生机，在这中间不知隐含着多少人的艰辛和付出。在这场没有硝烟的战争中，再一次感受到祖国的强大与温暖，感受到了举国上下拧成一股绳的力量，也为作为一个中国人感到由衷的自豪。同时，常常也在思考，我到底能为祖国、为社会做些什么？

时光如梭，在这几年之间我也多了两个身份：为人师，为人妻。大学教师是老百姓眼中女性的最佳职业之一，有幸留校任教的我成为众人眼中羡慕的对象。当我真正踏上讲台开启自己的职业生涯时，我才明白看似自由的职业并不自由，除了上课的时间外，可以说80%的时间仍然是在书桌边度过的。当不分昼夜地备课、指导学生论文、做科研等工作已成为习惯，当职业病也已经初露头角之时，我十分惊讶的是，性格外向的自己竟还能保持着如此安静和专注的状态，毫不厌烦地日复一日地做着自己的本职工作。我想，这可能是这份职业带给我的使命感，面对一张张稚嫩而又青春的脸庞，仿佛看到了多年前的自己，只有不断的自我完善和自我提高才能够有实力对得起学生们的尊敬和喜爱，才能够尽可能地向他们多传授一些知识和所谓过来人的经验。只有做了老师才能真正体会“半亩方塘长流水，呕心沥血育新苗”的感受。另外，经过近期的自我反思发现，初为人妻的我一直很少向我家先生表达爱意，在我看来陪伴是最长情的告白，幸福如人饮水，冷暖自知。此生有幸遇良人，尽管我们是同龄人拥有很多共同的话题和爱好，但是我们在成长的道路上几乎没有交集，不同的专业、不同的学校、不同的工作……从攻读博士到初入职场，我的多数时间分配到了学习和工作上，仔细算下来陪伴先生的有效时间并不多，他也偶尔抱怨我经常钻进书房不出来，经常拒绝他一起外出的邀请。但每当我看到他为我准备的热腾腾的饭菜，为我每一次取得的小成绩欣喜若狂的模样，为我分担许多家庭琐事的时候，我内心的感动不言而喻，也为自己不知哪里修来的好福气由衷地赞叹。

最后，特别感谢清华大学出版社的李文彬老师给予本书的指导以及在出版工作中的辛勤付出！